Burkhard Müller, Susanne Schmidt, Marc Schulz

Wahrnehmen können
Jugendarbeit und informelle Bildung

Lambertus

Burkhard Müller, Susanne Schmidt, Marc Schulz

Wahrnehmen können

Jugendarbeit und informelle Bildung

Lambertus

Die Deutsche Bibliothek – CIP-Einheitsaufnahme

Ein Titeldatensatz für diese Publikation ist bei
der Deutschen Bibliothek erhältlich.

2., aktualisierte Auflage 2008
Lambertus-Verlag, Freiburg im Breisgau
Umschlag und Satz: Ursi Aeschbacher, Biel-Bienne (Schweiz)
Herstellung: Franz X. Stückle, Druck und Verlag, Ettenheim
ISBN 978-3-7841-1820-8

Inhalt

Vorwort 7
I. EINLEITUNG 11
1. Jugendarbeit als Ort informeller Bildung 11

1.1 Was heisst non-formal? Zur Bestimmung der Bildungsqualität von Jugendarbeit 1.2 Bildung als nachweisbarer Inhalt von Jugendarbeit 1.3 Jugendarbeit als „Lebensort" und „Bildungsort" 1.4 Nonformale Bildungsförderung als Emanzipationsprojekt 1.5 Bildungsförderung als Arbeit am Generationenverhältnis 1.6 Bildungsförderung als Kunst der Wahrnehmung

2. Zur Methode des Entdeckens
informeller Bildungsgelegenheiten 37

2.1 Zugang und methodische Rahmung 2.2 Feldforschung und teilnehmende Beobachtung 2.3 Das Experteninterview 2.4 Die Auswertung des Rohmaterials

3. Zugänge zu einem anderen Blick
auf Bildung in der Jugendarbeit 47

3.1 Arbeitshypothesen zu einem anderen Blick auf Bildung in der Jugendarbeit 3.2 Konsequenzen für den Bildungsauftrag der Jugendarbeit

II. BILDUNGSGELEGENHEITEN UND BILDUNGSRÄUME 61

4. Jugendarbeit als Lern-Ort für differenzierte Beziehungsformen . 61

4.1 Jugendarbeit als „Beziehungsarbeit" 4.2 Beziehungen Jugendlicher untereinander 4.3 Regeln 4.4 Konflikte

5. Jugendarbeit als Erprobungsraum
für eine geschlechtliche Identität 89

5.1 Geschlechtliche Identität und Inszenierung geschlechterbezogener Themen 5.2 Geschlechterspezifische Angebote und die Selbst-Thematisierung Jugendlicher 5.3 Beziehungen im Kontext geschlechtlicher Identitätsfindung

INHALT

6. Jugendarbeit als Ort interkultureller Erfahrungen 119

6.1 Recht auf anders sein: Was ist erlaubt, was normal? 6.2 Zugehörigkeit: Was ist Muttersprache? 6.3 Ein interkulturelles Projekt: Wer hat welche Vorurteile?

7. Jugendarbeit als Aneignungsort für Kompetenzen 136

7.1 Nutzung von und Umgang mit Computern 7.2 Praktische Kompetenzen 7.3 Bewältigung von Alltagsproblemen

8. Jugendarbeit als Ort der Erprobung von
Verantwortungsübernahme und Ehrenamtlichkeit 160

8.1 Optionen der Eigenverantwortlichkeit: Warum die Theke nicht offen ist 8.2 Mitverantwortung und Ehrenamtlichkeit: Juleica 8.3 Partizipation: JUZ-Runde – Beteiligung und Mitgestaltung

9. Jugendarbeit als Ort ästhetischer Selbstinszenierung 183

9.1 Ästhetische Raumaneignung 9.2 Zwischen Angebot und Veränderung: Selbstinszenierung und Performance 9.3 Körper-Ästhetik 9.4 Pädagogischer Umgang mit den Inszenierungsideen Jugendlicher

10. Verpasste Gelegenheiten? 212

10.1 Verpasste Gelegenheiten durch Nicht-Wahrnehmung 10.2 Verpasste Gelegenheiten durch einseitige Wahrnehmung der pädagogischen Aufgabe 10.3 Verpasste Gelegenheit durch Über-Pädagogisierung

11. Vom Wahrnehmen zum Handeln - und umgekehrt 224

11.1 Ein neuer „konzeptioneller Sockel": Die Distnaz des ethnographischen Blicks 11.2 Was heißt also „Wahrnehmen können" als professionelle Kompetenz 11.3 Fazit

III. ANHANG: ANREGUNGEN FÜR GENAUERES BEOBACHTEN
IN DER JUGENDARBEIT 232

1. Basics der Beobachtung 2. Werkzeugkasten/Toolbox für die Reflexion

LITERATUR 256

DIE AUTORINNEN UND AUTOREN 262

Vorwort

Förderung "informeller Bildung" - jenseits der Schule - ist aktuell das große Ziel der Jugendarbeit und Jugendhilfe. Auftrag des diesem Buch zugrunde liegenden und vom Niedersächsischen Landesjugendamt geförderten Projektes war vor allem, die Beiträge von Angeboten der Jugendarbeit in öffentlicher und freier Trägerschaft zur Unterstützung jener Selbstbildung von Kindern und Jugendlichen genauer beschreibbar und in ihrer Qualität als Unterstützungsleistungen für die Entwicklung von Lebenskompetenzen Jugendlicher evaluierbar zu machen. Dafür haben wir möglichst facettenreiche Bilder vom Alltag der Anbieter und Angeboten unter dem leitenden Gesichtspunkt "Gelegenheitsstrukturen für informelle Bildungsprozesse" gesammelt, ohne dabei den Anspruch zu erheben, die Praxis jeweiliger Einrichtungen im Ganzen zu erfassen oder gar zu bewerten. Unsere Daten haben wir durch Erkundungen, vor allem aber intensive teilnehmende Beobachtung und Interviews mit Mitarbeiterinnen[1] und Jugendlichen zur Alltagspraxis von Jugendarbeit unterschiedlicher Formen, Träger und Standorte gesammelt und ausgewertet.

Trotz dieser sozialwissenschaftlichen Grundlage ist das Buch - abgesehen von der theoretischen Einleitung und der Darstellung des methodischen Vorgehens in Kapitel 1 und 2 - nicht primär für ein wissenschaftlich interessiertes Publikum, sondern als Fachbuch für Praktiker und Studierende gedacht. Es geht davon aus, dass es gerade in einem so unübersichtlichen Feld wie der Jugendarbeit Anleitung zu sensibler und detaillierter Beobachtung braucht. Wir haben unseren Beitrag dazu in drei Teile gegliedert. Im Einleitungsteil geben wir einen Überblick über die aktuelle Diskussion zur Förderung informeller Bildung und stellen unseren Ansatz in diesen Kontext. Im Hauptteil präsentieren und interpretieren wir vielfältige Beobachtungen aus dem Alltag der Jugendarbeit. Dazu stellen wir inhaltlich vor, was sich aus der von uns gewählten Perspektive als Bildungsgelegenheit zeigen lässt. Im Schlussteil versu-

---

1 Zur besseren Lesbarkeit haben wir uns entschieden, nicht stringent die weibliche und männliche Form zu nutzen, sondern wir wechseln zwischen weiblicher und männlicher Schreibweise ab.

chen wir einige methodische Anregungen zu geben, wie mit einfachen Mitteln in der Praxis eine Kultur des genauen Wahrnehmens jugendlicher Aktivitäten entwickelt werden kann.
Fachkompetenz, wie sie die konzeptionelle Ansätze für Jugendarbeit gewöhnlich zu vermitteln suchen, orientiert sich meistens an großen pädagogischen Zielen: Soziale und politische Teilhabe, kulturelle Toleranz, Geschlechtergerechtigkeit, Selbstbestimmung und neuerdings, all das zusammenfassend, informelle Bildung. So wichtig solche Ziele sind, so groß ist die Gefahr, dass sie in den Niederungen des pädagogischen Alltagsgeschäftes gar nicht mehr auffindbar sind. Mitarbeitern der Jugendarbeit droht dann das Schicksal jenes englischen Mister bei Wilhelm Busch, der immer mit einem Fernrohr von dem Auge herum lief:

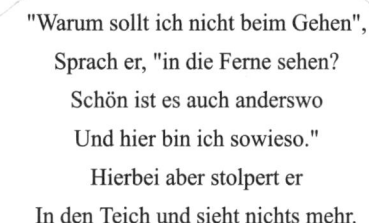

> "Warum sollt ich nicht beim Gehen",
> Sprach er, "in die Ferne sehen?
> Schön ist es auch anderswo
> Und hier bin ich sowieso."
> Hierbei aber stolpert er
> In den Teich und sieht nichts mehr.

Dies Schicksal zu verhindern ist wichtigstes Anliegen dieses Buches. Für sein Gelingen haben wir vielen zu danken: An erster Stelle sind die Mitarbeiterinnen und Mitarbeiter sowie die Jugendlichen in den von uns besuchten Angeboten zu nennen. Ohne ihre große Offenheit und Bereitschaft, uns teilhaben zu lassen und sich unsern neugierigen Fragen zu stellen, hätte das Buch nicht entstehen können. Sodann danken wir dem Niedersächsischen Landesjugendamt für die großzügige Bereitstellung der Projektmittel und insbesondere dem zuständigen Leiter der Fachabteilung Klaus Klatt und seinem Mitarbeiter Dr. Werner Lindner für die fachkundige Begleitung. Wir danken auch den zahlreichen Fachkolleginnen und -kollegen aus der Praxis und der Hochschullehre, die im Rahmen verschiedener Fachtagungen unsere zunächst tastenden Versuche angehört, uns ermutigt und viele hilfreiche Anregungen gegeben haben. Besonders erwähnen möchten wir Dr. Lotte Rose, Dr. Benedikt Sturzenhecker und Dr. Hiltrud von Spiegel, die uns nicht nur in unserem Ansatz sehr bestärkt haben, sondern uns auch in Gesprächen und schriftlichen Kommentaren zu unserem Zwischenbericht weiter geholfen haben. Für methodische Hinweise danken wir insbesondere Stefan Köngeter, sowie den Studierenden unserer Interpretationswerkstatt. Wir hoffen auf eine freundliche Aufnahme des Buches.

Berlin und Hildesheim im Frühjahr 2005

Burkhard Müller
Susanne Schmidt
Marc Schulz

Vorwort zur 2. Auflage

Das Buch hat nicht nur in der wissenschaftlichen Fachdiskussion zu Jugendarbeit und pädagogischer Ethnographie sehr freundliche Aufnahme gefunden, sondern auch unter den pädagogischen Fachkräften der Jugendarbeit. Die Resonanz bei vielen Fachtagungen und Fortbildungen zeigte uns, dass viele Fachkräfte eigene Beobachtungen aus ihrer pädagogischen Praxis in unserem Material wieder fanden und mit unserem Interpretationsangebot anders betrachten konnten. Unsere Überzeugung, dass empirisch genaue Beschreibungen von Alltagsszenen der Jugendarbeit auch praktisch hilfreich sind, wurde dadurch gestärkt. Um dies noch deutlicher hervorzuheben, haben wir das Buch um ein Schlusskapitel ergänzt. Inzwischen gibt eine Reihe von neuen Studien, die den eingeschlagenen Weg zu einer empirisch fundierten Jugendarbeit weiterführen, insbesondere von Rose/Schulz (2007) und Cloos/Köngeter/Müller/Thole (2007). Wir hoffen sehr, dass dies auch zur Stärkung und Anerkennung von Jugendarbeit als professioneller und öffentlicher Aufgabe beiträgt.

Berlin und Hannover im Herbst 2007

Burkhard Müller, Marc Schulz

I. Einführung

1. Jugendarbeit als Ort informeller Bildung

Zur Angebots-, Prozess- und Ergebnisqualität der Förderung informeller Bildung

„So ist des neuen Erziehers Tun viel mehr ein Nichttun, viel mehr Beobachten, Zusehen, Leben, als ein stetes Mahnen, Strafen, Lehren, Fordern, Verbieten, Anfeuern und Belohnen. Und darum ist es uns, die wir solche Erzieher sind, oder wenigstens sein möchten, nicht ganz leicht zu sagen, was wir eigentlich taten; wir würden immer mehr zu erzählen haben, was die Kinder taten" (Siegfried Bernfeld [1921]: Kinderheim Baumgarten. In: Bernfeld, S., Sämtliche Werke Bd. 11, Beltz, Weinheim 1996, 43).

„Wer nie rebelliert hat, wird auch nie erwachsen." (Hans Weingartner, Filmregisseur)

„Dumm stellen schafft Freizeit." (Jugendliche im Interview, 15 J.)

Das Bundesjugendkuratorium (2001) hat mit den Stichworten *informelle Bildung* und *non-formale Förderung*[2] jugendlicher Selbstbildung den pädagogischen Auftrag der Jugendhilfe – neben dem der Schule und anders als sie, aber auch in Kooperation mit ihr – neu ins Gespräch gebracht. Für die Jugendarbeit war das nicht neu, aber doch ein wichtiger Impuls für eine intensivierte Debatte über Bildung als Kernaufgabe von Jugendarbeit.[3] Ihr Ziel ist, den Bildungsauftrag der Jugendarbeit sowohl „nach außen in Gesellschaft und Öffentlichkeit", als auch „nach innen, das heißt auf der fachlichen Ebene zu verankern" (Sturzenhecker/Lindner 2004, 9). Das Problembewusstsein jedenfalls wächst: Entweder lässt sich zeigen, was Jugendarbeit auch als Bildungsinstitution und nicht nur als Freizeit- und Aufbewahrungsort für benachteiligte Jugendliche und kriminalpräventive Hilfstruppe leistet, oder sie steht längerfristig insgesamt zur Disposition.

I. EINFÜHRUNG

Was ist das Problem? Jugendarbeit ist, wie Walter Hornstein (2004, 15) zurecht bemerkt, als pädagogisches Feld auf vertrackte Weise „überdeterminiert" und „unterdeterminiert" zugleich. „Überdeterminiert" heißt, „allzu viele wollen allzu viel und allzu Verschiedenes von uns" (ebd.) – und jetzt eben auch noch „Bildungsarbeit". Darunter lässt sich ebenfalls „allzu vieles" (ebd.) fassen, insbesondere die Kompensation der schulischen Motivations-, Verhaltens- und Kompetenzmängel, welche die Schule seit PISA nicht mehr so einfach ihren Schülern als Defizit anlasten kann, sondern auch sich selbst zuschreiben muss; ein Grund dafür, sich nach neuen Ressourcen, auch der Jugendarbeit, umzusehen. „Unterdeterminiert" aber zeigt sich Jugendarbeit in ihrer verbreiteten Unfähigkeit, den Außenerwartungen mit eigenem Leistungsprofil gegenüber zu treten: „Wir wissen nicht, was von uns verlangt wird, letztlich ist es gleichgültig, was wir tun, wir werden nicht als jemand wahrgenommen, von dem man sich wirklich etwas erwartet" (ebd.). Auch beim eigenen Leistungsprofil geht es um Bildung: Die neue Bildungsdebatte ist nicht nur eine zusätzliche Außererwartung an Jugendarbeit

---

2 Zunächst sprach man von *informell* und *nicht-formell*. In der daran anschließenden Diskussion hat sich die Unterscheidung zwischen *informell* und *non-formal* durchgesetzt, der wir folgen. Mit *informeller Bildung* sind demnach die Prozesse jugendlicher Selbstbildung gemeint, die sich unabhängig und außerhalb von pädagogischen Bildungsangeboten und Absichten abspielen. Sie betreffen das, was gewöhnlich als *Sozialisation* bezeichnet wird, mit dem Unterschied, dass informelle Bildung die Aneignung der Subjekte (und nicht, wie der Begriff Sozialisation die Art Einflüsse auf sie) in den Blick nimmt Die Erziehungswissenschaft redet hier gewöhnlich von *Bildsamkeit* als vorausgesetzte Eigentätigkeit der Adressaten von Bildung. Die Rede von informeller Bildung macht deutlich, dass diese Voraussetzung nicht selbstverständlich ist, sondern lebensgeschichtlich erworben werden muss oder auch versagt bleibt. *Non-formale Bildung* bezeichnet dem gegenüber immer die pädagogisch intendierte *Förderung* solcher informellen Prozesse der Selbstbildung und zwar soweit sie außerhalb von formalen Bildungsveranstaltungen (Schulunterricht, Lehre, Studium, Weiterbildung etc.) stattfinden. Grenzfälle, die Elemente des Formalen und Non-Formalen enthalten (etwa Schulungen von ehrenamtlichen Jugendleitern oder Hausaufgabenhilfe in Jugendtreffs) sind damit nicht ausgeschlossen.
3 Beiträge zu dieser, in der Jugendarbeit lange eher vernachlässigter Bildungsdebatte waren u.a. Sturzenhecker/Lindner 2004; Müller 2004; Hartnuß/Maykus 2004; Rauschenbach u.a. 2004; Lindner/Thole/Weber 2003; Münchmeier u.a. 2002; Brenner/Hafeneger 1996; Müller 1993.

(die sie im Zweifel auch aussitzen kann), sondern mehr noch eine Herausforderung, „sich hinsichtlich der *eigenen* Bildungsaufgabe neu zu positionieren" (ebd., 16; Hervorhebung d. A.) – oder aber zu Recht für überflüssig erklärt zu werden und allenfalls als Hilfsfunktion der Schule zu überleben. Inzwischen herrscht immerhin in der sozialpädagogischen Fachdebatte Konsens, bis hin zum Konzept eines Nationalen Bildungsberichts (vgl. Rauschenbach u.a. 2004), dass neben den formalen Bildungsangeboten der Schule auch die non-formalen Bildungsangebote der Jugendarbeit unentbehrlich seien. Sie sollen insbesondere jene Prozesse kindlicher und jugendlicher Selbstbildung unterstützen, in denen es um elementare Erfahrungen wie „Teilhabe und Verantwortung", „Wirksamkeit des eigenen Handelns", „Aneignung und Gestaltung von Räumen", eigene „kulturelle Praxis", „Körpererleben" und gelingende „Lebensbewältigung" geht (vgl. Rauschenbach u.a. 2004, 24f.), welche die Schule zu wenig vermitteln kann, aber immer voraussetzt. Nicht alle Kinder und Jugendliche brauchen dafür Unterstützung jenseits von Familie, Freunden und Schule, wohl aber viele und immer mehr. Es geht um die schwierige Doppelaufgabe der Identitätsbildung und Integration (vgl. Hurrelmann/Rosewitz 1985, 25ff.), die alle heute bei Strafe persönlichen Scheiterns leisten müssen: herauszufinden, wer sie sein wollen, was sie selber wollen und sich zutrauen; *und* lernen, einen Platz im Leben damit zu finden. Zu zeigen aber, was hierfür an Förderung nicht nur geleistet werden muss, sondern geleistet *wird*, ist nicht einfach.

1.1 Was heisst non-formal? Zur Bestimmung der Bildungsqualität von Jugendarbeit

So einig man sich über die Notwendigkeit sein mag, jene informelle und Selbst-Bildung nicht mehr einfach vorauszusetzen, sie der „Kinderstube" oder dem „Leben" zu überlassen, so schwierig ist gleichwohl immer noch, zu bestimmen, was genau als *Bildung in der Jugendarbeit* zu verstehen sei. Klar scheint zu sein, dass die non-formale Förderung jener Selbstbildung von Kindern und Jugendlichen *anders* als in der Art schulischer oder beruflicher Bildungspläne konzipiert sein muss. Aber was dieses andere sei, ist damit noch nicht geklärt. Benedikt Sturzenhecker hat sicher Recht, der mit Verweis auf die „Aneignungspotentiale von

Kindern und Jugendlichen" konstatiert, dass diese „sich buchstäblich ‚alles' zum Gegenstand von selbsttätiger Bildung machen und auch kommerzielle Handlungsfelder zum eigenen Kompetenzerwerb nutzen können" (2002, 31), ebenso wie natürlich die Netzwerke von Familie, Freunden und anderen. Aber was non-formale *Förderung* solcher Aneigungsprozesse sein kann, wo all dies nicht ausreicht und welche Möglichkeiten Jugendarbeit hier hat, weiß man damit noch nicht. Einfach zu behaupten, *alles* was Jugendarbeit macht und anbietet sei eben per Definition Bildungsarbeit kann keine befriedigende Antwort sein.

Non-formal können bildungsfördernde Angebote in drei Dimensionen sein, die oft nicht unterschieden werden: Es kann gemeint sein, dass sie als *Einrichtung*, in Arrangement und Inhalt eher formlos, offen und vielfältig nutzbar statt streng reguliert, verbindlich und klar zum Zweck der Vermittlung bestimmter Inhalte organisiert sind. Es kann gemeint sein, dass der *Prozess*, der „pädagogische Bezug" (Nohl) einen formlosen, geselligen, freiwilligen Charakter mit weitgehend austauschbaren Inhalten hat, statt straff gegliedert und geführt zu sein, mit klarer Rollenverteilung zwischen Lehrenden und Lernenden und verpflichtenden Lernzielen, deren Erreichung überprüft wird. Non-formal kann die Förderung schließlich hinsichtlich ihrer *Ergebnisse* genannt werden: Anders als formale Ergebnisse (Aneignung eines Kanons klassischer Allgemeinbildung oder Abschlüsse und fachliche Qualifikation der beruflichen Bildung, oder messbare Kompetenzniveaus, wie sie die PISA-Debatte einfordert) sind die Resultate non-formaler Förderung schwerer bestimmbar: Sie sind „gut", wenn sie zum Beispiel Jugendlichen helfen, sich zu orientieren; mit sich selbst besser zurecht zu kommen; selbst Selbstwertgefühl und Anerkennung zu entwickeln, selbst kulturell aktiv sein zu können; kurz, wenn sie Beiträge zu einem „gelingenderen Leben" (Thiersch) leisten. Das Problem ist, dass solche Ergebnisse grundsätzlich nicht durch Prüfungen oder Tests festgestellt werden können, sondern allenfalls durch Längsschnittstudien, die biographische Entwicklungen verfolgen – und die gibt es kaum (vgl. Rauschenbach u.a. 2004, 255f.).

Bekanntlich wurden diese drei Dimensionen (Struktur, Prozess, Ergebnis) durch die neuere Debatte zur Steuerung und Überprüfung der Qualität öffentlicher Dienstleistungen eingeführt. Sie und ihr Legitimationsdruck waren wesentlicher Anlass für viele Ansätze zur Evaluation der Leistungen von Jugendarbeit (u.a. von Spiegel 2000). Es ist jedoch kein

1. JUGENDARBEIT ALS ORT INFORMELLER BILDUNG

Zufall, dass in den Evaluationsmodellen – zum Beispiel in dem bekanntesten und am besten ausgearbeiteten „Wirksamkeitsdialog-Modell" (Projektgruppe WANJA 2000) – der Bildungsauftrag nicht vorkommt. Denn die genauere Betrachtung jener Dimensionen der Evaluation zeigt schnell, dass mit dem Anspruch, non-formale Bildung zu leisten, noch wenig für die Jugendarbeit und ihre Legitimation gewonnen ist. Denn der Anspruch passt zwar sehr genau auf das „Kerngeschäft" der Jugendarbeit, verweist aber gleichzeitig gerade auf diejenigen Aspekte ihrer Tätigkeit, in denen ihre Eignung und praktischer Nutzen besonders schwer zu beweisen sind: Das gilt sowohl für die Zweckmäßigkeit ihrer Einrichtungen, also auch für die Qualität und allein schon die Beschreibbarkeit ihrer pädagogischen Prozesse, als auch für ihre Ergebnisse. Wohl auch deshalb neigte die Jugendarbeit traditionell dazu, ihren Bildungsanspruch zu „verstecken" (vgl. Müller 1993), sich selbst eher als schlichte Freizeiteinrichtung zu verkaufen; und wenn es darüber hinausging, sich dann eher als Soziale Arbeit, als Kultur- oder Interkultur-Arbeit, als kriminalpräventive Einrichtung oder gar als Ort jugendpolitischer oder geschlechterpolitischer Gegenmacht zu definieren. Ihre Rückkehr zum Selbstverständnis als Bildungseinrichtung scheint uns bislang eher dem Brüchigwerden all dieser Selbstdefinitionen geschuldet, und nicht schon ein klares Profil für ein neues professionelles Konzept und seine Evaluation zu sein.

Diese schwierige Bestimmbarkeit der Bildungsseite von Jugendarbeit verweist zugleich auf ein Merkmal von Jugendarbeit, welches sich überhaupt einer Evaluation als rational optimierbare öffentliche Einrichtung widersetzt. Ihre wichtigste Bedeutung für die Förderung informeller Bildungsprozesse kann nämlich darin gesehen werden, dass sie die *Orte sozialen Lebens* ergänzt, die Sphären selbst bestimmter Entfaltung individuellen und gemeinschaftlichen Lebens sind, bei denen die Teilhabe selbst der Zweck ist (vgl. Liebau 2002): Familien gehören ebenso dazu wie Vereine und andere außerfamiliale Formen von Geselligkeit, jugendkulturelle Cliquen und Szenen, wie Hobbys und andere individuelle Aktivitäten. Sie alle leisten zwar etwas für gelingende Sozialisation, aber niemand hat ein Recht, sie daraufhin zur Rechenschaft zu ziehen. Sie bedürfen in einer demokratischen Gesellschaft keiner Rechtfertigung, sondern des Schutzes vor unangemessenem Legitimationsverlangen des Staates. Jugendarbeit hat in dieser Hinsicht einen paradoxen Doppelcharakter: Sie soll einerseits Kindern und Jugendlichen selbst einen solchen selbstzweckhaften „Ort alltäglicher, freiwilliger Umgangsverhältnisse der Generationen" (Hafeneger 1999, 338) bieten – insbesondere für Kinder und Jugendliche, denen andere Orte mangeln, an denen sie ihre Fähigkeit zu „Selbstbestimmung" und „gesellschaftlicher Mitverantwortung" (KJHG § 11,1) entfalten können. Andererseits muss Jugendarbeit als *öffentlich geförderte* Einrichtung grundsätzlich Rechenschaft geben, was sie für diese Ziele leistet.[4] Da sie, wie schon gesagt, diese Ziele nicht zum Zweck der Rechenschaft operationalisieren kann, ohne den Zielen selbst zu widersprechen, bleibt ihr zur Legitimation nur die Möglichkeit (a) zu zeigen, *dass* sie tatsächlich Orte der Selbstbildung im Medium „freiwilliger Umgangsverhältnisse der Generationen" (Hafeneger 1999, 338) anbietet, und (b) zu zeigen, dass die öffentliche Förderung solcher Orte *notwendig* ist und nicht dem freien Spiel der Kräfte allein überlassen bleiben kann.

Nach diesen Vorüberlegungen lassen sich in der aktuellen Debatte vereinfacht vier Strategien zur Legitimation von Bildungsleistungen der Jugendarbeit unterscheiden, die im Folgenden skizziert werden. Sie alle aber haben ihre Grenzen, wenn es um die Klärung der Bildungspotentiale von Jugendarbeit geht. Außerdem ist es alles andere als einfach, sie zu einem kohärenten Ganzen zu verknüpfen, auch wenn sie in der Diskussion oft miteinander vermischt werden.

1.2 BILDUNG ALS NACHWEISBARER INHALT VON JUGENDARBEIT

Dies Verständnis entspricht zunächst dem herkömmlichen Begriff von „Jugendbildungsarbeit" als einem speziellen Feld der Jugendarbeit – *neben* anderen. So legt es etwa § 11,3 des KJHG nahe, der eine unabgeschlossene Reihe von Tätigkeitsschwerpunkten der Jugendarbeit auf-

---

4 Soweit Jugendarbeit als Betätigung von „Verbänden" und „Initiativen" der Jugend (KJHG §11,2) solche Gemeinschaftsformen bildet, ist auch sie „eigenverantwortlich", führt ein „Eigenleben" (KJHG §12, 1), ist also nicht über ihre Ziele rechenschaftspflichtig. Sondern Rechenschaftspflicht besteht bezüglich der Notwendigkeit und Effektivität der öffentlichen *Förderung* von Jugendarbeit. Die Kriterien der Förderung dürfen aber jene Eigenverantwortlichkeit *der Kinder und Jugendlichen* nicht untergraben, sondern sollen sie gerade stützen. Nur in dieser Hinsicht ist die öffentliche Förderung an spezifische Zwecke gebunden.

zählt: „Außerschulische Jugendbildung" (Ziff. 1) ist demnach ein anderer Schwerpunkt als „Jugendarbeit in Sport, Spiel und Geselligkeit" (Ziff. 2), „arbeitswelt-, schul- und familienbezogene" oder „internationale" Jugendarbeit (Ziff. 3 u. 4) oder „Jugendberatung" (Ziff. 6). Man kann so Jugendarbeit in verschiedene Tätigkeitsprofile differenzieren – etwa Jugendbildungreferentinnen von Jugendarbeitern unterscheiden und dasselbe mit Einrichtungsarten tun. So verstehen es zumeist auch die Mitarbeiter der Jugendarbeit, die *Bildungsangebote* gewöhnlich als eher seltene Ausnahmen unter ihren Tätigkeiten begreifen. Die Stärke dieser Strategie, Bildung als *Teilauftrag* der Jugendarbeit (neben anderen) zu legitimieren, besteht schlicht darin, dass sie eine klare Gesetzesformulierung als Rückendeckung hat – und das ist in der heutigen Situation nicht wenig.

Aber um abzugrenzen, wo und wie in der Jugendarbeit Förderung jugendlicher Selbstbildung stattfindet und wo etwas anderes geschieht, dafür eignen sich solche inhaltlichen Unterscheidungen nicht. Wieso etwa internationale Jugendbegegnungen oder Jugendarbeitsangebote in der Schule oder Beratung bildungsfernere Angebote sein sollen als die Kurse einer Jugendbildungsstätte ist kaum einzusehen; auch Sport sei in die Bildungsberichterstattung einzubeziehen, fordert zurecht der Konzeptionsentwurf für einen nationalen Bildungsbericht (vgl. Rauschenbach u.a. 2004, 279f.). Hermann Giesecke (vgl. 1996, 393) weist darauf hin, dass *Erziehung* ohnehin keine besondere Art von Tätigkeit sei (wie zum Beispiel „unterrichten, informieren, beraten, fordern, fördern, unterstützen, ermutigen, kritisieren" [ebd.]; oder auch Sport treiben und junge Deutsche und Franzosen sich „begegnen" lassen). Sie ist vielmehr eine besondere Art, alle solche Tätigkeiten zu *rechtfertigen* (vgl. ebd.). Für *Bildung* gilt das erst recht. Deshalb kann auch nicht einfach alles, was Jugendarbeit tut, Bildung genannt werden, sondern nur das, was *als Bildung gerechtfertigt* werden kann, insbesondere dann, wenn die nonformale Förderung von Selbstbildung jenseits von explizit so genannten „Bildungsangeboten" gezeigt werden soll.[5] Die nächstliegende Strategie der Legitimation besteht also darin, bestimmte erwünschte Bildungsinhalte sichtbar zu machen, die im Rahmen der Angebotspalette von Jugendarbeit vermittelt werden können. Wie geht das aber außerhalb von spezialisierten Jugendbildungseinrichtungen, etwa in normalen Häusern der offenen Tür oder der Jugendverbandsarbeit?

I. Einführung

Zwei exemplarische Möglichkeiten dafür finden sich in der neueren Literatur: Man kann entweder versuchen, einzelne erwünschte Verhaltensweisen zu zeigen, die als Inhalte im Umgang mit einem Angebot der Jugendarbeit gelernt werden. Werner Lindner (2004) etwa entwickelt Listen von Lerninhalten, die in der offenen Jugendarbeit möglich sind und belegt sie beispielsweise in einer Evaluationsstudie zur kulturellen Jugendarbeit mit Interviews zu einem Theaterprojekt, die eine Fülle von „subjektiven Lernerfahrungen" (ebd., 254) nennen: lernen, andere zu begeistern, sich in andere Rollen hineinzuversetzen, aufeinander zu achten, sich zu konzentrieren, den Mund aufzumachen, Geduld aufzubringen, in Gruppen zu arbeiten, eigene Berührungsängste zu verarbeiten, etwas selber auszuprobieren und vieles andere mehr (vgl. ebd. 254f.). Auf ähnliche Weise kann man Mädchenarbeit (zum Beispiel Graff 2004), Kochkurse für Jungen, Mitternachtssport und eigentlich alle expliziten Angebote der Jugendarbeit auf ihre „bildenden" Inhalte hin untersuchen und zu rechtfertigen versuchen.

Die andere Strategie besteht darin, zu zeigen, wie eigene Aktivitäten Jugendlicher „aufgegriffen" und in Bildungsprojekte transformiert werden können. Solches Aufgreifen ist natürlich zentral für das Selbstverständnis von Jugendarbeit und notwendige Folge der Freiwilligkeit der Teilnahme, da Angebote, die nicht an Selbsttätigkeit und Eigeninteressen anknüpfen können, chancenlos sind.[6] Es gibt aber gerade in der neueren Literatur einige phantasievollen Versuche, nicht nur an den erwünschten, prosozialen Interessen Jugendlicher anzuknüpfen, sondern, insbesondere im Umgang mit marginalisierten und scheinbar völlig bildungsresistenten Jugendlichen, an eher unerwünschten oder devianten Verhaltensweisen anzusetzen, um daran ein Bildungsprojekt gleichsam

---

[5] Rechtfertigung „nach innen", also Bildungstheorie der Jugendarbeit, und Rechtfertigung „nach außen", also Evaluation, hängen dabei zusammen, wie Giesecke schon vor vierzig Jahren bemerkte, als er die Notwendigkeit einer Theorie der Jugendarbeit vor allem mit deren Wirkung nach außen begründete; denn: „eine gewisse gemeinsame Theorie (ist) das einzige Bindemittel zwischen Menschen, die indirekt miteinander verkehren" (1964, 130).

[6] Schon die preußische Jugendpflege formulierte in ihrem berühmten Erlass von 1911 den Grundsatz, dass es „auf das selbsttätige Eigeninteresse der Jugendlichen für die zu ihren Gunsten getroffenen Veranstaltungen" ankomme. Die Paradoxie dieser Aufgabe plagt die Jugendarbeit, trotz radikalem Wandel ihrer Ziele, bis heute.

anzudocken. Sturzenhecker (vgl. 2002, 43f.) zeigt das am nicht sanktionierenden Anknüpfen an den Saufritualen einer Clique, Stephan Sting und Sebastian Stockmann (2004) gar am Beispiel einer „Kultivierung des Drogengebrauchs". Nicole Röhrig und Benedikt Sturzenhecker (2004) beschreiben am Beispiel eines „Klo-Projektes", wie es gelingen kann, destruktive und aggressiv-anale Impulse Jugendlicher, die eine Einrichtung an den Rand des Scheiterns bringen, in ein kreatives Projekt einzubinden.

Unbestreitbar ist jedenfalls, dass sich die Bildungsleistungen der Jugendarbeit in gelingenden *Projekten* und in von den Kindern und Jugendlichen angenommenen *Angeboten* zeigen können. Die Frage ist nur, ob dies ausreicht und wie weit diese Legitimation trägt. Die Grenze beider Rechtfertigungs-Strategien ist, dass sie den Nachweis einer „bildenden" Jugendarbeit von zwei nur scheinbar banalen Voraussetzungen abhängig machen: Pädagogen müssen etwas *anbieten* oder *aufgreifen* und Kinder und Jugendliche müssen dabei *mitmachen*. Das „Was" des Angebotes und das „Wie" des Mitmachens ist zwar offener als in der Schule, aber die Grundstruktur der Rechtfertigung ist dieselbe: Der Bildungsgehalt wird durch das definiert, was an die Eigentätigkeit der Jugendlichen *herangetragen* wird.

Die Legitimation von Bildungsarbeit folgt auf dieser Ebene, ob sie es wahrhaben will oder nicht, der Logik der Schule: Auch die Schule setzt voraus, dass die Schüler mitmachen, wenn in irgendeinem Sinn von Bildung die Rede sein soll. Was jenseits davon, in der Freizeit, auf dem Schulhof oder unter den Bänken passiert, braucht sie nicht zu interessieren. Was immer die Kinder und Jugendlichen dort lernen mögen: Zum denkbaren Bildungsgegenstand der Schule kann es nur werden, wenn es *im Unterricht aufgegriffen* wird, also von einem informellen in einen formalen Lernprozess transformiert wird. Eben deshalb gelingt es auch der Jugendarbeit viel leichter, ihre Bildungsrelevanz zu beweisen, wenn sie auf Tätigkeiten verweisen kann, die Ähnlichkeiten mit Projektunterricht haben. Die Folge ist nur, dass so auch ihr selbst alles was sie sonst noch tut, als anderes, als Nicht-Bildung erscheint. Gelingende Projekte sind dann ihr „pädagogisch Eigentliches" (Böhnisch/Münchmeier 1987, 26), das leider nicht so oft gelingt, und das zugleich alles andere, was sie tut, abzuwerten droht.

Jugendarbeit kann also leicht in eine Legitimationsfalle geraten, wenn sie sich als Bildungseinrichtung *nur* über das „Mitmachen" Jugendlicher bei pädagogisch inszenierten Aktivitäten rechtfertigen kann. Nicht nur beschränkt sie damit die *legitimierbaren* Bildungsaktivitäten auf die einigermaßen geglückten Arbeitsbündnisse mit Jugendlichen, die aber oft nur Sternstunden in einem ansonsten trüberen Alltag sind. Nicht nur frisst der Kampf um das Motivieren, Mitmachen und Dabeibleiben der Kinder und Jugendlichen – letztlich egal bei welchem Angebot – häufig den Großteil der pädagogischen Energien. Nicht nur verstärkt Jugendarbeit so unfreiwillig die Neigung der relevanten Umwelt, sie als ergänzende Schulhelferin und nicht als eigenständige Bildungsträgerin zu sehen. Es verschärft sich auch das Paradox, das dem Bildungsbegriff als solchem und insbesondere der Idee einer Förderung informeller Bildungsprozesse innewohnt. Nämlich *Fremd*-Aufforderung zur *Selbst*-Tätigkeit zu sein, sprich „Anleitung zur Selbstbestimmung" (Sturzenhecker 2002, 33f.). Denn gerade dort, wo die *Mitmach-Angebote* auf die Inhalte jugendlicher Aktivität eingehen, auf ihr „Niveau" gehen, bis zur Selbstverleugnung versuchen, ihren Interessen gerecht zu werden, wird im Prozess jenes Aufgreifens und seiner Bewertung als Bildungsprozess das Verhältnis umgedreht: Die Pädagogen erscheinen als die Aktiven, die das Handeln Jugendlicher zur Bildungsgelegenheit machen; die Kinder und Jugendlichen erscheinen als die Reagierenden, die sich lenken lassen.

1.3 JUGENDARBEIT ALS „LEBENSORT" UND „BILDUNGSORT"

Blickt man nicht auf die als Bildungs*inhalte* ausweisbaren Angebote von Jugendarbeit, sondern auf ihren Charakter des non-formalen Bildungs*prozesses*, so liegt es nahe, nicht auf die einzelnen, durch sie vermittelten Lernschritte oder Einsichten zu schauen, sondern den ganzheitlichen, unteilbaren Charakter ihres Angebotes wahrzunehmen. Ein von Lindner befragter Jugendlicher packte seine Erfahrungen in die Worte „ich lerne zu leben" (Lindner 2004, 255). Vor allem Ulrich Deinet hat Jugendarbeit als ganzheitlichen Bildungsraum mit Hilfe des Aneignungsbegriffs von Leontjev und Holzkamp als *pädagogisches* Konzept entfaltet (zuerst in Böhnisch/Münchmeier 1990, 57ff., zuletzt Deinet 2004): Non-formale Förderung heißt hier, einen von Adressaten mit gestaltbaren Aneignungs- und Bildungsraum anzubieten, der Voraussetzung ist für spezifische pädagogische Angebote und zugleich Ausgangspunkt für die Unterstützung

1. JUGENDARBEIT ALS ORT INFORMELLER BILDUNG

von Aneignungsprozessen im öffentlichen Raum (vgl. Deinet 2004, 115). Auch dieses Verständnis hat gesetzliche Rückendeckung, wenn man auf die Bestimmungen des § 11,1 KJHG verweist, wonach die Angebote von den Jugendlichen „mitbestimmt und mitgestaltet" werden sollen. Stärke dieser Perspektive ist auch, dass sie die bildungsförderliche Tätigkeit von Jugendarbeit weniger als Vermittlung von Inhalten beschreibt, sondern als Herstellung von Gelegenheitsstrukturen für die *eigene* Realitäts- und Selbsterfahrung Jugendlicher. Die Gefahr ist allerdings, dass *Aneignung* und *Bildung* unter der Hand gleichgesetzt werden und dadurch beides in allzu idealem und harmonischem Licht erscheint. In dieser Perspektive lässt sich zwar recht gut beschreiben, wie Pädagogen Selbsttätigkeit Jugendlicher fördern können und wie nicht (vgl. bes. Deinet 2004). Wenn man aber alles, was Jugendarbeit tut, als pädagogisch gewolltes Aneignungsarrangement beschreibt, liegt es nahe, Jugendarbeit als Animationstätigkeit zu verstehen; dies ist sicher nicht falsch, scheint uns aber der Konflikthaftigkeit von informellen Bildungsprozessen und der Beteiligung der Pädagogen daran zu wenig gerecht zu werden.

Im Vergleich zu Deinets Aneignungskonzept liefert Lothar Böhnischs Formel einer „Jugendarbeit als ‚Lebensort'" (1998) eine weniger aktionistische Grundlage für ein ganzheitliches Verständnis von bildungsfördernder Jugendarbeit. Böhnisch diagnostiziert bei einer wachsenden Zahl von Jugendlichen eine verstärkte „Spannung zwischen Selbständigkeit und Bedürftigkeit" (ebd., 157). Sie resultiert daraus, dass das klassische „psychosoziale Moratorium" (Erikson) der Jugendphase sich zwar ausgeweitet hat – nicht nur privilegierte, bürgerliche und männliche Jugendliche, sondern tendenziell alle genießen es –, aber das Moratorium ist brüchig geworden. Es gewährt nicht mehr zuerst den gesicherten Raum für die Identitätsbildung, um „dann in die berufliche und soziale Zukunft zu schauen, sondern die meisten müssen heute gleichzeitig Identität erlangen und soziale Probleme bewältigen (Bildungs- und Ausbildungskonkurrenz, Arbeitslosigkeit, Mithalten in der Gleichaltrigenkultur), bevor sie überhaupt fertig sind" (ebd., 157f.). Diese verdoppelte Bewältigungsaufgabe betrifft unter anderem die Auseinandersetzung mit dem eigenen pubertierenden Körper und der noch wenig angeeigneten Geschlechteridentität (beides unter Konkurrenzdruck und „Mithaltestress"); sie gilt für die Abnabelung vom Elternhaus und die Aneignung außerfamilialer Sozialbeziehungen (unter gleichzeitiger ökonomischer Abhängigkeit und dem Druck, unter Peers „in" zu sein); sie gilt für die Zumutung, die eigene Berufskarriere – und deren Misslingen – selbst verantworten zu müssen (bei gleichzeitigen Erfahrungen des „Nichtgebrauchtwerdens") (vgl. ebd., 159). Die ganze Palette der „Entwicklungsaufgaben des Jugendalters" (vgl. auch Hornstein 2004) lässt sich jedenfalls für benachteiligte Jugendliche unter dem Vorzeichen solcher verschärften Widersprüche beschreiben.

Die Förderchancen angesichts jener „Bedürftigkeit" beschreibt Böhnisch als „Pädagogik der Milieubildung" (1998, 164ff.). Die Balance von „Offenheit und Halt" ist ihr Leitmotiv. Weder als Anbieterin einzelner Bildungsimpulse, noch als Animateurin von Aneignungsprozessen ist Jugendarbeit hier im Blick, sondern als Milieu, als besondere Lebenssphäre, die jene Spannung zu bewältigen hilft. Genauer gesagt als doppeltes Milieu: als jugendkulturelle Sphäre *und* als deren Öffnung im Sinne eines pädagogisch gestalteten Ortes der Begegnung mit „anderen Erwachsenen" (ebd., 157), die sich in einem „pädagogischen Bezug"[7] auf jene „Bedürftigkeit" einlassen.

Jugendarbeit muss sich dabei gerade als Bildungseinrichtung weit mehr als die Schule auf die Eigendynamik jugendkultureller Milieus einlassen, muss selbst ein Stück weit Teil dieser Milieus werden: Als Ort „persönlich überschaubarer, sozialräumlicher Geselligkeits- und Bindungsstrukturen", die „als solche hoch emotional besetzt sind" (ebd., 165). Wenn sie aber darin untergeht, wenn sie nicht mehr unterscheiden kann „zwischen offenen, demokratischen und regressiven, autoritären Milieubezügen" (ebd.), wenn sie dem „Lebensstil" der Jugendlichen (vgl. ebd., 166) keinen eigenen Stil gegenüberstellen kann, dann kann sie auch keine Bildungsprozesse in Gang setzen.

Böhnisch hat die bildungstheoretische Relevanz dieses Konzeptes, vom Begriff des pädagogischen Bezuges abgesehen, nicht weiter entfaltet. Es ist aber festzuhalten: Die Stärke dieses Ansatzes als Konzept nonformaler Bildung besteht nicht nur darin, dass er, wie schon das Aneignungs-Konzept, den ganzheitlichen Charakter der Verkoppelung von informeller Selbstbildung Jugendlicher und ihrer non-formalen Förderung sichtbar macht. Milieukenntnis, Vertrautheit, „Stallgeruch", „seine Pappenheimer kennen", aber auch auf authentische Weise anders sein,

---

7 Böhnisch (vgl. ebd., 161ff.) bezieht sich hier ausdrücklich auf diese bildungstheoretische Grundfigur der geisteswissenschaftlichen Pädagogik, insbesondere auf Herman Nohl.

eigener Stil, „Fels in der Brandung sein" etc. können hier zu bildungsrelevanten Kriterien werden (vgl. dazu Küster 2003). Hier muss, um Prozesse der Förderung von Selbstbildung Jugendlicher beobachten zu können, nicht mehr grundsätzlich vorausgesetzt werden, dass diese bei einem Angebot „mitmachen" oder von einem pädagogischen Arrangement profitieren. Bildungsfördernd und sogar tiefer wirksam kann schon die Begegnung und auch die Reibung der Milieus als solche sein, etwa wenn einander feindliche Jugendcliquen lernen müssen, zumindest in der Sphäre der Jugendeinrichtung selbst, miteinander auszukommen – dies ist die Stärke dieser Perspektive.

Bildungstheoretisch hat dies zwei Aspekte: Zum einen wird es in dieser Perspektive möglich, auch die Förderung von Selbstbildung als *koproduktiven* Prozess zu sehen[8] und nicht mehr exklusiv als Tätigkeit von Pädagogen (oder von ehrenamtlichen Helfern nach dem Prinzip „Jugend führt Jugend") nach dem Anbieter-Empfänger-Modell. Schon das Zusammentreffen unterschiedlicher jugendkultureller Milieus oder auch der Geschlechter, das Aushandeln eines modus vivendi, von Nutzungsregeln etc. wird als Bildungsprozess interpretierbar. Denn „die Geselligkeitsdimension ist ein zentraler Aspekt von Bildungsprozessen" (Sting/Sturzenhecker 2005), wie schon Schleiermacher beschrieb. Die Pädagogen und ihre Arrangements sind dann zwar wesentlich für das Gelingen einer eher offenen und demokratischen, statt regressiven oder gewaltsamen Milieumischung verantwortlich. Aber nicht erst diese Tätigkeit oder die Reflexion darüber erzeugt die für die Selbstbildung förderliche Wirkung, sondern schon der gelingende modus vivendi selbst, den die Jugendlichen untereinander finden. Der andere Aspekt ist, dass in dieser Perspektive nicht nur dort von Bildung geredet werden kann, wo es um das *pädagogische Eigentliche* geht, sondern alle alltäglichen Interaktionen und auch Konflikte unter dem Gesichtspunkt ihrer Bildungsbedeutung betrachtet werden können.[9]

Anschlussfähig ist hier auch das Konzept der gegenseitigen Anerkennung und Selbstanerkennung als „Kernkompetenz" von Jugendarbeit (vgl. Müller 2002), wenn man *Anerkennung* nicht erst als Ziel oder Er-

---

8 Es erscheint als selbstverständlich, dass das Zusammenspiel von fördernder Fremdaufforderung und Selbstbildung (oder Bildsamkeit, wie in der Erziehungswissenschaft gesagt wird) nur als koproduktiver Prozess verstanden werden kann. Weniger selbstverständlich ist die Koproduktion bei der Herstellung förderlicher Bedingungen für dieses Zusammenwirken.

gebnis non-formaler Bildung (siehe den folgenden Abschnitt), sondern schon als grundlegende Prozessbedingung von Bildungsförderung betrachtet. Das Bild von Jugendarbeit als Überschneidungszone von Milieus (in die sich Pädagogen einmischen, ohne dabei dominieren zu wollen oder zu können) betont die *Gegenseitigkeit* der Anerkennungsverhältnisse. Und es betont, dass Anerkennung nicht nur eine Frage der individuellen gegenseitigen Akzeptanz oder des individuellen Selbstrespekts ist, sondern, gerade in der Jugendarbeit, mit der gegenseitigen Anerkennung von Milieus, von Umwelten zu tun hat.

Damit aber die Milieumischung bildungsförderlich sein kann, ist nicht nur entscheidend, dass die Kinder und Jugendlichen das Gefühl bekommen, so wie sie sind, akzeptiert zu sein, gleiche Rechte wie andere zu haben und außerdem in dem, was sie von anderen unterscheidet, auf Solidarität zählen zu können (vgl. Honneth 1992; Sturzenhecker 2002, 34ff.). Ebenso entscheidend ist, dass die Pädagogen und Jugendarbeiterinnen jene Dimensionen der Anerkennung *auch für sich selbst erringen*, und zwar auch dies nicht allein für sich als individuelle Personen, sondern für ihre Arbeit und ihre Beiträge zu jenen eher offenen und demokratischen Milieus.[10]

Darin liegt der vielleicht entscheidende Unterschied zu anderen Sozialisationsinstanzen, insbesondere zur Schule. Jugendarbeit kann die Anerkennung ihrer Angebote nicht durch formale Autorität oder durch Macht in der Zuteilung von Lebenschancen (Abschlüssen) absichern, sondern muss sie grundsätzlich ihren Nutzern anheim stellen. Eine Evaluation der Prozessqualität non-formaler Bildung, die diesen Aspekt verkennt, etwa stillschweigend davon ausgeht, Jugendarbeit könne nur dann gut sein, wenn die Pädagoginnen (wie Lehrer) ihr Aktionsfeld fest im Griff haben oder (wie Medienprofis) die (Ver)führungskünste der Unterhaltungsindustrie nachahmen, geht an diesem Kern der Sache vorbei: Nämlich, dass der „Kampf um Anerkennung" in non-formalen Prozessen der Förderung weder eine Frage der pädagogischen Disziplinierung, noch der erfolgreichen Showeffekte ist, sondern den Kern der Bildungsprozesse selbst betrifft[11] (vgl. Müller 2002 und 1996).

---

9 Wobei das Bild von Jugendarbeit als einer Überschneidungs- und auch potentiellen Konfliktzone der Milieus davor warnt, einen besonders friedlichen, wohlgeordneten und positiv nach außen strahlenden Eindruck einer Einrichtung schon als Indiz für Bildungsförderlichkeit zu nehmen.

1. JUGENDARBEIT ALS ORT INFORMELLER BILDUNG

Die Schwäche oder Grenze all dieser prozessorientierten und ganzheitlichen Betrachtungsweisen für die Legitimation non-formaler Bildungsförderung liegt sicher darin, dass Prozessqualität noch nichts über Ergebnisqualität aussagt. Die ganzheitlichen Zugänge blenden den Blick aufs Einzelne eher aus, legen nicht nahe, Lernschritte, Inhalte oder Bausteine der Selbstbildung nachweisbar zu machen. Sie können auch nicht sichtbar machen, wie sich solche Räume für Aneignungsprozesse, solche geöffneten Milieus, solche gelingenden Prozesse der gegenseitigen Anerkennung in den Lebensläufen auswirken, wie sie „Biographierelevanz" (Sting/Sturzenhecker 2005) erlangen. Man kann zwar – wir versuchen es in diesem Projekt – die genauen Beschreibungen von Teilen solcher Prozesse in der „Nahaufnahme" einzelner Szenen zu erfassen suchen. Und wir meinen, dass schon dies wichtige Beiträge zur Evalu-

---

10 Beziehungen von Kindern und Jugendlichen zu Jugendarbeiterinnen sind nie „Beziehungen pur", sondern sind immer geprägt und in ihrer Bedeutung determiniert von den „Sachen", die sie vermitteln (Räumen, Unterhaltungsgelegenheiten, Kontaktmöglichkeiten, Chancen der Anerkennung etc. in Relation zum Milieukontext). Aber umgekehrt ist auch die Bedeutung dieser „Sachen" wie durch das Milieu, so auch durch die prozesshaften Beziehungen und Arten der persönlichen Bindung (oder auch Zurückweisung oder Kränkung) bestimmt, die Jugendliche dabei erfahren. Jugendarbeiter müssen deshalb die „Beziehungsseite" ihrer sachlichen Aufgaben als Freizeit-Anbieter und Ressourcenverwalter genau so sorgfältig wahrnehmen, wie sie umgekehrt den Blick nicht dafür verlieren dürfen, dass ihre persönlichen Beziehungen zu den Jugendlichen letztlich nur Bedeutung als *Arbeitsbeziehungen* haben, das heißt als Medium der Vermittlung von „Sachen", die für die Jugendlichen in jeweiligen Lebenslage *Gebrauchswert* haben. Ob dies der Fall ist, entscheiden die Adressaten allein. Jugendarbeit hat keine Möglichkeit, ihre Ziele zu erzwingen. Ob aber der Gebrauchswert *auch* in der Förderung der Selbstbildungsprozesse, des inneren Wachstums der Kinder und Jugendlichen liegt, darüber entscheidet vor allem die Glaubwürdigkeit der persönlichen Beziehungen.
11 Giesecke (1964) beschrieb schon früh die prekäre Balance, die der Jugendarbeit dabei abverlangt ist. Auf der einen Seite muss sie sich „als Unternehmen" nach den „Strukturgesetzen des Marktes" richten, immer in Gefahr, dadurch auch ihre Inhalte „industriell zu manipulieren" (141). Andererseits gewinnt sie nur in diesem Risiko auch die Chance zu einem „realistischen pädagogischen Selbstverständnis" (vgl. ebd.). Dann nämlich, wenn sie sich gleichzeitig als geplantes Erziehungsfeld verstehe, aber so, dass die eine Seite die andere „beschränkt".

ation der Bildungsqualität von Jugendarbeit leistet. Aber das allein genügt sicher nicht.
Schließlich scheint uns der Hinweis wichtig, dass auf der Ebene solcher Prozess-Konzepte auch in der genauen Beschreibung kaum unterscheidbar ist, ob es sich bei „Aneignung", „Milieubildung", „Anerkennung" nur um das praktische Miteinander-Zurechtkommen handelt oder um etwas, das darüber hinausgeht. Und wenn Letzteres der Fall ist: Geht es nur um Beiträge zur Lebensbewältigung, zum Zurechtkommen und sich Behaupten in den jeweilig gegebenen Lebensverhältnissen oder um mehr? Die dritte Art der hier zu diskutierenden Strategien der Legitimation von „bildungsfördernder" Jugendarbeit stellt genau diese Unterscheidungen in den Mittelpunkt.

1.4 NON-FORMALE BILDUNGSFÖRDERUNG ALS EMANZIPATIONSPROJEKT

Die dritte Strategie orientiert sich am klassischen Bildungsbegriff der Aufklärung und des Neuhumanismus (vgl. Liebau 2002; Sting/Sturzenhecker 2005; Graff 2004). Im Mittelpunkt steht aber nicht das abstrakte Ideal des aufgeklärten Subjektes, sondern „die individuelle Person" (Liebau 2002, 24) und die jeweiligen Chancen der Einzelnen zur Entfaltung ihrer Möglichkeiten zu einem gelingenden Leben. Als Hilfe zur selbst verantworteten und selbst bestimmten Lebensführung unter den jeweils gegeben Bedingungen muss Jugendarbeit aus dieser Sicht legitimiert werden.[12] Wir beschränken uns hier auf Albert Scherrs Konzept, der diese Bildungsperspektive als „Subjektorientierte Jugendarbeit" (1997) am ausführlichsten entfaltet hat.

Scherr schreibt: „Es geht politisch und pädagogisch um die Befähigung zu Entgegensetzung und Widerständigkeit im Verhältnis zu solchen gesellschaftlichen Strukturen und Prozessen, die Individuen auf die Rolle eines Funktionsträgers in verselbständigten gesellschaftlichen Teilsystemen reduzieren" (Scherr 1997, 23[13]) – also mehr bietet als Hilfe zur

---

12 Nicht aber als Vermittlerin von Basisqualifikationen oder Arbeitstugenden und pro sozialem Verhalten oder gar als Vermittlerin eines Bildungskanons, „was man wissen muss" (Schwanitz).
13 Dieses Zitat ist im Original, wie auch die folgenden, aus dem Buch von Scherr, kursiv hervorgehoben.

1. JUGENDARBEIT ALS ORT INFORMELLER BILDUNG

Lebensbewältigung. Im Unterschied zu „revolutionären" Ansätzen seligen Angedenkens wird dies aber nicht als gesellschaftspolitisches Projekt verfolgt. Das ist höchstens der „Fluchtpunkt" (vgl. ebd.). Jugendarbeit erhält ihre Chance und Attraktivität zur Bildungsförderung vielmehr „aus der Möglichkeit, an das grundsätzlich allen Individuen eigene Bedürfnis anzuknüpfen, sich als Subjekt der eigenen Lebenspraxis konkret und alltäglich erfahren zu können" (ebd.). Bildungsförderung heißt hier „Unterstützung selbstbewusstseinsfähiger und selbstbestimmungsfähiger Individuen in Prozessen ihrer Lebensbewältigung und Lebensgestaltung ..., sofern solche Unterstützung aufgrund eines Mangels an alltäglichen sozialen Lebenszusammenhängen gegenseitiger Hilfe, Achtung und Anerkennung, eines Mangels an sozialen (ökonomischen und kulturellen) Ressourcen oder aufgrund sozialer Diskriminierung und Benachteiligung erforderlich wird" (ebd., 74). „Ansatzpunkte pädagogischen Handelns sind so betrachtet subjektiv erfahrene Beschädigungen und Begrenzungen selbstbestimmter Lebenspraxis und darin begründeter Entwürfe gelingenderen Lebens, deren Eigensinnigkeit ernst zu nehmen und nicht für vorab gesetzte pädagogische Zwecke zu instrumentalisieren ist" (ebd., 75).

Die Stärke dieser Perspektive ist zweifellos, dass sie das in den Mittelpunkt stellt, was die alles entscheidende Erfolgsbedingung der Bildungsförderung von Jugendarbeit ist: Die Subjektivität – oder, vielleicht mit Liebau besser gesagt, die Individualität und die *Teilhabefähigkeit* der Kinder und Jugendlichen. Verglichen mit anderen Sozialisationsinstanzen ist Jugendarbeit auch kaum in der Lage, die Akzeptanz ihrer Ziele bei ihren Adressaten mit sekundären Motivationen zu verknüpfen. Sie hat nicht die negativen Möglichkeiten, durch das Zufügen oder Androhen eines Übels vor unerwünschtem Verhalten abzuschrecken – abgesehen von der Notbremse „Hausverbot". Sie hat auch nicht, und das ist wichtiger, die positiven Möglichkeiten, Wohlverhalten und Lernbereitschaft durch Zuwenden oder Versprechen sozialer Vorteile oder Zukunftschancen (etwa elterliche Fürsorge oder gute Noten oder materielle Vorteile und Prestige) zu fördern. Das Einzige was ihr bleibt ist jenes *selbsttätige Eigeninteresse* Jugendlicher, jedenfalls dann, wenn sie ihren Bildungsanspruch ernst nimmt, also mehr sein will, als ein Entsorgungspark für potentielles jugendliches Fehlverhalten. Insofern ist die Idee des „Emanzipatorischen" in der Jugendarbeit kein überzogener Anspruch, der sie als „Reformtheorie für die anderen Erziehungsfaktoren" (Giese-

cke 1964, 138) mit realitätsfernen Idealen der Selbstbestimmung überfrachtet; und auch kein „Sahnehäubchen" der Erziehung (vgl. Sturzenhecker 2002, 39). Sie ist vielmehr die einzig realistische Beschreibung der *pädagogischen* Einwirkungsmöglichkeiten von Jugendarbeit auf Kinder und Jugendliche. Ohne deren Zustimmung ist sie, jenseits der bloßen Absicherung ihrer eigenen Überlebensbedingungen, chancenlos. Wie kommt es aber dann, dass die Jugendarbeit ihren emanzipatorischen Ansprüchen so oft hilflos hinterherlaufen muss, weil ihre Adressaten sie dabei im Stich lassen? Wie kommt es, dass sie oft gerade bei Angeboten, die auf „Befähigung zu Entgegensetzung und Widerständigkeit" (Scherr, 75) zielen (von feministischer Mädchenarbeit bis zu Partizipations- und Antidiskriminierungsprojekten), die „Hunde zum Jagen tragen" muss? Die Antwort auf solche Fragen kann man finden, wenn man sich fragt, was Pädagogen eigentlich praktisch tun müssen, um jener Selbstbestimmung Jugendlicher gerecht zu werden. Dann wird die Unterscheidung zwischen Tätigkeiten, die der Förderung von Jugendlichen als *Subjekten ihrer eigenen Lebenspraxis* dienen (also der Bildung) und Tätigkeiten, die erwünschtes Verhalten hervorlocken oder der Lebensbewältigung dienen sollen, kaum noch nachvollziehbar. In unserem ganzen Beobachtungsmaterial gibt es kein einziges Beispiel pädagogischen Handelns, bei dem man klar sagen kann: Das ist Bildungsförderung und nicht Erziehung/Hilfe zur Lebensbewältigung, oder umgekehrt (wohl aber Beispiele, die man weder als das Eine noch als das Andere rechtfertigen konnte). Gerade auch Versuche der Förderung, die bei ihren Adressaten „deren Eigensinnigkeit ernst zu nehmen und sie nicht für vorab gesetzte pädagogische Zwecke zu instrumentalisieren" (ebd.) suchen – wie anders sollte Jugendarbeit überhaupt wirken können? – sind ja Versuche, *erwünschtes* Verhalten zu fördern.
Dennoch wird in fast allen neueren Beiträgen zum Bildungsauftrag der Jugendarbeit unterschieden zwischen Angeboten, welche Jugendlichen helfen, ihren Platz in der Gesellschaft zu finden (von Hausaufgabenhilfen und Sozialberatung bis zum Einfordern von Hausregeln oder dem Durchsetzen des Verbots sexistischer oder rassistischer Sprüche) – und Bildung. Zu Letzterem wird insbesondere die Förderung von Selbstreflexionsfähigkeit gerechnet. Demnach wäre

- das Einüben von Hausregeln keine Bildungsarbeit; aber gemeinsam mit Jugendlichen über Hausregeln zu diskutieren und sie per demokratische Abstimmung zu vereinbaren, könnte man dazurechnen;

- junge Männer mit sexistischem Habitus zu bewegen, sich Mädchen gegenüber anständig zu benehmen, wäre demnach keine Bildung, wohl aber wäre Bildungsarbeit, sie dazu zu bringen, ihre Geschlechterrolle zu hinterfragen;
- Hausaufgabenhilfe oder Maßnahmen zur Drogenprävention oder Mitmachsport der Polizei wären keine Bildungsarbeit; wenn aber mit Jugendlichen darüber nachgedacht wird, welche Lernaufgaben der Schule in ihrem eigenen Interesse wären oder wie sie selbst herausfinden können, welche und wie viele Drogen sie ohne Schaden vertragen, oder wenn Sport von Pädagogen in emanzipatorischer statt präventiver Absicht angeboten wird – dann handelte es sich um Bildung.

Letztlich laufen solche Unterscheidungen darauf hinaus, die Vermittlung von Selbst-, Reflexions- und Diskursfähigkeit Jugendlicher (oder die entsprechende gute Absicht der Pädagoginnen) zum Kriterium zu nehmen und diese mit Bildungsförderung gleichzusetzen. Wünschenswerte Ziele von Jugendarbeit sind solche Fähigkeiten sicher.

Die Gleichsetzung von Förderung informeller Bildung mit Förderung der Fähigkeit zu rationaler Auseinandersetzung mit den eigenen Interessen und zu gleichberechtigter Teilhabe am gesellschaftlichen Diskurs über sie (Habermas winkt im Hintergrund!) hat aber drei fragwürdige Nebenwirkungen. Die eine ist, dass dieses Konzept die Jugendarbeit dazu verleitet, sich selbst für eine Art antipädagogischer Veranstaltung zu halten und zu verkennen, dass es sich dabei um ein höchst anspruchsvolles und voraussetzungsvolles Erziehungsziel handelt, dessen Einlösung aber dann faktisch doch nur als jenes „Sahnehäubchen" sichtbar wird. Die zweite ist, dass diese Gleichsetzung nahe legt, die eigenen emanzipatorischen Absichten der Pädagogen mit den Wirkungen gleichzusetzen, welche die Angebote auf Jugendliche tatsächlich haben. Aber die Wirkung auf Jugendliche hängt von deren Art der Verarbeitung und kaum von der Reinheit der pädagogischen Absichten ab.[14] Dies führt zur dritten, vielleicht fatalsten Nebenwirkung, nämlich zu verkennen, dass jene „Verarbeitung" nur aus dem biographischen Kontext, oft erst sehr viel später und jedenfalls nur nachträglich erschlossen werden kann. Die Gleichsetzung von Ermöglichung erkennbarer Ansätze „emanzipierten" Verhaltens Jugendlicher mit Bildungsförderung legt dagegen nahe, das je eigene Modell einer emanzipierten Lebensführung unterschwellig doch zum Maßstab zu machen. Dies führt zu einer „Selbstverwirklichungspädagogik der Erzieher" (Bosse 2000, 68), die gleichberechtigte Partnerschaft mit Jugendlichen sagt und meint, aber selbst nicht merkt, wo sie die Art des Erlebens der Jugendlichen und ihre Ambivalenzen gar nicht mehr zur Kenntnis nimmt.

1.5 BILDUNGSFÖRDERUNG ALS ARBEIT AM GENERATIONENVERHÄLTNIS

Die Ambivalenz jugendlichen Verhaltens und Erlebens stellt dagegen eine vierte Betrachtungsweise des Bildungsauftrages von Jugendarbeit in den Mittelpunkt. Sie versucht, die von Böhnisch (s.o.) beschriebene innere „Bedürftigkeit" Jugendlicher, die sie auf Auseinandersetzung mit Erwachsenen angewiesen sein lässt, genauer zu fassen. Schon Götz Aly (1977) packte den Erziehungs- und Bildungsauftrag der Jugendarbeit – er unterschied beides nicht – in die Formel, er solle Jugendlichen helfen „mit aufrechtem Gang erwachsen zu werden" und sprach von „öffentlichen Vätern und Müttern". Jugendarbeit als „Ort alltäglicher, freiwilliger Umgangsverhältnisse der Generationen" (Hafeneger 1999, 338), Jugendarbeiter und Jugendarbeiterinnen als „andere Erwachsene" (vgl. Schröder 1999; Bimschas/Schröder 2003) werden dort zur unentbehrli-

---

14 So wie man nicht nicht kommunizieren kann, wenn man anderen Menschen gegenüber steht, so können Pädagogen im Umgang mit Kindern und Jugendlichen nicht nicht erziehen. Die Frage ist nur, auf welche Weise und mit welchem Erfolg sie das tun; und ob sie überhaupt merken, was sie da tun. Das Problem dabei ist, dass dieses „was" keineswegs nur von ihnen abhängt, sondern vor allem auch von den Bedeutungen, welches ihr Tun oder Lassen für die Jugendlichen gewinnt – in deren Bewusstsein gewinnt, oder auch und vielleicht mehr noch in deren faktisch-unreflektierter und zum Teil unbewussten Beschäftigung damit. Emanzipatorisch gemeinte Anstöße zur Eigentätigkeit und Selbstreflexion können bekanntlich bei Jugendlichen die Bedeutung des Vollaberns, der nervenden Kontrolle annehmen, während umgekehrt klare Anweisungen und sogar Sanktionen vielleicht weniger die gewünschten Verhaltensänderungen bewirken, als Selbstreflexion und „Selbstauffassungsarbeit" (Bernfeld) – also Selbstbildung. Das Problem ist nur, dass Jugendarbeit die jeweils gewünschten Bedeutungen ihres Handelns bei den Jugendlichen nicht herstellen, sondern nur versuchen kann, sie angemessen wahrzunehmen.

chen Ressource für informelle Bildungsprozesse, wo solche Orte und zur Auseinandersetzung bereite Erwachsene mangeln (vgl. Müller 1996). Es ist nicht schwer, zu zeigen, dass sie gerade für die typische Klientel von Jugendarbeit mangeln, vor allem, wenn es darum geht, die eingangs genannte doppelte Entwicklungsaufgabe zu bewältigen, den zugleich eigenen und erfolgreichen Weg ins Leben als Erwachsene zu finden (vgl. Müller 2000).

Dies beweist allerdings noch nicht die Notwendigkeit einer öffentlich finanzierten professionellen Jugendarbeit. Man kann nicht das Generationenverhältnis als solches professionalisieren, meinten schon Böhnisch/Münchmeier (vgl. 1987, 210). Tatsächlich verweist diese Betrachtungsweise zunächst einmal und vor allem auf die Leistungen einer Jugendarbeit, die eher unter dem Vorzeichen der Ehrenamtlichkeit steht und vor allem in Jugendverbänden, aber auch in zahllosen anderen Vereinen und Formen freiwilligen Engagements geleistet wird.[15] Die darin engagierten Erwachsenen oder auch älteren Heranwachsenden, die als „Drehpunktpersonen" (vgl. Müller u.a. 1994) in persona ein „doppeltes Milieu" verkörpern, nämlich zugleich die Anerkennung einer für die Jugendlichen relevanten Gemeinschaft von Erwachsenen genießen *und* Vertrauenspersonen in einem jugendkulturellen Milieu sind, können als Ressource für die Förderung informeller Bildungsprozesse kaum überschätzt werden.

Allerdings gibt es Gründe, weshalb diese Ressource knapp ist und durch moralische Appelle an ehrenamtliches Engagement nicht größer wird. Professionelle und öffentlich zu fördernde Aufgabe ist deshalb, erstens, die Herstellung von Orten und einer Infrastruktur, die Formen geselligen Lebens und produktiver Auseinandersetzung zwischen den Generationen ermöglichen. Diese entstehen nicht überall naturwüchsig, wo sie dringend benötigt werden. Um diesen, von den gesellschaftlichen Verhältnissen selbst hervorgerufenen Mangel zu bewältigen, braucht es auch Fachkompetenzen, insbesondere solche, die pädagogische und Management-Fähigkeiten verknüpfen. Zweitens ist es kein Zufall, dass die überwiegende Mehrzahl der Erwachsenen sich diese Aufgabe zunehmend vom Hals hält, sich damit überfordert fühlt und sie bezahlten Pädagogen zur Bewältigung zuschiebt. Denn diese Rolle des „anderen

---

15 Zur Bildungsbedeutung dieser ehrenamtlichen Rollen selbst vgl. Reichwein/Freund 1992.

Erwachsenen" fordert eine besondere Art von Kompetenz, die mit der herkömmlichen Erwachsenenrolle und auch dem Alltagsverständnis von Pädagogik nicht leicht zu vereinbaren ist.

Grundlegend für die Bewältigung dieser Rolle ist, das paradoxe „Anerkennungsvakuum" (King 2004) zu verstehen und jedenfalls mit auszuhalten, welches Jugendlichen mit ihrer eingangs erwähnten Doppelaufgabe der Identitätsbildung und der sozialen Integration unausweichlich auferlegt ist. Diese Aufgabe verlangt von Jugendlichen eine paradoxe Leistung: Sie sollen fähig werden, selbst zu urteilen und sich von fremden Quellen der Anerkennung unabhängig zu machen, während sie gleichzeitig auf solche Quellen existentiell angewiesen sind; und sie sollen fähig werden, sich selbst eigene, neue Quellen der Anerkennung zu erschließen, aber damit zugleich die eigene Unabhängigkeit zu bestätigen. King führt das konkreter aus: Jugendliche müssen den Abschied von der Kindheit und die Trauer über das Ende kindlicher Gewissheiten bewältigen; sie müssen, um herausfinden zu können, wer sie selber sind und was sie selber wollen, fähig sein, Bestehendes, für Wert Gehaltenes zu attackieren und die damit verbundenen Schuld- und Angstgefühle auszuhalten; und sie müssen fähig werden, ihre Gebundenheit an die eigene Vergangenheit und die Autonomie ihrer Gegenwart (die zuerst nur als Selbstentwurf, nicht als realitätsgeprüfte Wirklichkeit existiert) zu einem gelingenden Lebensentwurf zu verbinden. Informelle Bildungsprozesse sind in dieser adoleszenztheoretischen Perspektive ein „mühsamer Weg durch die Stagnation" (Winnicott 1984).

Positiver formuliert könnte man mit einem von Schröder (2004, 242) vorgeschlagenen Begriff von „bezogener Urteilsbildung" reden.[16] Damit ist „gemeint, dass sich Vorstellungen und Werturteile herausbilden in der Auseinandersetzung mit andern. Dabei haben wir es eher mit einer Reibung an Positionen des anderen zu tun, als mit einer automatischen Übernahme von solchen" (ebd.). Genauer gesagt: Diese „automatische Übernahme" kann man jedenfalls im Kontext von Jugendarbeit praktisch ausschließen; Erwachsene aber, die für jene „Reibung" auf eine ebenso selbstsichere, wie empfindsame Weise zur Verfügung stehen, sind auch hier keine Selbstverständlichkeit. Es braucht dafür nicht

---

16 Schröder lehnt sich dabei (vgl. ebd.) an Helm Stierlins Begriff „bezogene Individuation" an, der wechselseitige Prozesse von Beziehungsentwicklung und Individualitätsentwicklung zu fassen sucht.

1. Jugendarbeit als Ort informeller Bildung

notwendig eine fachliche Ausbildung; ein normaler Erwachsener zu sein würde genügen, wenn er oder sie Jugendliche leiden kann und über eine etwas überdurchschnittliche Portion Humor verfügt. Allerdings kommen das „Leiden-Können" und der Humor schnell an Grenzen, wenn die „Reibung" an eigene Empfindlichkeiten rührt. Und da dies meist unvermeidlich ist, wird Jugendarbeit doch zum professionellen Geschäft, das sehr hohe Anforderungen an Lösungsfähigkeiten wie an die selbstreflexive Verarbeitung von Konflikten stellt.

Wer im Sinne jener „bezogenen Urteilsbildung" fördern will, muss zugleich weniger und mehr leisten, als das übliche Verständnis von *Fordern und Fördern* oder *Offenheit und Halt geben* nahe legt. Fördernd ist hier nicht in erster Linie jenes pädagogische „Tun", von dem Bernfeld (1921, 43) sprach („Fordern, Verbieten, Anfeuern und Belohnen"), sondern eher jenes „Nichttun" („Beobachten, Zusehen, Leben"). Mit Letzterem ist freilich keineswegs ein passives Abwarten gemeint, sondern es setzt eine sehr aktive, interessierte, ja neugierige Haltung den Jugendlichen gegenüber voraus. Wir haben diese Haltung als „pädagogische Präsenz" bezeichnet und versuchen, ihre Notwendigkeit und Fruchtbarkeit in diesem Buch empirisch zu belegen.

Obwohl wir glauben und meinen zeigen zu können, dass eine solche Haltung eine entscheidende Voraussetzung für die erfolgreiche Förderung jugendlicher Selbstbildung ist, gehen wir davon aus, dass dies zur Legitimation von Jugendarbeit als non-formaler Bildung allein nicht genügt. Wir verstehen diese Haltung nicht als einen pädagogischen „Ansatz", der an die Stelle jener vorher diskutierten Strategien der Legitimation bildungsfördernder Jugendarbeit treten sollte. Dies liefe auf einen „Situationsansatz" in der Jugendarbeit hinaus, was wir für zu kurz greifend halten. Unsere Argumentation ist vielmehr: *Jene genannten Strategien – der Identifikation von Inhalten informeller Bildung, der Ermöglichung von Aneignungschancen und offenen Milieus sowie die „subjektorientierte" Unterstützung selbstbestimmter Lebensführung – haben eine elementare Voraussetzung, deren Fehlen sie alle ins Leere laufen lässt. Diese Voraussetzung besteht aus Jugendarbeiterinnen und Jugendarbeitern, die unbestechlich genau, aber mit „Sympathie mit der Unreife" (Lessing 1986) wahrnehmen können, was Kinder und Jugendliche im Feld der Jugendarbeit tun.*

I. Einführung

1.6 Bildungsförderung als Kunst der Wahrnehmung

Wie also könnte man diese Strategien zur Legitimation der informellen Bildung fördernden Leistungen von Jugendarbeit so verknüpfen, dass ihre jeweiligen Stärken zum Zug kommen und ihre Schwächen sich gegenseitig ausgleichen? Man kann sie, wie das öfter geschieht, gleichzeitig und nebeneinander benutzen (zum Beispiel Sturzenhecker 2002) mit dem Risiko, dass man zu der „unverträglichen Mischung" der Bildungsbegriffe (Hornstein 2004, 17), welche in der öffentlichen Bildungsdebatte herrscht, eher beiträgt, als sie aufzulösen.

Hilfreicher scheint uns, an die schon zitierte Bemerkung Gieseckes anzuknüpfen, Erziehen sei keine spezielle Art von Tätigkeit, sondern *eine besondere Art,* sehr unterschiedliche Tätigkeiten zu rechtfertigen. Von Bildung zu reden kann wiederum eine besondere Art sein, Erziehungsverhalten zu rechtfertigen. Wenn zum Beispiel neuerdings in der Frühpädagogik viel von *Bildung* statt von *Erziehung* die Rede ist (vgl. Laewen/Andres 2002), dann ist damit nicht gemeint, kleine Kinder müssten, statt erzogen zu werden, nur dabei unterstützt werden, selbstreflexiv ihre Interessen zu erkennen. Gemeint ist vielmehr, dass sich das Erziehungsverhalten der Erwachsenen nicht primär an vorgegebenen Erziehungszielen und deren Umsetzung rechtfertigen soll, sondern eher an der genauen Beobachtung und Erforschung der spontanen Eigenaktivitäten von Kindern, den Bedingungen ihres Wohlbefindens und der Gegenstände ihres Interesses und aktiven Engagements, welche immer die sein mögen (vgl. Laevers 1998). Genau in demselben Sinn macht es einen Unterschied, ob Jugendarbeit als Erziehung oder als Bildung *gerechtfertigt* wird. Letzteres bedeutet aber nicht, dass Jugendarbeiter keine Erzieher mehr wären, sondern nur, dass sie ihre Arbeit auf eine besondere Art legitimieren.

Jugendarbeit ist ebenfalls keine spezielle Tätigkeit, sondern eine Fülle von Tätigkeiten, die sich wiederum nur zum Teil mit dem deckt, was zum Handlungsspektrum von Erziehern gehört. Eine Einrichtung und ihr Budget zu verwalten, sie in der Öffentlichkeit zu vertreten und zu verteidigen, Fördermittel zu organisieren etc. gehört ebenso dazu, wie Jugendlichen Freizeitangebote anzubieten, sie zu motivieren, zu beraten, ansprechbar zu sein, ihre Aktivitäten aufzugreifen und vieles andere mehr. Jugendarbeit ist aber außerdem, und das bringt sie noch mehr in Identitätsdiffusion, zugleich eine Mehrzahl von Arten, dieses Tätigkeitsbündel zu rechtfertigen (und entsprechend zu evaluieren). Man kann sie als Teil kommunaler Leistungsverwaltung evaluieren oder als traditionsgebundene Wertegemeinschaft; als ökonomisch effizientes und jugendgerechtes Freizeitangebot oder als Element im kriminalpräventiven Verbundsystem; als Einrichtung kompensatorischer Erziehung oder als adressatenspezifisches Kulturangebot; als Instrument einer geschlechterbezogenen Förderpolitik oder als Medium der Integration kultureller Minderheiten; als Ort der Vermittlung genereller Kompetenzen für den Lebenserfolg – oder eben als Ort non-formaler Bildung.

Wir versuchen angesichts dieser Sachlage zwei Ursachen der Verwirrung in der Diskussion über Jugendarbeit als Bildungsort möglichst zu vermeiden: Zum einen versuchen wir nicht, Bildungsförderung als eine *besondere Art von Tätigkeit* der Jugendarbeit zu identifizieren, die sich von anderen ihrer Tätigkeiten abgrenzen lässt, statt sie als eine besondere Art zu betrachten, Jugendarbeit zu *rechtfertigen*. Unsere bisherigen Überlegungen zeigen, dass es keine „pädagogisch eigentlichen" und „uneigentlichen" Tätigkeiten und Angebote der Jugendarbeit gibt, wohl aber unterschiedliche Möglichkeiten, sie zu legitimieren. Jugendarbeit als Förderstruktur für informelle Bildungsprozesse zu legitimieren, setzt aber voraus, den *„reibenden" Umgang Jugendlicher* mit ihren Angeboten genauer wahrzunehmen.

Die andere zu vermeidende Verwirrung scheint uns darin zu bestehen, *Bildungsförderung* als die letztlich einzige gültige Art der Rechtfertigung von Jugendarbeit zu behaupten: Entweder so, dass andere Rechtfertigungsarten (zum Beispiel Prävention) als von außen herangetragen und dem Wesen von Jugendarbeit zuwider verstanden werden; oder so, dass Bildungsförderung als umfassendstes Ziel behandelt wird, dem die anderen Arten der Rechtfertigung unterzuordnen seien; oder auch Kombinationen von beidem. Wir vermuten, dass Hornsteins eingangs erwähnten „unverträglichen Mischungen" in der Bildungsdebatte genau daraus entstehen. Wir maßen uns aber nicht an, diese mit Hilfe eines entfalteten Begriffs non-formaler Bildungsförderung entwirren zu können oder einen solchen, was noch schwerer ist, schon empirisch hinreichend zu fundieren. Wir verzichten deshalb darauf, die Rechtfertigung von *Jugendarbeit als Bildungsförderung* zu anderen Bezugsgrößen ihrer Legitimation ins Verhältnis zu setzen oder zu beweisen, dass jene anderen weniger wichtig seien. Wir gehen nur davon aus, dass diese Bezugsgröße eine wichtige und entscheidende ist.

I. Einführung

Die strategischen Gesichtspunkte, die wir der Literatur entnommen haben – hinsichtlich der inhaltlichen Seite von non-formalen Förderangeboten, hinsichtlich des ganzheitlichen Prozesses, in dem diese wirksam werden können und hinsichtlich der Bildungsziele (im Unterschied zu anderen Zielen) – scheinen uns alle hilfreich zu sein. Aber nur, wenn sie nicht als Normen verstanden werden, welche eine „gute" Jugendarbeit gefälligst zu erfüllen hat, sondern als *Such-Strategien*, als Orientierungshilfen für das genaue Beobachten, das allein der Bildungsförderung durch Jugendarbeit eine überprüfbare Qualität geben kann.
Unser eher pragmatischer als systematischer Vorschlag für einen Beitrag zu einer solchen Qualität lautet daher:

Wir wissen noch zu wenig, was Förderung informeller Bildung ist, halten aber für evident, dass wir das nie wissen werden, ohne sehr viel genauer als üblich wahrzunehmen, was Jugendliche in Orten der Jugendarbeit tun, was der Umgang mit ihr für sie bedeutet, wobei sie sich wohl fühlen, welche Aktivitäten sie erkennbar stark involvieren und welche Formen und Themen des Selbstausdruckes dabei sichtbar werden; und auch genauer als üblich wahrzunehmen, was Jugendarbeiter dazu beitragen dass all dies geschieht – oder auch erkennbar versäumen, dazu beizutragen.

Die folgenden Kapitel bestehen aus Versuchen, diese Evidenz praktisch zu zeigen und, im dritten Teil, auch Anregungen zu geben, wie Mitarbeiterinnen der Jugendarbeit ihrerseits ein Stück Kultur der Selbstbeobachtung hinsichtlich informeller Bildungsprozesse in ihrem Arbeitsfeld entwickeln können. Man kann dies als unsere „Fragestellung" bezeichnen. Es ist aber keine Fragestellung, die am Anfang unseres Projektes stand, sondern eine, die sich uns erst aus unserem Beobachtungsmaterial allmählich erschlossen hat. Ob sie fruchtbar und für eine Bildungspraxis der Jugendarbeit folgenreich ist, kann sich nur aus der Evidenz der Beobachtungen und ihrer Interpretationen ergeben; vor allem aber aus dem Vergleich, den kundige Leserinnen und Leser zu ihren eigenen Beobachtungen in der Jugendarbeit ziehen können. Darauf hoffen wir.

2. Zur Methode des Entdeckens informeller Bildungsgelegenheiten

Informelle Bildung als Aufgabe von Jugendarbeit zu begründen ist einfacher als zu zeigen, was Jugendarbeit für diesen Auftrag tatsächlich leisten kann, wobei dieses Zeigen auf zwei Ebenen notwendig wäre: Zum einen, fachintern Chancen zur Förderung jener informellen Bildungsprozesse der Jugendarbeit sichtbar zu machen, um so zu einer selbstbewussten, die eigenen Leistungen schätzenden Professionalität unter Jugendarbeitern beizutragen. Zum andern nach außen hin zu zeigen, was Jugendarbeit als Bildungsträgerin zu bieten hat, wenn sie etwa der Schule gegenüber auf gleicher Augenhöhe (vgl. Müller 2004) mit ihrem besonderen Beitrag auftreten will. Aber schon die erste dieser beiden Aufgaben des Zeigens ist schwierig genug. Wenn wir uns im Folgenden auf sie beschränken, dann in der Gewissheit, dass sie die unentbehrliche Grundlage auch für die Vertretung nach außen ist.

Die Beiträge von Angeboten der Jugendarbeit in öffentlicher und freier Trägerschaft zur Unterstützung informeller Bildung von Kindern und Jugendlichen genauer beschreibbar und in ihrer Qualität als Unterstützungsleistungen für die Entwicklung von Lebenskompetenzen Jugendlicher evaluierbar zu machen, war das Ziel des vom Niedersächsischen Landesjugendamt zwischen Oktober 2003 und Februar 2005 geförderten Projektes. Unser Anspruch war nicht, die jeweilige Praxis im Ganzen zu erfassen, sondern ein möglichst vielschichtiges Bild vom Alltag in Einrichtungen und Angeboten unter dem leitenden Gesichtspunkt „Gelegenheitsstrukturen für informelle Bildungsprozesse" zu sammeln. Wir haben qualitativ-empirische Daten durch Erkundungen, Telefoninterviews, vor allem aber intensive teilnehmende Beobachtung und nicht standardisierte, thematisch fokussierte Interviews mit Mitarbeiterinnen und Jugendlichen zur Alltagspraxis von Jugendarbeit unterschiedlicher Formen, Träger und Standorte gesammelt. Innerhalb der Forschungszeit haben wir über einen Zeitraum von meist jeweils zwei Arbeitswochen sieben verschiedene Angebote der Jugendarbeit besucht: Fünf Angebote in kommunaler Trägerschaft, von denen drei im ländlichen, zwei im großstädtischen Bereich lagen, ein Kooperationsangebot zwischen einem freien und einem kommunalen Träger im ländlichen Raum und eine Kooperation zum nachmittäglichen Schulangebot eines Jugendverbands mit Ganztagsschulen.[17] Die besuchten Angebote hatten, mit Ausnahme der Schulangebote, alle den Charakter von offener Jugendarbeit. Die Methodik unseres Vorgehens sei im Folgenden in Kürze vorgestellt.

2.1 Zugang und methodische Rahmung

Zu Beginn des Projektes war es der erste Schritt, die Orte von Jugendarbeit auszuwählen, welche wir in einer späteren Phase besuchen wollten. Grundvoraussetzung für die Auswahl der Kooperationspartner war zunächst das aktive Interesse und die Bereitschaft zur Mitarbeit auf Seiten der Fachkräfte und Teams der Jugendarbeit. Dabei suchten wir, in Anlehnung an die Methode des *„theoretical sampling"* der *„Grounded Theory"* (Strauss/Corbin 1996) nach *Kontrastoptimierungen*. Dementsprechend strebten wir die Kooperation mit unterschiedlichen Typen von Einrichtung beziehungsweise Trägerschaft an (öffentliche und freie Träger, städtische und ländliche Einrichtungen, Kooperationsprojekte mit Schule), jedoch ohne ein Gesamtbild der aktuellen Praxis von Jugendarbeit erfassen zu wollen und zu können. Ziel des Projektes war es, ein möglichst facettenreiches Bild von Gelegenheiten der informellen Bildung für die Jugendlichen zu erlangen, nicht aber, Jugendarbeit im Ganzen oder auch nur die besuchten Jugendeinrichtungen in der Gänze ihrer pädagogischen Praxis zu erfassen und zu evaluieren. Gerade in diesem Kontext kam es zu Beginn unserer Feldphase zu Irritationen auf Seiten der Jugendarbeiterinnen: Unser Interesse wurde immer wieder als auf das pädagogische Handeln fokussiertes gedeutet und nicht als In-

---

17 Die von uns vorgestellten Szenen und Interviewpassagen wurden komplett anonymisiert, jedoch können diese wie folgt differenziert werden: Kommunale Trägerschaft ländlich: KL1, KL2, KL3. Kommunale Trägerschaft städtisch: KS1, KS2. Kooperationsangebot zwischen einem freien und einem kommunalen Träger im ländlichen Raum: KF und eine Kooperation zum nachmittäglichen Angebot eines Jugendverbands mit Ganztagsschulen: JS. Nach dem Ortskürzel folgt die Abkürzung der Beobachterin SS (für Susanne Schmidt) oder MS (für Marc Schulz). An dritter Stelle erfolgen zumeist bei Interviewpassagen mit Jugendlichen bei Bedarf weitere Hinweise über das Geschlecht oder Alter.

teresse daran, was Jugendliche und Pädagogen innerhalb der Sphäre von Jugendarbeit konkret – und für beide Seiten auf den ersten Blick ziemlich banal – tun. Diese Fokussierung der scheinbar vernachlässigenswerten alltäglichen Interaktionsabläufe machte manche Jugendarbeiter misstrauisch. Allerdings konnten wir, durch das Erzählen bereits beobachteter Situationen und unseren Mutmaßungen darüber, auch die Neugier und das Interesse der Mitarbeiterinnen hervorlocken.

Im Verlauf der Forschungsarbeit verwendeten wir einen Mix an Methoden, welcher hier nur abrissartig beschrieben werden soll.

2.2 Feldforschung und teilnehmende Beobachtung

In einem ersten Forschungsschritt näherten wir uns dem Feld der Jugendarbeit mit Verfahren der *Feldforschung* und *teilnehmenden Beobachtung*. Wir konnten natürlich nicht davon ausgehen, als völlig Fremde in eine uns unbekannte Kultur einzutreten, mit dem Ziel, diese als Forscher vorbehaltlos zu beobachten. Es handelt sich eher um eine Strategie der „Befremdung der eigenen Kultur" (Hirschauer/Amann 1997), um künstliche Fremdheit, die weniger auf „Vertrautmachen des Fremden", sondern darauf zielt, das „weitgehend Vertraute" zu betrachten, *„als sei es fremd"* (ebd., 11f.).

Einem „ethnographischen Erkenntnisstil" (ebd., 8) kommt auch der Praxis der Jugendarbeit ein besonderer Stellenwert zu (vgl. Lindner 2000; Küster 2003). Er ermöglicht einen Blick aus der Distanz, kann das Alltagsgeschehen ent-selbstverständlichen, indem das eigene Arbeitsfeld als etwas Fremdes, im Sinne einer Mischung zwischen Vertrautem und Unvertraut-Überraschendem, betrachtet wird. Darauf sind Mitarbeiterinnen der Jugendarbeit, die nicht im bloßen Reagieren oder im Wunschdenken stecken bleiben wollen (vgl. Lindner 2000; Müller 2000), besonders angewiesen. Für den teilnehmenden Beobachter aber, der als Forscher die Aufgabe hat, in „Kopräsenz" und „introspektiv" (Hirschauer/Amann 1997, 21f.), die soziale Logik des Feldes zu erschließen und die Individuen in der Bedeutung ihres Handelns verstehen zu können, ist diese Haltung erst recht fundamental.

Wir meinen aber, dass der ethnographische Zugang für die Sichtbarmachung informeller Bildungsgelegenheiten in der Jugendarbeit besonders fruchtbar ist. Denn das, was Jugendliche in der Jugendarbeit tun, ist Teil

I. Einführung

ihrer alltäglichen Lebensführung und Ethnographie interessiert sich für das „Alltägliche, Gewöhnliche und Wiederkehrende" (Friebertshäuser 1997, 510). Jugendliche kommen in der Regel nicht zu den Angeboten der Jugendarbeit, um sich gezielt zu bilden. Sie wollen abhängen, quatschen, Kicker oder Billard spielen, chatten usw. Bildungsgelegenheiten entstehen (neben den pädagogisch inszenierten, expliziten Bildungsangeboten) ganz nebenbei, ungeplant, sind oft nicht auf den ersten Blick sichtbar und gehen nicht selten im selbstverständlichen Alltagsgeschehen unter. Doch gerade in diesen ungeplanten Momenten liegt, so unsere These, ein großes und wenig wahrgenommenes Potential der Jugendarbeit.

Als Forscherinnen und Forscher im Feld der Jugendarbeit hatten wir es aber immer wieder mit der Problematik einer Doppelrolle zu tun, die als Problem der „Forschung in eigener Sache" (Thole/Cloos/Küster 2004) beschrieben worden ist. Zum einen waren die Mitglieder des Forschungsteams zugleich auch Pädagogen mit langjähriger Erfahrung in der Jugendarbeit. Dies war den Mitarbeiterinnen in den Jugendtreffs zumeist bekannt, so dass es zu einer Vermischung der beiden Perspektiven (Pädagogin – Beobachter) kam, etwa dadurch, dass die Mitarbeiter die Forscher bei Bedarf als pädagogische Fachkräfte in Anspruch nahmen oder auch die Forscherinnen selber ihre pädagogische Kompetenz und Qualifikation gefordert sahen. Wir stießen auf große Offenheit der Mitarbeiter, was vielleicht auch damit zu tun hat, dass wir uns kein „durchschnittliches" Sample von Einrichtungen vornahmen, sondern ausdrücklich solche zu finden suchten, die sich an unserer Fragestellung interessiert zeigten. Zum andern gingen die Jugendlichen selbst mit den Forscherinnen selbstverständlich so um, als handle es sich um neues pädagogisches Personal.[18] In einigen Situationen wurden die Forscher auf ihre Legitimation zur Berechtigung des Aufenthalts in der jugendkulturellen Sphäre befragt, ob sie von anderen, ihnen scheinbar vertrauten Instanzen wären: So stellten Jugendliche in mehreren Situationen die Frage, ob die Forscher von der Schule, Polizei, Jugendgerichtshilfe oder

---

18 Anders als von Thole/Cloos/Küster beschrieben war die Vermischung der Forscher- mit der Pädagogenrolle nach unserem Eindruck kaum durch Misstrauen und konkurrierende Deutungen der Mitarbeiter des Feldes geprägt, sondern mehr durch die selbstverständliche Umgangsweise der Kinder und Jugendlichen mit uns „als Pädagogen".

vom Sozialamt wären. Die Tatsache, dass uns die Jugendlichen immer wieder, wenn auch nur punktuell und ohne gravierende Konflikte, als Mitarbeiter der Einrichtung behandelten, ermöglichte uns einen viel genaueren, auch Gefühle registrierenden Einblick in das manchmal undurchsichtige Geschehen, als dies sonst möglich gewesen wäre. Beides führte methodisch immer wieder mehr zu einer „beobachtenden Teilnahme" (Hitzler 2000, 23) als zu einer teilnehmenden Beobachtung. Im Ganzen erschienen uns deshalb auch die Daten, die wir durch solche „beobachtende Teilnahme" gewinnen konnten, reichhaltiger und „dichter" zu sein als die Beschreibungen, die wir in Interviews mit Mitarbeitern oder Jugendlichen aufzeichnen konnten.

Ein Faktor der *Teilnahme* ist noch besonders zu erwähnen, nämlich das Geschlecht der Beobachter. Es war sehr wichtig, dass die Sammlung der Daten von einer Frau (Susanne Schmidt) und einem Mann (Marc Schulz) durchgeführt wurde.[19] Denn insbesondere die Art des Umgangs der Jugendlichen mit beiden war offenkundig nicht nur von ihrer Einordnung als neue Mitarbeiter, sondern auch von ihrer Wahrnehmung *als Frau* und *als Mann* geprägt. Der Eindruck, dass es bei den im Folgenden vorgestellten Szenen kaum eine gibt, die nicht das Geschlechterthema explizit oder implizit anspricht, hängt einerseits mit der permanenten Präsenz zusammen, welche dieses Thema für Jugendliche und zumal in ihrem Freizeitbereich hat. Andererseits spielt sicher auch eine Rolle, dass beide Forscher von den Jugendlichen, wie auch von den Mitarbeiterinnen als besondere Art von Frau und von Mann, nicht aber als geschlechterneutrale Wissenschaftler wahrgenommen werden konnten und auch wurden.

Bei den Vor-Ort-Aufenthalten in Einrichtungen hielten wir unsere Beobachtungen anschließend in Protokollnotizen schriftlich fest. Wir konzentrierten uns dabei auf möglichst detaillierte Beschreibungen einzelner Szenen, die uns aus der Perspektive jenes „fremden Blickes" einer ethnographischen Haltung interessant schienen, ohne vorher festzulegen, was wir beobachten wollten. Natürlich war unsere Auswahl dabei von unserer Fragestellung – der Suche nach Situationen, die *informelle*

---

19 Die haben wir, wie bereits erwähnt, neben den Ortsangaben bei Szenen und Interviewpassagen kenntlich gemacht. Nach den Ortsangaben erfolgt die Angabe der Protokollantin/ des Protokollanten Susanne Schmidt (SS) und/oder Marc Schulz (MS).

Bildungsgelegenheiten bieten, im Sinne eines *sensibilisierenden Konzepts* (vgl. Strauss/Corbin 1996) – bestimmt. Wir versuchten uns dabei aber so weit als möglich von inhaltlichen Vorannahmen zu lösen und das festzuhalten, woran unser Blick hängen blieb. Die so entstandenen Protokolle ergaben für uns die Basis für nachfolgende Reflexionsgespräche und Interpretationen, für Vergleiche zwischen den beobachteten Szenen, Auswahl von Schlüsselszenen usw. Dies war vor allem am Anfang nicht einfach zu bewältigen. Wir lernten erst allmählich, nicht vorschnell in beobachtete Szenen „Bildungswirkungen" hinein zu interpretieren, die wir in keiner Weise überprüfen konnten. Das Zurückstellen der Kategorisierungsversuche während der Versuch einer genauen Beschreibung wurde jedoch, umso reichhaltiger das Material wurde, zunehmend einfacher und kontrollierbarer.

2.3 Das Experteninterview

Eine weitere Methode des Projektes war das Führen von leitfadenorientierten Experteninterviews (vgl. Bogner/Littig/Menz 2002) mit den Mitarbeitern der von uns besuchten Jugendeinrichtungen. Üblicherweise wird davon ausgegangen, dass der Expertenstatus spezifisches Sonderwissen und praxisrelevantes Handlungswissen integriert und, dass das Handeln einer Expertin innerhalb einer Organisation/Institution in bestimmter Art und Weise relevant ist für die Handlungspraxis, denn ihr organisationales Agieren steht in einer Art Wechselwirkung mit dem der anderen Akteure. Bogner/Littig/Menz weisen darauf hin, dass insbesondere bei Experteninterviews, die zum Zweck des Generierens und empirischen Fundierens von Theorien geführt werden, was unseren Fall betrifft, der Begriff des Expertenwissens weit gefasst werden muss. Konkretisiert bedeutet dies in Bezug auf die Mitarbeiter einer Einrichtung der offenen Jugendarbeit: Eine Pädagogin, welche als Expertin ihres Feldes interviewt werden soll, verfügt zwar sowohl über vielfältige Kenntnisse bezüglich ihrer Einrichtung und deren Adressaten und die gegebenen institutionellen Rahmenbedingungen (Fach- und Sonderwissen) als auch darüber, was tagtäglich unter welchen Bedingungen im Jugendtreff vorgeht (Praxis- und Handlungswissen). In diese organisationsbedingte Position fließen aber auch persönliche und individuelle Anteile mit ein, so dass der Expertenstatus nicht völlig von der Privatsphäre einer Mitarbeiterin abgekoppelt werden kann. Da davon auszugehen ist, dass in einer Jugendeinrichtung mehrere Mitarbeiter beschäftigt sind, welche die Voraussetzungen für einen Expertenstatus erfüllen, wirkt sich das Handeln einer jeder solchen Person auf das der anderen Experten aus, so dass die Handlungsbedingungen innerhalb einer Einrichtung immer in einem wechselseitigen Abhängigkeitsverhältnis der Akteure stehen und somit jeder an der Strukturierung seines Arbeitsfeldes mitwirkt.

Im Verlauf der Interviews mit den Mitarbeitern kam es in einigen Fällen zu Irritationen von beiden Seiten, da wir, neben fachlichen Kollegen, teilweise in der Funktion eines „Komplizen" (Bogner/Littig/Menz 2002) waren: Im Rahmen der Interviews wurde unter anderem von internen Differenzen mit übergeordneten Instanzen berichtet und wir wurden diesbezüglich auch um fachlichen Rat gebeten. Hierbei eine Grenzziehung zwischen Forschungsinteresse und kollegialem Austausch umgesetzt zu bekommen, ohne die Mitarbeiterinnen zu stark zurückzuweisen, war Inhalt vieler Forschungsteamgespräche.

Im Sinne eines erweiterten Expertenbegriffs lassen sich auch mit den Jugendlichen geführte fokussierte Interviews als Experteninterviews bezeichnen. Auch sie (oder gerade sie!) sind Experten mit einem besonderen Spezial- und Handlungswissen, wenn es um „ihre" Jugendeinrichtungen geht. Sie sind deshalb nicht nur als Objekte und Co-Subjekte unserer teilnehmenden Beobachtung von Interesse, sondern auch als Interpreten des von uns Beobachteten wie auch als Deuterinnen des Praxis- und Handlungswissens der Akteure im Feld.

2.4 Die Auswertung des Rohmaterials

Sowohl bei der Datenerfassung als auch bei deren Auswertung erlaubten wir uns „Abkürzungsstrategien", entsprechend der eher auf praktischen Erkenntnisgewinn als auf systematische, sozialwissenschaftlich korrekte Forschungsmethodik gerichteten Zielsetzung des Projektes. Dies bedeutet, dass wir sowohl auf strenge Transkriptionsregeln bezüglich des Interviewmaterials als auch auf eine strenge Orientierung an einer wissenschaftlich anerkannten Auswertungsmethode verzichteten. Die Vielfalt der Datenquellen machte es notwendig, mehrere Zugänge miteinander zu verknüpfen, wobei wir hier eher „freihändig" kombinierten und darauf verzichteten, die unterschiedlichen Informationsquellen (ethnographische Beobachtung, Interviews) zunächst separat zu interpretieren. Unser Ziel war es vielmehr, aus der Beobachtung der Praxis ein empirisch möglichst gesättigtes Bild der Gelegenheiten der informellen Bildung für die Jugendlichen zu gewinnen.

In unseren Forschungsteamsitzungen und einer universitätsinternen, projektübergreifenden Methodenwerkstatt[20] orientierten wir uns bezüglich der Textanalyse an der Vorgehensweise der „Grounded Theory" (Strauss/Corbin, 1996). Wir brachen das Rohmaterial in Anlehnung an die Methoden des zunächst „offenen" und dann „axialen Kodierens" (ebd., 43ff. und 75ff.) auf, um die Beobachtungsprotokolle und Interviewtranskripte zu untersuchen und zu vergleichen. Auch hier spielten die Unterschiede geschlechterspezifischer Wahrnehmungen immer wieder eine wichtige Rolle. Dies machte eine Konzeptualisierung und Kategorisierung der Daten möglich. Wir stellten nach intensiver Durchsicht des Materials zunächst provisorische Kategorien zusammen und arbeiteten anhand derer die Texte in einem zweiten Schritt erneut durch. Wir trugen in einem dritten Schritt zu jeder Kategorie Szenen zusammen, welche wir gemeinsam in unseren Forschungsteamsitzungen interpretierten, was in mehreren Schritten zu einer Verfeinerung der Kategorien führte. Die Gesamtheit der Gelegenheitsstrukturen für informelle Bildungsprozesse entwickelte sich somit erst im Laufe der mehrstufigen Interpretationsphase. Ohne uns streng an das Vorgehen von „Grounded Theory" zu halten,[21] folgten wir deren Verständnis vom „Entwickeln und Formulieren der Fragestellung" (vgl. ebd. 21ff.). Im Kontrast zum herkömmlichen Verständnis einer Hypothesen testenden Forschung gingen auch wir nicht von einer klar definierten Fragestellung aus, sondern, dass die „anfänglich noch weite Fragestellung ... im Verlauf des Forschungsprozesses immer mehr eingegrenzt und fokussiert" (ebd., 23) wird.[22] Dazu gehört, dass Fragestellungen im Sinn dieses Ansatzes „immer eine *Handlungs*- und *Prozess*orientierung" (ebd., Hervorhebung im

---

20 Bestehend aus interessierten Studentinnen und Stefan Köngeter, Projektmitarbeiter des DFG Projekts „Konstitution und Dynamik (Performanz) der Kinder- und Jugendarbeit" (Universität Hildesheim und Kassel).

21 Damit sind insbesondere die einzelnen Schritte der „Kodier-Verfahren" (Strauss/Corbin 1996, 39ff.) gemeint, die wir nur sinngemäß nachvollzogen, ohne dies methodisch sorgfältig zu kontrollieren.

2. Zur Methode des Entdeckens informeller Bildungsgelegenheiten

Orig.) zu eigen ist. Für unsere Forschung bedeutete dies: Wir versuchten *so wenig wie möglich* davon auszugehen, wir wüssten schon zu Beginn, wonach wir mit unserer Frage nach Gelegenheiten für die Förderung informeller Bildungsprozesse in der Jugendarbeit suchen wollten. Wir setzten darauf, dass wir dies anhand unseres Beobachtungsmaterials erfahren würden. Dementsprechend weit gefasst, diffus und in ihrer Bedeutung ungeklärt waren die Beobachtungen, die wir zunächst sammelten. Im Prozess des Vergleichens und Reflektierens stellten wir außerdem fest, dass wir viel zu schnell dazu neigten, unsere mitgebrachten Vorstellungen darüber, was *bildungsfördernd* sei, in die Beobachtungen hineinzulesen, ohne dies wirklich belegen zu können. Erst allmählich entwickelte sich das, was man im Sinne von „Grounded Theory" einen doppelten oder dialogischen Konkretisierungs- und Fokussierungsprozess nennen könnte: Das Sammeln, Vergleichen, Gruppieren, Interpretieren der einzelnen Beobachtungen konkretisierte unsere Fragestellung (vgl. dazu den Schluss von Kapitel 1); und diese verdichtete wiederum zunehmend die Auswahl und Verknüpfung unserer Daten.

Wir stießen schließlich bei der Bildung einer Typologie von Gelegenheitsstrukturen für informelle Bildung auf eine besondere Schwierigkeit, welche sowohl methodischer als auch inhaltlicher Art war. Wir wollten eine Typologie entwickeln, die einerseits klar konturiert Strukturen aufweisen, andererseits aber auch Hinweise für eine Didaktik der Förderung informeller Bildungsprozesse bieten könnte. Die inhaltliche Schwierigkeit bestand darin, dass die herausgearbeiteten Bildungsgelegenheiten sich in der Regel immer als mehrdimensional erwiesen. Dies bedeutet, dass die für die Selbstbildungsprozesse der Jugendlichen chancenreichen Situationen in der Jugendarbeit fast immer mehrdeutig sind und sich deshalb nur selten einem spezifischen Bildungsziel zuordnen lassen. Diese Situationen sind, gerade da, wo sie sich von den schulischen Strukturen unterscheiden, kaum planbar, da die Bildungsprozesse der Jugendlichen grundsätzlich selbstbestimmt ablaufen. So entstehen Bildungsgelegenheiten nur begrenzt als Produkt eines jeweiligen pädagogischen Angebots, sondern eher als jeweils genutztes oder auch verspiel-

---

22 Strauss/Corbin erläutern, dass „offene und weite Fragestellung" zu Beginn nicht bedeuten dürfe, „so offen, dass sie das ganze Universum an Möglichkeiten einbezieht" (ebd., 23), aber „andererseits nicht so eingegrenzt und fokussiert, dass Entdeckungen und neue Erkenntnisse ausgeschlossen werden" (ebd.).

tes Ereignis, dessen Bildungsbedeutung eher als offener Horizont, denn als klar konturierter Lernschritt fassbar wird.

Diese Einsichten nötigen uns, die Grenzen dessen, was wir aussagen können, noch einmal schärfer zu fassen. Wir können keine Aussagen über Bildungs*wirkungen* machen, sondern allenfalls über Bildungs*gelegenheiten*. Würden wir versuchen, informelle Bildungswirkungen bei Jugendlichen zu erfassen, so müssten wir doch, trotz aller Betonung der „Ganzheitlichkeit" des Geschehens, versuchen, einzelne Veränderungen im Verhalten Jugendlicher zu beobachten. Und wir müssten versuchen, diese Veränderungen, wie unvollkommen auch immer, in den Lebenszusammenhang des Jugendlichen einzuordnen. Da wir das nicht können, beschränken wir uns auf die pädagogische Seite, versuchen allerdings hier mehr zu tun, als nur neue Inhalte für gute Absichten zu formulieren. Wir versuchen, so genau wie möglich zu beschreiben, welche Tätigkeiten und Verhaltensweisen von Jugendlichen im Raum der Jugendarbeit aus pädagogischer Sicht Gelegenheiten für informelle Bildungsprozesse fördernde Impulse sein *können*. Wir entwickeln also eine Art von Heuristik für die Förderung solcher Bildungsprozesse, nicht mehr. Aber schon das scheint uns für eine professionelle Jugendarbeit, die ihr Bildungsmandat ernst nimmt, etwas Wichtiges zu sein.

3. Zugänge zu einem anderen Blick auf Bildung in der Jugendarbeit

Um einen Einstieg in die Ergebnisse unseres Forschungsprozesses zu vermitteln, stellen wir im Folgenden zunächst das vor, was wir als den Kern unseres Beitrages zu einer Theorie und Empirie der *informellen Bildung* in der Jugendarbeit betrachten. Nämlich zu zeigen, dass Bildungschancen in der Jugendarbeit nicht auf die Chancen expliziter Projekte der außerschulischen Jugendbildung reduziert werden dürfen. So wichtig diese sein mögen, sie sind in ihrem Erfolg ihrerseits davon abhängig, ob Jugendarbeiterinnen die kleinen Chancen im alltäglichen Umgang mit Jugendlichen wahrnehmen und nutzen können. Wir versuchen eher zu beschreiben, wie es aussieht, wenn in der konkreten Auseinandersetzung von Jugendlichen mit den Angeboten und Regeln der Jugendarbeit, mit dem Personal, aber auch der Kinder und Jugendlichen untereinander Bildungsgelegenheiten entstehen – und wie es aussehen kann, wenn diese Gelegenheiten verschenkt werden.

3.1 Arbeitshypothesen zu einem anderen Blick auf Bildung in der Jugendarbeit

Grundsätzlich *freiwillig* und *selbstbestimmt* durch die Jugendlichen bleibt alles, was sie in der Jugendarbeit lernen. Denn diese hat keine Möglichkeiten, Bildungserfolge an Standards zu messen oder gar zu erzwingen. Das ist ihre Schwäche gegenüber der Schule – als deren komplementärer Partner – aber auch ihre große Stärke, weil sie strukturell darauf angelegt ist, die eigenen Suchprozesse Jugendlicher als werdende „Autoren der eigenen Biographie" (Beck) zu begleiten und zu unterstützen, aber nicht primär über einen Auftrag der Kulturvermittlung definiert sind. Deutlich machen unsere gesammelten empirischen Materialien, dass die *spezifischen* Bildungschancen gerade von offener Jugendarbeit insbesondere dann sichtbar werden, wenn man die *Unterschiede* dieser Chancen zu denen schulischer, aber auch herkömmlicher außerschulischer Bildungsarbeit in den Blick nimmt. Wir formulieren diese

Unterschiede, die für die Jugendarbeit generell gelten, in drei grundlegenden Arbeitshypothesen, die wir mit kommentierten Szenen veranschaulichen.

Erste Arbeitshypothese:

Von Bildungsförderung ist gewöhnlich nur die Rede, wo explizit Bildungsziele gedacht, geplant und in geeigneten Projekten und Lernarrangements umgesetzt werden. Förderung informeller Bildung in der Jugendarbeit beginnt aber schon bei der ganz alltäglichen Nutzung ihrer Freizeitangebote und der Zusammenarbeit oder Konfliktregelung zwischen Mitarbeiterinnen und Jugendlichen, sofern diese als Bildungsgelegenheiten von den Mitarbeiterinnen wahrgenommen und durch wache Präsenz unterstützt werden.

Dazu eine erste Szene aus teilnehmender Beobachtung:
Die Mitarbeiterin T. und ich sitzen im OT an einem Tisch und unterhalten uns. Ein jüngeres Mädchen kommt zu uns an den Tisch und begrüßt uns. T. fragt, ob sie heute schon im Computerraum war. Nein, noch nicht, fragt, ob wir auf ihre Cola und ihr Geld aufpassen und rennt los. Einen Augenblick später kommt sie wieder zurück und setzt sich, ohne etwas zu sagen. „Sitzen da wieder die Jungen?" fragt T. – „Ja" – „Getraust Du Dich nicht zu fragen, ob Du auch ran darfst?" – „Mhm." T. steht auf und geht mit dem Mädchen, ohne viel zu sagen, los zum Computerraum. Ich sehe, dass sie aber nur im Türrahmen stehen bleibt und das Mädchen alleine reingeht. Zu alledem sagt T. nichts, ist einfach nur da. Offenkundig ist T. klar, wie weit sie das Mädchen begleiten muss und welche Schritte sie dann allein zu gehen hat (KL1, MS).

Interpretation

Das kleine Beispiel zeigt in Miniatur viele bildungsrelevante Themen der Jugendarbeit: Computer als Medium attraktiv machen (auch im Sinne der Selbstentfaltung und nicht nur einer Schlüsselqualifikation), Zugang zum Computer finden, als Mädchen das Recht auf Zugang gegenüber den stärkeren Jungen fordern können, Recht auf Abwechslung bei der Nutzung attraktiver Angebote durchsetzen können, sich Unterstützung holen können, sich selbst trauen können, alleine rein gehen und einen Platz verlangen. All dies sind zweifellos höchst wichtige Lernziele in der Jugendarbeit. Wenn über solche Ziele und ihre Umsetzung nachgedacht wird, dann wird auch in der Jugendarbeit gewöhnlich darüber nachgedacht: „Wie können wir ein Angebot machen, ein Projekt, eine Gruppenarbeit, die solche Ziele fördern?", „Wie können wir mit den Angeboten möglichst direkt an den Interessen und Alltagsproblemen der Jugendlichen anknüpfen?" usf. Wir wenden uns nicht gegen solche Fragen, wollen jedoch den Fokus erweitern:

Wichtig scheint uns darauf hinzuweisen, dass die Mitarbeiterin T. in unserem Fallbeispiel nichts dergleichen tut und dennoch offenbar, wenn auch auf eine sehr unauffällige Weise, informelle Bildungsprozesse fördert: Sie beobachtet genau, was das Mädchen macht. Sie ist in der Lage zu verstehen, was das scheinbar bedeutungslose Verhalten des Mädchens (aufstehen, losgehen, sich wieder hinsetzen, nichts sagen) bedeuten könnte. Sie macht eine ebenfalls scheinbar bedeutungslose, jedenfalls beiläufige Bemerkung („Sitzen da wieder die Jungen?"), die dem Mädchen signalisiert, dass es verstanden wurde. Vielleicht entspräche es der Wunschvorstellung des Mädchens, dass die Pädagogin sie weiter begleitet, jedoch wahrt die Pädagogin die Grenze, an der Unterstützung in Bevormundung kippen könnte: Sie begleitet das Mädchen zum Türrahmen des Computerraums, *ohne* hineinzugehen, *ohne* das Ganze zu einem Thema oder gar einem „emanzipatorischen Bildungsangebot" zu machen. Sie ist „einfach nur da", nimmt wahr, was geschieht, antwortet darauf und erreicht damit möglicherweise mehr, als sie mit sehr aufwändigen Projektangeboten für dieselbe Zielsetzung hätte erreichen können. Was dies für das Mädchen außerdem auch hinsichtlich der Einübung von Rollen heißen kann, wird hier deutlich: Sie kann lernen, zwischen der diffusen Beziehungsebene und einer für sie nützlichen Rollenbeziehung zwischen ihr und der Mitarbeiterin zu unterscheiden. All dies wird nicht durch Intervention oder „drüber reden" gefördert, sondern durch eine wache Präsenz der Mitarbeiterin, von der wir verallgemeinernd vermuten, dass sie von hoher Bedeutung für die Bildungsqualität von Jugendarbeit ist.

Eine solche wache Präsenz oder Achtsamkeit für das, was Jugendliche in den Räumen und im *Milieu* der Jugendarbeit tun, für das, was sie miteinander oder auch mit den Pädagoginnen und Pädagogen machen, scheint uns als Grundhaltung erfolgreicher Jugendarbeit fundamental zu sein. Und dies vor allem dann, wenn sie in der „organisierten Anarchie"

(Sturzenhecker 2004) von offenen Angeboten Bildungschancen wahrnehmen und nutzen will. Also auch dort, wo die Haltung der Mitarbeiter nicht so scheinbar passiv sein kann wie in dieser Szene, wo sie aktiv reagieren müssen oder wo sie pädagogische Angebote machen und gestalten, ist eine solche Grundhaltung nötig. Sie hat in mancher Hinsicht Ähnlichkeit mit der Grundhaltung ethnographischer Forschung, sofern sie neugierige und freundliche Zuwendung mit einer gewissen Zurückhaltung, das Heft in die Hand zu nehmen, verbindet (vgl. Küster 2003). Aber die Aufgabe der Pädagogen, die mit einer solchen Grundhaltung arbeiten, ist natürlich trotzdem eine andere als die der Ethnographen, die sich auf eine Jugendkultur einlassen.

Stephan Wolff hat diese Haltung einer „kompetenten Achtsamkeit" (2004), wie er sie nennt, nicht nur auf die Gestaltung pädagogischer Beziehungen, sondern auch auf die Qualität von Organisationen bezogen und dabei vor allem das selbstreflexive Element dieser Achtsamkeit hervorgehoben:

„Achtsame Menschen und Organisationen
- misstrauen ihren Erwartungen und eingespielten Kategorien,
- akzeptieren ihre Lücken,
- zeigen Neugier fürs Irrelevante,
- hüten sich vor einfachen Erklärungen,
- schätzen die Poesie schwacher Signale und kleiner Gewinne,
- vermögen Vorder- von Hinterbühnen zu unterscheiden"
(Wolff 2004, 490).

Uns scheint diese Aufzählung auch gut für eine Einrichtung der Jugendarbeit zu passen, in der eine Kultur der Achtsamkeit und der pädagogischen Präsenz herrscht. Üblicherweise wird unterstellt, dass Bildungsarbeit in der Form pädagogisch durchdachter und geplanter Projekte und Angebote stattfindet. Wir können zeigen, dass pädagogische Unterstützung informeller Bildungsprozesse in der Jugendarbeit nicht nur dort stattfindet, wo die Lernchancen Jugendlicher absichtsvoll und gezielt durch Angebote vermittelt werden, sondern vor allem im aufmerksamen Wahrnehmen und einfühlsamen Beantworten dessen, was Kinder und Jugendliche im Feld der Jugendarbeit tun.

Wir schließen an solche Beobachtungen unsere zweite Arbeitshypothese an:

3. ZUGÄNGE ZU EINEM ANDEREN BLICK AUF BILDUNG IN DER JUGENDARBEIT

Zweite Arbeitshypothese

In den auf Förderung informeller Bildung gerichteten Tätigkeiten der Jugendarbeit sind „bildungsfördernde Interventionen" (= gezielte, pädagogisch reflektierte und begründungsfähige Angebote zur Unterstützung jugendlicher Selbstbildung) von „bildungsfördernden Antworten" zu unterscheiden. In jeweils gegebenen Situationen der Jugendarbeit angemessen zu antworten, ist also etwas anderes, als angemessene Angebote zu machen. Beides muss sich dennoch verzahnen und ergänzen. Jugendarbeit sollte weder als reine Situationspädagogik, noch als reine Angebotspädagogik beschrieben werden.

Wir konkretisieren diese Unterscheidung bildungsfördernder *Interventionen* und bildungsfördernder *Antworten*[23] anhand der folgenden Szene. Sie stammt aus einem mobilen Angebot (Doppeldeckerbus, der über die Dörfer fährt) der Jugendarbeit, in welches der teilnehmende Beobachter seitens der Jugendlichen auf eine Weise involviert wird, die ihn (wie vermutlich jeden Pädagogen, der dort Kontakt sucht) unausweichlich dazu herausfordert, angemessen zu *antworten*:

Ich gucke im Bus so herum und gehe in die hintere Sofaecke. Dort sitzen einige Jugendliche und ein Älterer, circa 15 Jahre alt, quatscht mich auf Russisch an. Ich sage ihm, dass ich ihn leider nicht verstehe. Er bläst sich auf und wundert sich, warum ich denn kein Russisch könne und fängt an, auf Russisch auf mich einzureden. Ein Jüngerer, circa 13 Jahre alt, macht dies ebenfalls und sie lachen immer wieder, weil ich sie verständnislos, aber freundlich anschaue, obwohl ich schon ahne, dass sie mir auch unfeine Sachen an den Kopf werfen. Ich frage nach dem, was sie mir auf Russisch sagen und bekomme keine Antwort. Dann merke ich mir einige Sätze, sage, dass ich gleich wieder komme und greife

---

23 Die Unterscheidung ist angelehnt an eine ähnliche, die Jürgen Körner (1992) zur Beschreibung und zum Vergleich therapeutischen und pädagogischen Handelns vorschlägt: Körner unterscheidet das persönliche, authentische „Antworten" des Therapeuten oder Pädagogen vom Handeln aus der Perspektive eines „exzentrischen Standortes", der begründungsfähiges Intervenieren aus Sicht des jeweiligen fachlichen Wissens, seiner Werte und Handlungsregeln ermöglicht (vgl. Körner 1992, 73ff.). Beide Modi des Handelns kann man als „komplementär" beschreiben. Sie lassen sich logisch nicht auf den gleichen Nenner bringen, sind aber als gegenseitiges Korrektiv beide unentbehrlich.

mir im Vorderteil des Busses einen Jugendlichen, der neben der Pädagogin sitzt und sage ihm den Satz ins Gesicht. Er guckt mich irritiert und verärgert an, ich schiebe nach: „Und, was heißt das?", er ist so verdattert, dass er mir den Satz übersetzt als „Du Blindfisch". Ich gehe triumphierend zurück und sage ihnen, dass ich das weiß, was sie gesagt haben. Sie lachen wieder, sagen, dass das falsch wäre. Ich gehe wieder in den Vorderteil, sie kommen nach und stupsen mich auf dem Weg dorthin von hinten in meinen Rücken, ich drehe mich um und ziehe dem Älteren die Kappe vom Kopf und setze sie dem Kleineren auf, der mich zunächst zornig anguckt und fast die Hand erhebt, doch er wird vom Großen gestupst, beide lachen wieder provokativ und setzen sich vor mich hin und fangen wieder auf Russisch an, auf mich einzureden. Einige gucken neugierig zu, kichern und gucken sich vielsagend an. Ich beschimpfe beide plötzlich im breitesten Schwäbisch mit: „Des verschtosch du au it, wenn i zu eich Grasdackl sag und blede Hund seid ihr boide", sie lachen und sagen: „Oh, was ist denn das, das ist ja ein Schweizer ..." (Der Busfahrer beobachtet die Szene und wirft die Jugendlichen aus dem Bus.) Vor der Bustür streiten dann der Busfahrer und fünf Jugendliche, er führt die Beleidigungen und die Altersbeschränkungen (ab 18 Uhr nur ab 14 Jahren) an, ich kann nicht raus, weil sich vor der Bustür von innen einige Zuschauer eingefunden haben, die in den Streit mit eingreifen. Der Kleinere sucht den Sichtkontakt zu mir und ich ziehe nur hilflos die Schultern hoch, er guckt mich auch verdattert an und zieht auch die Schultern hoch. Ich bekomme von der Diskussion nur kleine Schnipsel mit und gehe zwei Schritte zurück. ... Es ist wieder Platz, ich gehe raus und der Kleinere kommt an und entschuldigt sich per Handschlag (KF, MS).

Interpretation

Da es sich um eine Situation erster Kontaktaufnahme handelt, geht es hier nicht um Bildungsangebote – die keine Chance hätten – wohl aber um angemessene Antworten auf das, was Jugendliche tun. Offensichtlich versuchen die Jugendlichen den neuen Gast, der in ihren Augen nur ein weiterer Pädagoge sein kann, aus der Reserve zu locken und zu sehen, was für ein „Typ" er ist. Dies versuchen sie, indem sie bewusst eine Grenze überschreiten, indem sie ihn in ihrer Sprache zum Thema machen und ihn somit ein- und gleichzeitig ausschließen. Zugleich markie-

3. ZUGÄNGE ZU EINEM ANDEREN BLICK AUF BILDUNG IN DER JUGENDARBEIT

ren sie ihre Geschlossenheit als Gruppe und ihren Raum durch ihre Sprache.
Der Beobachter, zugleich Pädagoge, sucht nach einer geeigneten *Antwort* und hält die Offenheit der Situation aufrecht, akzeptiert seine Rolle als herausgeforderter Partner, statt sich mit einem Rückzug auf seine formale professionelle Rolle die „Anmache" vom Hals zu halten. Er lässt sich auf die Situation ein, liest sie als eine, in der die Jugendlichen Kontakt zu ihm und er Kontakt zu den Jugendlichen sucht, obwohl sie ihn auf die Probe stellen, indem sie eine Sprache als Medium wählen, die ihm nicht ohne weiteres zugänglich ist. Dennoch bleibt er offen und freundlich, ohne das offensichtliche jugendliche Fehlverhalten – Verletzung der Regel „Man beschimpft und bepöbelt keine Erwachsenen, sondern behandelt sie mit Respekt" – zu sanktionieren. Er „übersieht" diese Kommunikationsregel und wählt einen anderen Zugangsweg. Bei seiner Suche nach einer adäquaten *Antwort* braucht er zwei Versuche: Der erste Lösungsversuch ist, eine weitere Person dafür zu nutzen, sich die Beschimpfungen übersetzen zu lassen. Dies lassen die Jugendlichen aber als adäquate Antwort noch nicht gelten. Sie weisen diesen Lösungsversuch zurück, folgen ihm bei seinem weiteren Versuch, sich zu informieren, stupsen ihn an; er antwortet ebenfalls körperlich, die Szene scheint kurz vor dem Kippen zu sein, wobei der Ältere eingreift. Es gelingt dem Pädagogen, die Ebene des Sprachspiels zurück zu gewinnen. Sein zweiter Versuch zu antworten, ist erfolgreich: Er antwortet in einer ebenfalls nur ihm bekannten „Fremdsprache" (schwäbisch). Dies irritiert die Jugendlichen und setzt sie unter Zugzwang, auf diese Ebene zurückzukehren: Er spiegelt ihre Fremdsprachenkompetenz (russisch) zurück und erkennt sie damit an, gibt ihnen spielerisch „ihr Fett" zurück und setzt zugleich mit seiner Kompetenz, ebenso gut eine ihnen unbekannte Sprache sprechen zu können wie sie, ein Gegengewicht. Als der Busfahrer, der das Geschehen beobachtet hat, sich einmischt, offenbar um bei den Jugendlichen den Respekt gegenüber dem erwachsenen Besucher, der ihm verletzt zu sein schien, einzufordern, gelingt auch das. Dies ist aber nur möglich, weil per kurzem Blickkontakt zwischen dem Jugendlichen und dem Beobachter die gegenseitige Anerkennung nicht infrage gestellt wird, diese wird per Handschlag besiegelt.
Aus der Annahme, dass der Umgang im Alltag in der Jugendarbeit selbst schon als Lernfeld zu betrachten sei, wenn er im Modus wacher Präsenz und aus der Unterscheidung von pädagogischer Antwort und re-

flektierter pädagogischer Intervention (oder Angebot) wahrgenommen wird, folgt unsere dritte Arbeitshypothese. Sie betrifft die in der Diskussion über Bildungswirkungen (siehe PISA) meist selbstverständliche Unterstellung, dass es einen klar bestimmbaren Zusammenhang zwischen einer erwünschten Bildungswirkung und einem dafür gedachten Angebot geben müsse.

Dritte Arbeitshypothese

Jugendarbeit sollte ihre bildungsfördernden Angebote und Ziele möglichst nicht isoliert voneinander betrachten. Ihre Bildungschancen liegen oft gleichzeitig auf sehr unterschiedlichen Ebenen (wie zum Beispiel ein Computerangebot sehr wohl gleichzeitig der Aneignung geschlechtlicher Identität oder der Fähigkeit zum schriftlichen Ausdruck dienen kann). Allerdings gilt dies gerade dann, wenn diese Vielfalt der Ebenen nicht pädagogisch verplant wird, sondern der freien, spielerischen Aneignung überlassen bleibt.

Hierzu eine weitere Szene aus dem Computerraum eines Jugendzentrums:

Die drei Jungen haben sich unter einem Pseudonym eingeloggt und treten virtuell als eine Person im Chat auf. Ein für sie interessantes Mädchen ist ebenfalls im Chat. Sie beschreibt sich als 15-jährige Schülerin mit langen schwarzen Haaren. Sie fragt die virtuelle Person (real aus drei Personen bestehend) nach Wohnort, Alter, Aussehen und Schulform, die er besucht. Die drei Jungen beraten sich untereinander über den Inhalt des Gesprächs: Einer schreibt und zu dritt denken sie sich die Antworten aus. Beim Wohnort sind sie noch realistisch, bei der Altersangabe schummeln sie sich auf 15 Jahre hoch. Das Mädchen scheint weiter interessiert zu sein an der Unterhaltung, nur eine weitere männliche Person im Netz versucht das Gespräch durch blöde Kommentare zu stören. Die Jugendlichen versuchen mehrfach, das Mädchen in einen anderen Chatbereich zu locken, wo „beide" sich ungestört unterhalten können. Das Mädchen scheint aber nicht zu wissen, wie das geht. Die Jungen beschreiben ihr die Schritte, die sie machen muss, um dorthin zu gelangen. Dies klappt jedoch nicht, da das Mädchen nicht das notwendige Benutzerprofil angelegt hat. Also unterhalten sie sich weiterhin im frei zugänglichen Chatroom und werden von anderen Usern genervt. Schwierige Punkte scheinen jedoch das Aussehen und die Schul-

3. Zugänge zu einem anderen Blick auf Bildung in der Jugendarbeit

form zu sein, wonach die Chatpartnerin fragt: Die Beschreibung des Aussehens ist eine Mischung zwischen den optischen Vorzügen der drei Jungen und einem Idealbild von Teenager – groß, schlank, sportlich, Vorlieben der Kleidungstypen und -marken und Frisur. Dieser Punkt wird zunächst diskutiert. Derjenige, der schreibt, fasst die gesammelten Eckdaten zusammen und schreibt es in die Zeile. Bevor er es abschickt, fragt er: „Okay so?", die anderen beiden sind einverstanden. Dann fragt das Mädchen, auf welche Schule sie gehen: „Gymnasium" ruft einer, die anderen beiden sind einverstanden und er schreibt: „Gimnasium" und schickt dies so ab, worauf sie dann einiges an virtuellem Spott ertragen müssen und sich darüber ärgern, dass ihnen dieser Fehler unterlaufen ist (KL1, MS).

Interpretation

Wenn man diese Szene unter der Fragestellung interpretiert „Welche Bildungsleistungen der Jugendarbeit lassen sich hier erkennen?", so richtet sich der Blick gewöhnlich zunächst auf den Tatbestand, dass diese Einrichtung mit dem *Angebot* eines Computerraumes mit entsprechenden Übungsmöglichkeiten einen Beitrag zu einer zeitgemäßen Elementarbildung leistet (Vermittlung von kompetenter Computernutzung und allgemeiner medialer Kompetenz). Alles, was sonst in der Geschichte berichtet wird, kann man dann als mehr oder weniger erwünschte Begleitumstände bei der Umsetzung dieses Ziels verstehen (Spaß, Flirt, Angeberei etc.). Die Versuche der drei Jungen, Mädchen virtuell zu kontaktieren, kann man so entweder als motivierendes Element (incentive) für die Computerpraxis werten oder auch als Einstieg, um die Jugendlichen sachte zu pädagogisch wertvolleren Inhalten des Computergebrauchs zu führen. Man kann ihre technischen Schwierigkeiten im Umgang mit dem Gerät als Einstieg benutzen, um ihnen zu zeigen, wie man es besser macht; und man kann die angeberische, hochstaplerisch-virtuelle Selbstdarstellung der Jungen als bedauerliche Grenze eines Mediums akzeptieren, das illusionäre Selbstbilder der Jugendlichen zulässt, was wiederum durch andere pädagogische Angebote – etwa Projekte zu „Jungenarbeit", in denen sie lernen, zu ihren Schwächen zu stehen – korrigiert werden kann. Im Vordergrund steht immer eine pädagogische Sichtweise darauf, was – wenigstens implizit – sinnvoll und bildungsrelevant für Jugendliche sein könnte. Dies ließ sich innerhalb unserer Be-

I. Einführung

suche in einigen Fällen als Reglementierung des Internetzugangs bis hin zur Sperrung von Chatrooms, da sie als überflüssig und konsumorientiert angesehen wurden, beobachten.

Wir schlagen eine andere Interpretation dieser Szene zur Bewertung ihres Potentials der Förderung informeller Bildungsprozesse vor. Demnach handelt es sich natürlich um ein Übungsfeld für Computerkompetenz, aber zugleich um viel mehr:

Die Art, wie der Computer als Medium für virtuellen Flirt benutzt wird, macht ihn, neben seiner zugewiesenen Funktion als Bildungsort für Medienkompetenzen, zum idealen Übungsfeld für die Auseinandersetzung mit dem anderen Geschlecht und der eigenen geschlechtlichen Identität. Der Computer mischt sich in diese Auseinandersetzung inhaltlich nicht ein. Er ist, ähnlich wie die Pädagogin im ersten Beispiel, als Zugangschance „einfach da". Beide, sowohl die Pädagogin als auch der Computer, sind für die Jugendlichen im Sinne Luhmanns ein Medium: Sie sehen keine spezifische Nutzung vor, schaffen aber Handlungs- und Kooperationsmöglichkeiten, die ohne sie unwahrscheinlich wären.[24] Beide sind Zugangsmöglichkeiten zu bestimmten Dingen – im ersten Beispiel in ihrer bloßen Anwesenheit als „Erinnerung" der Rechte des jüngeren Mädchens, im zweiten ermöglicht das Medium Zugang zur virtuellen Welt. Entscheidend ist jedoch, dass jene persönliche Vermittlerfunktion nicht als Eingriff oder Intervention, sondern als Präsenz im Sinne eines aufmerksamen Dabeiseins funktioniert. Das gewährleistet der Computer nicht.

In mancher Hinsicht scheint uns der Computer auf ähnliche Weise sehr bildungswirksam zu sein. Denn auch er ermöglicht, gerade durch den „virtuellen", indirekten Charakter der durch ihn vermittelten Kommunikation, dass die (gefährliche, potentiell kränkende) Auseinandersetzung mit dem anderen Geschlecht zur spielerischen Auseinandersetzung wird – und dies gerade dadurch, dass die Computernutzung nicht auf „pädagogisch wertvolle" Inhalte beschränkt wird, sondern den Jugendlichen für unkontrollierte eigene Zwecke verfügbar ist. Die drei Jungen können hier die Wunschphantasien ihrer noch unsicheren Männlichkeit

---

[24] Vgl. Luhmann 1995, 204ff. Jugendarbeiterinnen sind Pädagoginnen, aber welche Rollenerwartungen und Umgangsweisen sich daraus ergeben, ist weitgehend offen. Computer sind informationstechnologische Geräte, aber zu welchem Zweck sie in der Jugendarbeit genutzt werden, ist damit nicht bestimmt.

und Zukunftshoffnungen auf Selbstverwirklichung als „erfolgreiche" Jugendliche in Szene setzen, ohne dabei jemandem zu schaden und ohne sich selbst in größere Schwierigkeiten zu bringen. Allerdings werden sie dabei auch mit der Realität ihrer begrenzten Fähigkeiten konfrontiert, etwa indem sie sich als Möchtegern-Gymnasiasten offenbaren, die das Wort „Gymnasium" nicht richtig schreiben können, was ihnen Spott ihrer Chatpartner einträgt. Dies wiederum kann ihrer „Selbstauffassungsarbeit" (Bernfeld 1931, 31) zugute kommen. Damit ist gemeint, dass gerade auch das Erfahren eigener Grenzen, die Kränkung der Phantasien erfolgreicher Männlichkeit durch das Zurück-Geworfen-Werden auf das eigene sehr begrenzte Vermögen, wichtiges Element der Selbstbildung und -stärkung ist, wenn die Kränkung verkraftbar ist und nicht abgewehrt werden muss. Der Spott wie auch das *gemeinsame* Formulieren von Mails verweist auch darauf, dass hier voneinander Lernen unter Jugendlichen stattfindet, die sich im Umgang mit dem Medium an diesem, aber auch aneinander abarbeiten. Dass sich diese pädagogisch ungelenkte Art der Computernutzung ganz nebenbei auch als sehr wirksames Übungsfeld für die Basisqualifikation schriftlicher Ausdrucksfähigkeit erweisen kann, sei nur am Rande vermerkt.

3.2 Konsequenzen für den Bildungsauftrag der Jugendarbeit

Man kann an die Beispiele und ihre Interpretation die Frage stellen: Wie kann ich wissen, ob mit all dem tatsächlich *Wirkungen* entstehen, durch welche die *Selbstbildungsprozesse* Jugendlicher (ihre Fähigkeiten, sich als wirksam handelnde, aneignungsfähige, für sich selbst und andere verantwortliche, kulturell aktive Menschen zu erfahren) gestärkt werden? Die Frage ist nicht einfach zu beantworten, weil die Antwort grundsätzlich nicht aus der Art und Qualität des Angebotes ableitbar ist, sondern nur aus der Art der Nutzung durch die Jugendlichen. Deren *Bildungsbedeutung* kann wiederum nur aus dem jeweiligen biographischen Kontext bestimmt werden.[25] Wohl aber lässt sich aus unserem Material empirisch zeigen, dass die Chancen zu solchen Wirkungen beizutragen, schon in kleinen Szenen des alltäglichen Umgangs mit Jugendlichen – oder auch unter Jugendlichen – liegen können und keineswegs auf explizit deklarierte Bildungsangebote der Jugendarbeit beschränkt sind.

I. Einführung

Damit ist aber nicht behauptet: „Alles was Jugendarbeit macht und anbietet ist als solches non-formale Bildung". Jugendarbeit ist, aus der Perspektive ihrer Nutzer betrachtet, zunächst einmal nicht mehr und nicht weniger als ein Freizeitangebot, das sich neben anderen (privaten und auch kommerziellen) Angeboten zu „verkaufen" und zu behaupten hat. Jugendarbeit wird vielmehr erst dadurch zum bildungsrelevanten Feld, dass sie „die Aneignungspotentiale von Kindern und Jugendlichen" (Sturzenhecker 2002, 31) genau wahrnehmen kann und unterstützend begleitet. *Nicht notwendig in der Art ihrer Angebote, wohl aber in der Fähigkeit zu solcher Wahrnehmung und sensiblen Begleitung jugendlicher Selbsttätigkeit, sollte sich Jugendarbeit von anderen Freizeitangeboten grundsätzlich unterscheiden.*

Dies hat Konsequenzen für die Begriffe der *Offenheit* und des *Angebotscharakters*, die wesentliche Merkmale von Jugendarbeit sein sollen. Unter Offenheit wird in der Jugendarbeit oft entweder offener Betrieb verstanden – im Gegensatz zu geschlossenen, das heißt inhaltlich vordefinierten (Gruppen-)Angeboten; oder es wird darunter Offenheit für alle Jugendlichen verstanden im Gegensatz zur (Jugendsozial-)Arbeit mit spezifischen (benachteiligten) Zielgruppen. Wir betonen eine grundsätzlichere, solche Unterschiede übergreifende Offenheit der Jugendarbeit. Offen in diesem Sinn ist Jugendarbeit dann, wenn sie ihr grundsätzliches *Reagieren müssen* auf das, was die Jugendlichen tun (oder nicht tun), nicht mehr als Störung ihrer Pläne, nicht mehr als Hinterherlaufen, nicht mehr bloß als immer neu zu „pädagogisch sinnvollen" Angeboten motivieren müssen, begreift, sondern als ihren eigentlichen Arbeitsauftrag. Jugendarbeit muss daher zieloffen und neugierig hinsichtlich der Bildungsbedeutungen sein, die ihre Angebote für Jugendliche gewinnen, wenn nicht, so verschenkt sie ihre Bildungschancen.

Offen in diesem Sinn ist eine Jugendarbeit, die ihre Angebote aus ihrer Fähigkeit entwickelt, im oben beschriebenen Sinn auf Jugendliche zu *antworten*, statt umgekehrt die Notwendigkeit zum Reagieren auf Ju-

---

25 Wie schon im ersten Kapitel berichtet, weisen Rauschenbach u.a. (vgl. 2004, 243) zurecht darauf hin, dass eine Bildungsberichterstattung, die Bildungswirkungen der Jugendarbeit nachweisen will, über „längsschnittlich angelegte biographische Studien verfügen müsste", die es gerade für die offene Jugendarbeit kaum gibt, eher noch für die Verbandsjugendarbeit (etwa Schröder 1991; Reichwein/Freund 1992).

gendliche bloß zur Nachbesserung und Anpassung der Angebote an die vermuteten Bedürfnisse der Jugendlichen zu verstehen. Die Fähigkeit des Antwortens hat in diesem Sinn einerseits eine grundsätzliche Priorität gegenüber den Fähigkeiten, angemessene Freizeitangebote bereitzustellen. Andererseits ist die Fähigkeit, Jugendarbeit als attraktives Freizeitangebot zu organisieren, immer der „konzeptionelle Sockel" (Böhnisch/Münchmeier 1987, 26), auf den jene antwortende Pädagogik aufgebaut werden muss. Es wäre also ein Missverständnis zu meinen, es gehe darum, ein möglichst unstrukturiertes Angebot, einen Freiraum für jugendliche Eigenaktivität zu schaffen und auf strukturierende Angebote, Nutzungsregeln, Bedingungen und Begrenzungen der Teilnahme möglichst zu verzichten. Nur kann kein Angebot seine Bildungsrelevanz einfach unterstellen, sondern muss diese im Umgang der Jugendlichen entziffern.

Schließlich können wir aus unseren Beobachtungen die oben (vgl. 1.3) zitierte These von Böhnisch (1998) bestätigen, dass die Bedeutung von Jugendarbeit für Bildungsprozesse als die eines „Lebensortes", eines besonderen von Jugendlichen und Pädagogen gemeinsam geprägten Milieus beschrieben werden muss. Ihre Chancen und ihre Wirkung können nicht in Einzelelemente zerlegt und als eine Art von Bildungsbausteinen beschrieben werden (etwa: Computernutzung lernen, selbstbewusst-realistischer Umgang mit Erwachsenen, sportliche Körpererfahrung, ermutigende Erfolgserlebnisse, gewaltfreie Konfliktverarbeitung, Erfahrung kultureller Produktivität als solche Bausteine). Es mag zu Zwecken der Legitimation und der Selbstvergewisserung rechtens sein, daran zu erinnern, dass Jugendarbeit all dies auf vielerlei Weise leistet (vgl. Lindner 2004). Aber würde sie sich daran machen, all diese Fähigkeiten als Lernziele einzeln zu optimieren, so würde sie vermutlich ihre besten Chancen verpassen, wenn nicht gar zerstören.

Deshalb ist es vielleicht überhaupt irreführend, zu sagen, Jugendarbeit sei ein *Bildungsangebot*. Man sollte sie eher ein *Gelände mit Bildungschancen*, einen beziehungsreichen Raum von nutzbaren Gelegenheiten nennen, jedenfalls Formulierungen wählen, die zum spielerischen, experimentellen, oft auch performanceähnlichen und humorvollen Charakter jugendlicher Selbstbildungsprozesse passt. Giesecke hat schon vor 40 Jahren darin die eigentliche pädagogische Chance von Jugendarbeit gesehen: „Sie ist nie ganz und nur Ernstsituation. Sie bietet dem Jugendlichen einen gewissen Schonraum, in dem man mit Meinungen und Verhaltensweisen experimentieren kann, ohne dass er gleich beim Wort genommen wird, ohne dass er in voller Tragweite für Meinungen und Verhalten einstehen muss" (Giesecke 1964, 145). Ihre Chancen im Zwischenreich eines spielerisch angebotenen und genutzten Freizeitfeldes zu erkennen, in dem gleichwohl auf vielerlei Weise der „Ernst des Lebens" einbricht oder sich spiegelt, das scheint uns die eigentliche Herausforderung einer auf Bildung orientierten Jugendarbeit zu sein.

II. Bildungsgelegenheiten und Bildungsräume

4. Jugendarbeit als Lern-Ort für differenzierte Beziehungsformen

Die Zentrierung des Blicks auf das, was Jugendliche tun, darf nicht außer Acht lassen, dass die Qualität und Art der *Beziehungen* zwischen Jugendlichen und Pädagogen gerade unter dem Gesichtspunkt der Bildungsförderung entscheidend sind. Damit ist allerdings noch nicht klar, welche Arten von Beziehungen in der Jugendarbeit angemessen sind und was *Beziehungsarbeit* genau heißt. Es handelt sich weder um den klassischen *pädagogischen Bezug* im Arbeitsbündnis zwischen Erzieher und Zögling, Lehrer und Schüler, noch um eine therapeutische oder Beratungsbeziehung, noch um eine private Beziehung zwischen Erwachsenen und Jugendlichen oder unter Freunden, noch um eine Arbeitsbeziehung zwischen Dienstleister und Kunden, sondern um eine merkwürdige Mischung von all diesem. Beziehungsarbeit heißt hier also zunächst, sich in dieser Mischung zurechtzufinden, den Ton zu treffen, sie zu balancieren und auszuhalten, statt in eine jener Möglichkeiten zu flüchten.

Dies gilt auf andere Weise auch für die Beziehungen Jugendlicher untereinander. Auch sie müssen ihre Rollen immer wieder neu aushandeln. Es gilt damit auch für die formalen und informellen Regeln, die, sei es als Vorgaben und Erwartungen der Pädagogen, sei es als Erwartungen der Jugendlichen selbst, das Zusammenleben bestimmen. Und es gilt insbesondere für die Konflikte, die sich aus dem Zusammentreffen diskrepanter und oft verdeckter Erwartungen und Zumutungen ergeben.

Solche Unbestimmtheit hat mit dem in der Einleitung (vgl. 1.5) referierten Umstand zu tun, dass Jugendarbeit, neben ihren sachlich/räumlichen

II. BILDUNGSGELEGENHEITEN UND BILDUNGSRÄUME

Angeboten, eine wesentliche Aufgabe darin hat, Jugendliche bei der Bewältigung eines „Anerkennungsvakuums" (King 2004) zu unterstützen. Wie die Szenen dieses Kapitels veranschaulichen werden, ist dies einerseits eine erschwerende Bedingung für das Rollenhandeln von Jugendarbeitern, weil die Jugendlichen immer wieder versuchen, sie aus dem Gleichgewicht zu bringen. Andererseits ist dies entscheidender Grund, warum gerade eine so scheinbar diffuse Rolle bildungsrelevant sein kann.

4.1 Jugendarbeit als „Beziehungsarbeit"

In vielen Passagen unseres Beobachtungsmaterials wird sichtbar, dass pädagogische Arbeitsbündnisse ebenso wie Dienstleistungsbeziehungen in der Jugendarbeit immer auf einer persönlichen Beziehungsebene aufbauen. Gerade deshalb ist zentraler Gegenstand von *Beziehungsarbeit* in der Jugendarbeit die Balance einer Doppelrolle: Pädagogen müssen für die Jugendlichen zum einen „normale" und auf einer quasi-privaten Ebene zugängliche Erwachsene sein; zum anderen müssen sie die jeweiligen Einrichtungen und ihre Angebote auf eine pädagogisch reflektierte Weise repräsentieren.

These

Besondere Bildungsgelegenheiten der Jugendarbeit ergeben sich daraus, dass sich die Mitarbeiterinnen immer in einer Doppelrolle befinden (gerade auch aus Sicht der Jugendlichen): (a) als „Erwachsene zum Anfassen" und Partnerinnen in einer persönlichen Auseinandersetzung und (b) als Repräsentantinnen und Dienstleister in einer Freizeiteinrichtung, die Respekt für diese Aufgabe fordern müssen. Jugendliche profitieren, wenn sie beides erleben.

Szene

Ich gehe mit T. (Pädagoge) durch das Haus und wir kommen am Billardtisch vorbei. Hier spielen zwei Mädchen sehr lustig Billard. Mir gefällt es, da sie die besonders cool inszenierten Spieltechniken der Jungen fast schon parodieren: Sie lehnen sich, immer zwischen einem Kichern und todernster Schauspielerinnenmiene auf den Tisch, spielen mit

4. Jugendarbeit als Lern-Ort für differenzierte Beziehungsformen

dem Queue hinter dem Rücken und anderen raffiniert aussehenden Stoßtechniken.
T. bleibt stehen, ich auch und wir sehen zu. Wir lachen mit den Mädchen und T. nutzt die Gelegenheit, um die Mädchen anzusprechen, ob sie nicht Lust hätten, in einer Band zu spielen. „Ja!" – „Spielst du ein Instrument?" – „Nee." – „Was würdest du gerne spielen?" – „Schlagzeug! Kannst du mir das beibringen?" – „Ja, ein wenig schon!" und er erzählt vom Projekt und den Instrumenten, die angeschafft werden. Die Mädchen sind neugierig und fragen genauer nach. Sie wollen auf jeden Fall auf dem Laufenden gehalten werden.
Wenige Zeit später, wir sitzen im Café, spricht er einen älteren türkischen Jugendlichen an, ob er ein Instrument spielen kann. „Blockflöte!" Ich muss schmunzeln, da ich mir so etwas schon gedacht habe. T. erzählt von seiner Bandidee und den Instrumenten, die er kaufen wird und fragt ihn, ob er Lust auf so was hätte – „Ja, warum nicht!". Ein weiterer türkischer Jugendlicher kommt vorbei, den T. schon sehr gut kennt und ruft zu ihm: „H., spielst du ein Instrument?" – „Blockflöte" – alle lachen – T.: „Ja, und spielst du neben der Arschgeige, die du jeden Tag spielst noch was anderes?" – „Darmflöte" (KS1, MS).

Interpretation

Der Beginn der Szene zeigt Nutzerinnen der Einrichtung, die sich mit einer guten Performance offenkundig amüsieren. Die Mädchen sind „gut drauf", haben sich den tendenziell eher von Jungen dominierten Raum des Billardtisches erobert und ziehen das Gehabe der Jungen auch noch durch den Kakao. Ein spielerisches und erkennbar vergnügliches Erproben eigener Anerkennungschancen findet statt. Es geht den Mädchen aber sicher nicht darum, vom Pädagogen explizite Anerkennung für ihre gezeigte „Frauenpower" zu bekommen. Eine pädagogische Bestärkung oder gar explizite Kommunikation über *Beziehungen* wäre in diesem Moment eher peinlich, und der Jugendarbeiter denkt auch gar nicht daran, sich in diesem Sinn einzumischen.
Dennoch sieht er in der Art des Billardspiels einen Anknüpfungspunkt für sein pädagogisches Programm: Beide Mädchen spielen Billard, jedoch mit einem klar ironischen Bezug auf das Spiel der männlichen Besucher, indem sie deren cool inszenierte Techniken parodieren und dabei die auf Geschlechterrollen bezogenen Codes umdrehen. Der Pädagoge,

dem das offenbar gefällt, „übersieht" die Billardregel[26] des Hauses, nämlich die, dass man sich nicht auf den Tisch setzen darf, zugunsten seines möglichst unauffällig betriebenen Anliegens, informelle Bildungsgelegenheiten zu schaffen. Er lässt sich auf ihre Performance als Mitakteur ein, signalisiert dies durch das gemeinsame Lachen. Die Mädchen akzeptieren diese Kontaktaufnahme. Dadurch kann der Pädagoge die Situation nutzen, um inhaltliche Impulse zu setzen und sich damit vorzutasten. Er versteht die Ironie der Situation auf beiden Seiten und eröffnet damit zugleich eine Kommunikationsbasis für ein Ausloten von Interessen, das neugierig macht: Eins der Mädchen spielt das „Jungenspiel" weiter und nutzt seine Frage, ob sie Lust hätte, ein Instrument zu spielen, um ihrer Phantasie freien Raum zu lassen. Sie äußert, gerne Schlagzeug spielen zu wollen, ein lautes, kraftvoll zu spielendes (ebenfalls von Männern dominiertes) Instrument. Hier ist die Situation in einer Kipplage: Eine ernsthafte Idee, durchsetzt jedoch noch mit den spielerischen Phantasien aus der Performance des Billardspiels. Jedoch erkennt das Mädchen schnell die Realität, dass sie ein solches Instrument nicht „einfach so" spielen kann, sondern es lernen muss. Sie fragt nach, ob T. ihr das beibringen könnte. Die Situation spielt für beide Seiten auf zwei Ebenen: Einerseits als Umgehen mit dem non-formalen Angebot eines Lehr-/Lernverhältnisses, andererseits als Mitspielen in einer Performance. Motiviert durch das Spielerische der Situation, aber auch durch die Verbindlichkeit von T. und seinem Teilangebot, gehen die Mädchen, die Ebene der Phantasien verlassend, ernsthaft darauf ein und treffen eine Verabredung – die Situation wechselt von einer spielerisch-persönlichen Ebene in das Eingehen eines pädagogischen Arbeitsbündnisses.

Im zweiten Teil spricht T. männliche Jugendliche, die er offensichtlich schon länger kennt, ganz direkt auf sein Musikangebot hin an. Er lässt sich von deren flapsigen Blockflöten-Antwort nicht weiter irritieren. Ob damit sein Angebot als der kümmerlichen musikalischen Minimalbildung in der Grundschule ähnlich verspottet wird, oder ein obszöner Scherz gemacht wird, braucht nicht geklärt zu werden. Wesentlich ist vielmehr, dass der Jugendliche gerade durch den kumpelhaften Umgangston, den Pädagogen mit seinem Angebot abblitzen lassen darf –

---

26 Diese Regeln finden sich als Aushänge innerhalb der Räumlichkeiten wieder. Uns liegt ein Ausdruck vor.

ohne ihm wirklichen Respekt zu versagen. Die Folge zeigt, dass umgekehrt der Pädagoge solche Angebote wiederholen und dabei auf den flapsigen Tonfall ebenfalls flapsig einsteigen kann, ohne den Jugendlichen das Gefühl zu geben, sie würden in eine Schülerrolle gedrängt werden. Ohne beidseitigen Gesichtsverlust wird das Nicht-Interesse und das Damit-Umgehen-Können ebenso signalisiert und respektiert, wie das Aufrechterhalten des Angebotes.

T. beharrt auf seiner Idee, Möglichkeiten zum Musik machen hier im Haus anzubieten – die Jungen halten sich zurück, auch mit Blick auf die anderen anwesenden Jungen. Der neu hinzugekommene Jugendliche nutzt ebenfalls den „running gag" der „Blockflöte" als ironische Abfuhr der ihn fordernden Frage. Auch diese Antwort, die wieder das pädagogische Angebot als nicht attraktiv ablehnt, ohne dies offen aussprechen zu müssen, steckt der Pädagoge weg und kontert mit einer Folgefrage, die sein Angebot bekräftigt; er erntet damit immerhin ein „warum nicht". Die Szene wiederholt sich mit einem zweiten Jugendlichen, die diesem die Möglichkeit gibt, noch einen drauf zu setzen. Im Umgang miteinander präsentiert der Jugendarbeiter sich in der oben beschriebenen Doppelrolle: Zum einen als nicht zu entmutigender Dienstleister seines Angebots beziehungsweise seiner Freizeiteinrichtung (und die Jugendlichen als wählerische Kunden); zum anderen fordert er diese auf einer persönlichen Ebene spielerisch heraus. Ob er mit seinem Angebot letztlich Erfolg haben wird, ist (noch) nicht erkennbar. Vielleicht aber ist schon das fast rituell inszenierte Ablehnen-Dürfen von Angeboten, ohne dass der Pädagoge aus dem Feld geht, beleidigt ist oder sein Angebot für unwert hält, für die Jugendlichen eine Erfahrung, die ihr Anerkennungsvakuum, wenn auch nur für den Moment, ein wenig füllt.

Generalisierung

Auffällig in unserem empirischen Material (gerade aus Einrichtungen, die wir als gut gelingende Praxis wahrnahmen) ist die wiederholte Betonung in den Interviews seitens der Jugendlichen, die pädagogischen Mitarbeiterinnen seien „irgendwie anders" und darin klar von anderen Erwachsenen abgegrenzt: Sie seien „voll nett", „cool" oder „verrückt", seien aber auch „voll streng", „meckern herum"; das heißt, sie haben ihre Ecken und Kanten, an denen sich Jugendliche stoßen können und wollen. Jedoch fällt auf, dass diese eines nicht wollen: Kuscheltypen,

II. Bildungsgelegenheiten und Bildungsräume

die sie volllabern. Ein Jugendlicher beschreibt diese „anderen Erwachsenen" so: „*Man kann schon mehr machen, aber man macht nicht zu viel. Bei den anderen ist ja schon, ich finde, bei anderen Erwachsenen ist es so, ja, wieso, hier ist Schluss; und hier kann man noch einen Schritt weiter gehen, und da ist es eben so, man geht nicht zu weit, aber trotzdem noch einen Schritt weiter, kann man sagen*" (KS1, MS, männlich, 14 J.).

Das „noch einen Schritt weiter gehen"-Können zieht sich als Muster durch die weiteren Szenen und scheint zugleich mit einer selbst induzierten Leistungsanforderung der Jugendlichen verschränkt zu sein: Sie wollen wissen, ob sie der selbst gestellten Aufgabe gewachsen sind, das heißt, von ihrer Seite aus zu definieren, auf welche Art sie mit Erwachsenen umgehen wollen, statt diese Art vorgeschrieben zu bekommen. „Man kann schon mehr machen, aber man macht nicht zu viel" heißt: Ich selbst kann die Grenze bestimmen. Die besondere Chance der Jugendarbeit scheint aber darin zu bestehen, dass der „eine Schritt weiter" keinen verletzenden Charakter hat, nicht sofort „zu weit gehen" bedeutet, sondern von Jugendlichen eher in dem Sinn geprobt werden kann, ob sie jene Hürde noch schaffen, vielleicht vergleichbar mit anderen beispielsweise sportiv gesetzten Zielen. Dazu benötigen sie, neben Räumlichkeiten und nutzbaren Angeboten, auch die dort tätigen und „nutzbaren" Erwachsenen.

Gleichzeitig aber sind die Mitarbeiterinnen immer auch Repräsentanten und Dienstleister ihres Angebots beziehungsweise ihrer Freizeiteinrichtungen. Als solche müssen sie einerseits Angebote und Möglichkeiten immer wieder zugänglich machen, andererseits aber auch Grenzen aufzeigen, Respekt verlangen, an bestimmten Punkten signalisieren, wo spielerische Ebenen verlassen und für alle verbindliche Regeln eingehalten werden müssen. Dieses Beziehungsverhältnis zum „anderen Erwachsenen" ist also gleichzeitig geprägt von einer Berufsrollen-/Nutzerbeziehung. Beides muss balanciert werden.

In einem Interview mit zwei Mädchen erzählen diese, was für Erwachsene das sind: „*Wir (dürfen) die duzen, was wir die Lehrer halt nicht dürfen.*" Auf unsere Nachfrage, ob ihnen das wichtig ist: „*Nee, eigentlich nicht unbedingt, aber das ist dann offener. Die beiden erzählen mehr über sich und über ihren Beruf und die Lehrer ‚Wir sind eure Lehrer' und dabei bleibt es. Die sind viel offener ...*" (JS, MS, zwei Mädchen, 14 u. 15 J.).

4. JUGENDARBEIT ALS LERN-ORT FÜR DIFFERENZIERTE BEZIEHUNGSFORMEN

Die Jugendarbeiterinnen und -arbeiter sind oftmals erste „Duz-Erwachsene" außerhalb des familiären Kontexts, die dennoch Respekt fordern und an denen Kinder und Jugendliche ausprobieren können, wie weit sie (verbal) gehen dürfen. In diesem Kontext fällt anhand des vorliegenden Materials auf, wie weit sich Kinder und Jugendliche vorwagen, um sich auf den Gebieten Ironie und Humor mit der entsprechenden Schlagfertigkeit zu erproben. Eine weitere Szene dazu: „*Die Sozialpädagogin A. und der Jugendliche B. spielen gegeneinander Tischkicker. Beide sind sehr stark emotional involviert – sie spielen sehr kraftvoll, es geht sehr laut am Tischkicker zu. B. hat einen Vorsprung von zwei Toren und spielt eindeutig besser als A. Als B. ein weiteres Tor schießt, ruft die Sozialpädagogin: ‚Du Arschloch.' Der Jugendliche lacht und sagt: ‚Das darf man aber nicht sagen. Ansonsten fliegst du hier raus. Ich sag ja auch nicht ‚Du Muschi' zu dir.' A. sagt: ‚Jetzt hast du es aber auch gesagt.' Beide lachen und spielen weiter*" (KS1, MS).

Neben der humorvoll-spielerischen Kommunikation über das, was „man darf", nutzen Jugendliche die Mitarbeiterinnen auch als Testgebiet für Grenzüberschreitungen und Partnerschaft für persönliche Auseinandersetzungen: Nicht nur in schwierigen Konfliktsituationen, sondern auch als vielschichtige Bezugspersonen, die modellhaft Lebensentwürfe und Bewältigungsstrategien präsentieren, die hinterfragt und mit eigenen Konzepten abgeglichen werden können. Dazu gehört ein indiskretes Vorwagen in das Privatleben der Jugendarbeiter, wie folgende Beobachtung zeigt:

„*Interesse ruft auch B.'s (Pädagoge) Freundin wach, die in (X) lebt und ihn in (Y) besuchen kommt. Sie fragen immer wieder nach, zunächst ganz harmlos: ‚Wie groß ist deine Wohnung?' (B. sagt die Größe.) ‚So klein, da ist ja gar kein Platz für dich und deine Freundin.' (B. sagt, dass er allein wohnt.) ‚Die kann uns doch hier mal besuchen kommen.' – ‚Warum soll sie hier zum Bus kommen, das ist doch gar nicht interessant, weil das B.'s Arbeitsplatz ist' sagt seine Kollegin A., B. stimmt zu – ‚Wieso wohnt ihr nicht zusammen?' ...*" (KF, MS).

Die Schwierigkeit, die Grenze zwischen professioneller Aufgabe und privater Angelegenheit zu ziehen, besteht darin, dass einerseits die Jugendlichen, insbesondere in ihrer Unsicherheit in allen Frage von Sexualität und Beziehungen, erwachsene Gesprächspartner suchen, die keine „Lehrerantworten" geben, sondern Antworten, die ihnen ein Gegenüber für jene in der Einleitung (vgl.1.5) beschriebene „bezogenen Urteilsbildung" geben, das die Gleichaltrigen allein nicht bieten können. Insofern gehört es zum Job, die Grenzüberschreitung Jugendlicher in die eigene Privatsphäre zu ertragen, ohne sie zu sanktionieren, vielmehr ehrlich nach eigenem Empfinden und auf gleicher Augenhöhe zu antworten. Auf der andern Seite haben die Grenzüberschreitungen der Jugendlichen auch etwas nicht leicht zu ertragendes Gewaltsames, sind Versuche, die Erwachsenen von ihrem Sockel zu stoßen. Aber dies in der eher unbewussten Hoffnung, dass sie nicht fallen, sondern auch hierin Gegenhalt für auf *eigene* Erfahrung gestützte Urteilsbildung über einzuhaltende Grenzen zu geben. Beides macht ein von uns interviewter Jugendarbeiter anschaulich. Auf die Frage, ob es für ihn unangenehm oder Teil des Jobs sei, „sehr private Fragen" von Jugendlichen gestellt zu bekommen, sagt er:

„*Na, ich würde mal sagen, die Frage, ob ich ne Freundin hab oder so, die ist durchaus legitim und die beantworte ich auch. Ja und wo ist die? Dann sag ich, dass sie nicht in Y wohnt und so weiter, aber wenn dann solche Fragen kommen, wann wir das letzte Mal miteinander geschlafen haben, dann ... also es wird natürlich nicht so formuliert, sondern geht es irgend wie so ‚Habt ihr schon miteinander gefickt', wo ich dann sage, so jetzt ist Schluss.*" Auf die weitere Frage: „*Warum, glaubst Du, kommen solche Fragen?*" erwidert er: „*Das ist ein Austesten, das ist ein ganz einfaches Austesten. Also, weil die natürlich untereinander immer die Größten sind und die größten Gangster, die rumlaufen und natürlich alle Frauen haben können und das ist einfach ein Austesten, so nach dem Motto, wie weit kann ich gehen, ok, ich frag mal, ob er ne Freundin hat, wie lange sie zusammen sind, ob sie gut aussieht und vielleicht frag ich ihn auch und, hat sie dicke Titten und manchmal sag ich dann so, ok, oder ich sag, jetzt ist es nicht mehr ok, das ist einfach ... das geht niemanden etwas an. Und das sage ich dann aber auch recht resolut und das verstehen sie dann auch. Ich glaub, sie erwarten darauf auch gar keine Antwort, sie kriegen noch nicht mal von ihrem Freundeskreis darauf ne Antwort*" (KF, MS).

Der Jugendarbeiter imitiert hier den „Originalton" der Jugendlichen, ihre unbeholfen großspurige Coolness ebenso, wie ihre kindliche Neugier und beschreibt seine eigenen Reaktionen als abwägende Balance zwischen der Bereitschaft, darauf einzugehen und Grenzen zu ziehen. Allerdings hat er darin wohl nicht Recht, dass die Jugendlichen „keine Antwort" erwarten. Vielmehr ist anzunehmen, dass genau die hier erkennbare Haltung des Jugendarbeiters von den Jugendlichen als hilfreich erlebt wird. Er lässt sich Fallen stellen, ohne sich auf eine formale Rolle, die das verbieten würde, zurückzuziehen, weigert sich aber zugleich recht resolut hinein zu tappen. Wir vermuten, dass genau dies von den Jugendlichen als eine *Antwort* wahrgenommen wird, die ihnen ein Stück jener bezogenen Urteilsbildung ermöglicht. Ein selbstreflexives Verstehen dieses Vorgangs durch die Jugendlichen ist dabei allerdings eher nicht zu erwarten oder höchstens im nachträglichen Rückblick. Eine „emanzipatorische" Verständigung der Pädagogen mit den Jugendlichen über die Art ihrer Beziehungen in gleichberechtigter Partnerschaft bleibt wohl ein pädagogischer Traum. Jugendarbeiter müssen auch das aushalten können. Die unbestimmte pädagogische Rolle ist also nicht an sich schon bildungswirksam, sondern nur, wenn sie im Umgang mit den unterschiedlichen Ebenen aktiv und glaubwürdig gestaltet wird. In der folgenden knappen Szene findet sich genau dieser Rollenwechsel sehr markant wieder, indem der Pädagoge sowohl auf der persönlichen Beziehungsebene, als auch in seiner Rolle antwortet:

„Ein Junge kommt hinzu und bekommt mit, dass das Mädchen gerne Thekendienst auch in Zukunft machen will. Sie bringt im Gespräch ihren Freund mit ins Spiel und er sagt: ‚Welcher Freund? Meinste wohl deine fünf Finger.' T. (Pädagoge) lacht zuerst laut auf, sagt: ‚Was'n das für n Spruch, Mensch, bist du Scheiße.' Der Junge ist etwas irritiert. Dann kabbeln sich beide, T. sagt, dass er solche doofen Machosprüche hier nicht hören will, weil er das respektlos findet, während der Jugendliche sich teils flapsig, teils ernst versucht, aus der Situation zu herauszuwinden" (KS1, MS).

Im Unterschied zu den anderen Beispielen dieses Kapitels geht es in dieser Szene nicht um die Grenzüberschreitung eines Jugendlichen dem Pädagogen gegenüber, sondern um den respektlosen Umgang eines Jungen mit einem Mädchen, der den Pädagogen zur Einmischung nötigt. Uns interessiert dabei vor allem die Art und Weise, in der sich der Pädagoge ins Spiel bringt. Der Punkt bei dieser Art der Rollenausübung scheint uns zu sein, dass *alles* dazu gehört: Das *Lachen* über den dummen Spruch ebenso, wie die Erwiderung mit gleicher Grobheit, das körperliche *Kabbeln* ebenso, wie die klar ausgesprochene pädagogische *Regel*, „doofe Machosprüche" seien „hier" nicht zulässig; und auch die pädagogische *Erklärung*, dass es sich um eine Verletzung des gegenseitigen Respekts handle – und nicht, wie der Jugendliche vielleicht meint, um eine „coole" Selbstinszenierung. Schließlich gehört auch dazu, dass der Pädagoge *keine Sanktionsmaßnahmen* ergreift, sondern dem Jugendlichen erlaubt, sich herauszuwinden, weil er weiß, dass die Lektion auch so „gesessen hat". Die Mischung von all dem macht es aus: Es ist genau die Mischung, die in der Schule strukturell eher verhindert wird, vielleicht auch verhindert werden muss, wenn die Schule ihren Vermittlungsauftrag erfüllen soll.

So zu agieren, hieße für Lehrer in aller Regel, aus der Rolle zu fallen. Die Kehrseite davon ist, dass die Schule in einem solchen Fall die Regeln gegenseitigen Respekts zwar predigen und erklären, vielleicht auch mit Bloßstellung oder Strafen einbläuen kann. Aber sie kann kaum erreichen, was dieser Jugendarbeiter in unnachahmlicher Rollenbalance vorführt: Einem Jugendlichen, der sich daneben benimmt, auch emotional klar die Grenze zu zeigen, ohne ihn zum Gehorsam zu zwingen; ihm verständlich zu machen, dass er sich inakzeptabel verhalten hat, ohne ihn zu beschämen oder auszugrenzen.

4.2 Beziehungen Jugendlicher untereinander

Es braucht keinen besonderen Nachweis, dass für das, was in der Jugendarbeit „läuft", auch die Beziehungen der Jugendlichen untereinander von überragender Bedeutung sind. Das gilt für die Gründe der Teilnahme an Jugendarbeit ebenso, wie für die Art, wie Jugendliche die Qualität ihres Angebotes erleben; und ebenso für die Frage, welche Förderung ihrer Fähigkeiten und Selbstauffassung sie dabei erfahren. Während in der Schule für all diese Fragen die Lehrer-Schüler-Beziehung das dominierende Element ist und die Schüler-Schüler-Beziehungen eher als verdeckter Subtext oder heimlicher Lehrplan wirksam sind, scheint es in der Jugendarbeit eher umgekehrt zu sein: Die Pädagoginnen sind oft in der Rolle bloßer „Raumwärter", während sich das für die Jugendliche Relevante, wenn überhaupt, unter diesen allein abzuspielen scheint. Unser Eindruck aus den Beobachtungen ist allerdings, dass dort, wo Jugendarbeit gelingt, beide Arten der Beziehungspartnerschaft gleichermaßen bedeutsam sind und aufeinander einwirken. Die bisher interpretierten Szenen ließen schon erkennen, dass über die Art der Beziehungen zwischen Pädagoginnen und Jugendlichen die jeweiligen Beziehungskonstellationen zu Cliquen, Freunden, Freundinnen,

4. Jugendarbeit als Lern-Ort für differenzierte Beziehungsformen

Konkurrenten – egal ob diese räumlich mit präsent sind oder nicht – immer mit entscheiden. Ebenso kann man auch davon ausgehen, dass die Beziehungen von Jugendlichen zu Pädagogen mit prägen, in welcher Weise sie im Milieu (vgl. 1.4) der Jugendarbeit miteinander umgehen.

These

Jugendarbeit legt die Art der Beziehungen, auf die sich ihre Adressaten untereinander einlassen müssen, nicht fest. Wie die Verbindlichkeit und die Arten der Nutzung von Angeboten offen und aushandlungsbedürftig sind, so sind auch die Beziehungen und Rollen der Jugendlichen untereinander nicht festgelegt. Gerade in den daraus entstehenden kleinen Auseinandersetzungen liegen besondere Chancen informeller Bildung. Denn Probebühnen für erfolgreiches Rollen(ver)handeln sind für Kinder und Jugendliche notwendig, aber selten.

Szene

Hinter der Theke im offenen Treff stehen zwei jüngere Mädchen, beide zehn Jahre alt, und machen einen hervorragenden Job: Sie verausgaben sich geradezu, um schnell und freundlich alle Wünsche zu bedienen. Nur die Backzeiten der Baguettes haben sie nicht im Blick: Alle zwei Minuten öffnen sie den Ofen, schauen zu zweit lange rein und beratschlagen, wie lange die Baguettes noch brauchen. Einem älteren Jungen geht es auf die Nerven, er hat Hunger und will sein Baguette haben. An der Theke motzt er herum. Eine der beiden Mädchen dreht sich kommentarlos um, sagt zu mir: „M., hilfst du mir?", geht an den Backofen und holt mit meiner Hilfe (sie kann nicht allein das Blech herausziehen und die Backofentür halten) eins der Baguettes, noch sehr bleich in Erscheinungsform, heraus. Ich sage: „Das ist aber noch gar nicht ..." und sehe sie aber schon grinsen. Sie setzt es ihm vor die Nase. Er mault weiter: „Wie sieht das denn aus, das ist ja noch gar nicht fertig." – „Aber du wolltest es doch gleich haben." – „Ja, aber nicht so." – „Dann haste Pech gehabt." – „Mach's noch mal rein." – „Nö, das war's. Zuerst rummotzen und jetzt so." Der Junge ist sichtlich von so viel Frauenpower irritiert und wird ganz „großer charmanter Bruder" und überzeugt die Mädchen, es nochmals in den Backofen zu schieben. Gemein-

sam lachen sie und die eine sagt nochmals: „Fast hätte ich das ja nicht gemacht, weil du so doof warst" (KS1, MS).

Interpretation

Ein klassischer Bereich als Kontaktort und für Begegnungen zwischen Jugendlichen ist der Thekenbereich mit dem ebenso klassischen (wie begrenzten) Partizipationsangebot für Jugendliche: Hier können schon Jüngere, wie die beiden Mädchen, anfangen, Verantwortung zu übernehmen, sich auszuprobieren und Leistungen spielerisch zu erproben. Der Eifer der beiden Mädchen, möglichst schnell und gut zu bedienen, hängt wohl auch damit zusammen, dass es für Zehnjährige nicht selbstverständlich ist, in einem solchen Job zeigen zu dürfen, was sie können. Interessant für uns, und offenbar attraktiv für die Mädchen, sind die beobachtbaren Rollen und Rollenzuschreibungen, schwankend zwischen „privater" Beziehung und „öffentlicher" Rolle: Mädchen bedienen an der Theke Jungen und werden dabei noch angemotzt – das scheint typische Verhältnisse widerzuspiegeln. Aber da sich die Mädchen auf spielerische Weise nicht privat, sondern quasi „im Dienst" angesprochen fühlen, lassen sie den Motzer auflaufen, gerade indem sie seinen Wunsch scheinbar prompt erfüllen. Dessen irrige Annahme, als älterer Junge habe er ein Recht, Jüngere, die ihn bedienen, anmeckern zu dürfen, wird ihm nicht durch moralische Kritik, sondern in ihren realen Folgen vor Augen geführt. Auch die Macho-Art, in der er die Mädchen als sein Dienstpersonal behandelt, braucht nicht explizit kritisiert zu werden, weil die Mädchen davon unbeeindruckt bleiben und er dadurch von selbst merkt, dass die Rolle als „charmanter großen Bruder" erfolgreicher ist. Die ganze Szene braucht und verträgt keine Einmischung fördernder Pädagogen, wohl aber deren aufmerksame Wahrnehmung. Innerhalb der Situation stoßen beide Mädchen allerdings auf ihre Kompetenzgrenzen: Zwar können sie alles, was den Getränke- und Süßwarenverkauf anbelangt, problemlos meistern. Schwieriger scheint die Zubereitung von Essen im Backofen zu sein: Nicht ganz klar ist, ob sie den Backofen tatsächlich (noch) nicht beherrschen, dessen richtige Handhabung jedoch selbst ausprobieren wollen. Demnach wird der Backofen zum Erfahrungsfeld und die Mädchen erproben eine „typische" Frauenkompetenz, aber lassen sich gerade nicht auf die stereotype geschlechterspezifische Rollenerfüllung reduzieren. Andererseits hat das ständige

4. Jugendarbeit als Lern-Ort für differenzierte Beziehungsformen

Nachsehen um den Zustand der Baguettes einen theatralen Charakter, der nicht zwangsläufig auf ein Defizit im Umgang mit dem Backofen schließen lässt, sondern in einer Performance die Aufgaben eines kompetenten Thekendienstes (auf mehrere Dinge gleichzeitig achten) für das Publikum sichtbar macht. Die Entnahme der Baguettes erweist sich als tatsächliche Schwierigkeit, hier holen sie die (technische) Hilfe eines männlichen Erwachsenen (des Beobachters). Dieser wird jedoch in seine Rolle als Assistent zurückverwiesen, als er den belehrenden Hinweis geben will, das Baguette sei noch nicht fertig. Offensichtlich versteht er die Situation zunächst nicht, und braucht erst einen Moment, ehe durch das „Grinsen" der Mädchen bei ihm der Groschen fällt, dass diese die Szene weit schlauer einfädeln, als er es bemerkt hat. Zugleich signalisieren sie wieder: „Jetzt bestimmen wir wieder selbst, was geschieht!". Sie nutzen auch hier ihre Machtposition aus, die den Zutritt zum Backofen kontrolliert, um vom Älteren Respekt (und auch ein wenig Charme) einzufordern. Wie der ältere Jugendliche sein Machogehabe, so muss der pädagogisch handelnde Beobachter seine Neigung, zu belehren zurückstecken, um die Situation zu dem für alle Beteiligten erfreulichen Ende zu bringen. Das „letzte Wort" des einen Mädchens, „fast hätte ich das nicht gemacht ...", galt dem großen Jungen, aber der Pädagoge kann sich ruhig ein bisschen mit gemeint fühlen.

Bildungsfördernd sind demnach nicht ausschließlich die beschränkte Eigenverantwortung und Selbstorganisation des Thekenbereichs, sondern die verschiedenen Ebenen des Rollenhandelns, welche die Szene anbietet: Das Zusammenkommen von Geschlechter und Generationen, das spielerische Erproben von Macht, die mit der Übernahme von Verantwortung auch verbunden sein kann, das Aushandeln des Gebens und Nehmens von Anerkennung. Dabei fällt es auf (auch im Verhältnis zu ähnlichen beobachteten Szenen), dass insbesondere Jüngere das Angebot, den Thekendienst zu machen, gerne nutzen: Sie erarbeiten sich damit eine geschützte Position, die ihren niedrigen Rang als Jüngere etwas ausgleicht.

Generalisierung

Die Einbettung in jeweilige Beziehungsnetze mit Gleichaltrigen ist ein immer präsenter Faktor, auch für alle Arten von Gelegenheitsstrukturen der Förderung informeller Bildungsprozesse. In diesem Abschnitt inte-

73

ressieren uns aber besonders Beobachtungen, die zeigen, wie sich Peer-Beziehungen, welche die Kinder und Jugendlichen mitbringen, in der Jugendarbeit nicht einfach nur reproduzieren. Vielmehr entstehen hier immer wieder Situationen, in denen Jugendliche auch unter sich aushandeln müssen, in welcher Rolle und Art von Beziehungen sie miteinander umgehen wollen. Es sind ähnliche, aber zugleich anders gerahmte Beziehungen als mit Mitschülerinnen, Kumpels, Freunden, Geschwistern: weniger privat, aber freier wählbar, ohne formale Verpflichtungen und doch Probebühne für gewähltes Engagement. Wie im Umgang zwischen Jugendarbeitern und Jugendlichen scheint uns auch hier gerade die Unbestimmtheit der möglichen Beziehungsverhältnisse eine bedeutsame Chance für informelle Bildungsprozesse zu bieten.

Mangel an Verbindlichkeit (etwa im Vergleich zu Familie und Schule oder auch zum Engagement im Verein) wird oft als Mangel von Jugendarbeit gesehen. Es gehört aber zu den unabdingbaren Entwicklungsaufgaben des Kindes- und Jugendalters in unserer Gesellschaft, eine Vielzahl sehr unterschiedlicher Rollenbeziehungen einzuüben: Umgang mit Eltern (vielleicht wechselnden Eltern!), Erzieherinnen, Lehrerinnen, Jugendcliquen, Fremden; als Kind, Schüler, Kumpel, Mediennutzerin, früh umworbener Konsument, Verkehrsteilnehmerin und Akteur im Internet. Alle diese Rollenerwartungen werden je für sich an den Nachwuchs herangetragen und in ihrer jeweiligen Sphäre mehr oder weniger gut eingeübt. Jede dieser Rollen hat ihre eigenen Regeln und ihren eigenen Anpassungsdruck. Dies gilt gerade auch für die scheinbar so freie Welt des Konsums oder der Beziehungen unter Gleichaltrigen.

Wie Kinder und Jugendliche es aber schaffen, diese Vielzahl der Erwartungen zu balancieren, angemessene Formen für Nähe und Distanz zu finden, Rollendistanz und die für unser friedliches Zusammenleben entscheidende Ambiguitätstoleranz zu erlernen, bleibt oft ihnen selbst oder dem Zufall überlassen. Wie wichtig in dieser Hinsicht der Bildungsort Jugendarbeit sein kann, beschrieb eine 16-jährige Besucherin: *„Es sind Kleinigkeiten, bestimmte Situationen; in der Schule lernt man ja nur so Standardsachen, aber wie man mit anderen Leuten umgeht, das lernt man da nicht, das lernt man hier; man lernt mit anderen Nationalitäten umzugehen und auch mit Leuten, die man gar nicht mag; in der Schule gibt es so was nicht"* (KL1, SS, zwei Mädchen, 16 u. 18 J.). Dies betonten ebenfalls zwei interviewte Mädchen, die das Nachmittagsangebot eines Jugendverbands auch als Kommunikationsort zwischen Leuten, mit denen man ansonsten nicht so viel zu tun hat, beschrieben haben.

4. Jugendarbeit als Lern-Ort für differenzierte Beziehungsformen

Jugendarbeit ist einer der selten gewordenen Orte in unserer Gesellschaft, wo die Übergänge zwischen unterschiedlichen Rollen spielerisch erprobt und Wechsel ohne Angst vor Sanktionen gelernt werden können. Es ist eine Bildungsgelegenheit, dass Jugendlichen in der Jugendeinrichtung oder im Verband nicht nur die eigenen Kumpels über den Weg laufen, sondern es unvermeidlich ist, auch mit anderen, vielleicht wenig geschätzten Einzelnen oder Cliquen zurechtkommen und mit Älteren (oder Jüngeren) aushandeln zu müssen, wem was erlaubt ist. Eine Jugendarbeiterin beschreibt das aus ihrer Perspektive so: *„Es ist nicht so, dass das irgendwie immer gelingt, dass da ein Verständnis füreinander entsteht. Hier sind viele Gruppen, das finde ich eigentlich das Schöne an dem Ort hier, dass hier die Möglichkeit ist, dass sich Leute begegnen, die sich sonst überhaupt nicht begegnen würden. Wir haben viele Gymnasiasten auch hier unter den deutschen Jugendlichen, die würden nicht unbedingt sonst ihre Freizeit mit türkischen Jugendlichen verbringen oder mit Hauptschülern. Es ist schon der Raum für Begegnung da, was ich sehr erfreulich finde, aber es ist eben auch die Möglichkeit des Scheiterns natürlich da oder die Möglichkeit dessen, dass die Vorurteile nur bestätigt werden, das passiert natürlich auch ab und zu"* (KL1, SS).

Ebenfalls ist es Bildungsgelegenheit, sowohl einfach „abhängen" zu dürfen, als auch Mitverantwortung für Aufgaben zu übernehmen und zu lernen, wie man vom einen zum andern wechseln kann; das Erproben der angemessenen Durchsetzung eigener Interessen und die Einübung des anerkennenden Umgangs mit dem anderen Geschlecht (auch jenseits intimer Beziehungen) nicht zu vergessen. All dies zu ermöglichen, ist Förderung informeller Bildungsprozesse, sei es direkt im persönlichen Umgang, sei es indirekt durch das Arrangieren oder unauffällige Beeinflussen von Situationen, in denen Kinder und Jugendliche unter sich die Dinge regeln. Immer aber verschränkt sich die Erprobung von Rollen und Umgangsformen mit anderen Elementen informeller Bildung. Beziehungen werden nicht „an sich" eingegangen, sondern sie entwickeln sich *bei Gelegenheit* des Umgangs mit Angeboten und Regeln, bei Konflikten, bei der Raumnutzung, in Konkurrenz mit andern, beim Ausprobieren von „Selbstmachen".

II. BILDUNGSGELEGENHEITEN UND BILDUNGSRÄUME

4.3 REGELN

Mit dem Stichwort *Regeln* werden in der Jugendarbeit gewöhnlich Hausregeln angesprochen. Sie werden als Minimalstandards des Umgangs miteinander entweder von den pädagogischen Mitarbeitern einseitig gesetzt oder gemeinsam mit den Jugendlichen ausgehandelt, sind aber in jedem Fall Aufgabe pädagogischer Kontrolle. Dies ist sicher ein wichtiger Aspekt, aber das Thema darf darauf nicht reduziert werden. Gerade unter dem Gesichtspunkt von jeweils geltenden, formalen und informellen, ausgesprochenen und unausgesprochenen Regeln wird sichtbar, auf welche Weise Jugendarbeit als Überschneidungszone unterschiedlicher Milieus funktioniert, die je eigenen Regeln folgen. Daran hängt auch ihre Qualität als Ort der Förderung informeller Bildungsprozesse.

These

> Regeln des Umgangs bei der Nutzung einer Einrichtung und ihrer Angebote sind zugleich Gelegenheitsstrukturen für Bildungsprozesse: allerdings nicht als primär formale Vorschriften oder Hausordnungen, sondern als Gelegenheiten zum Verhandeln, Grenzen zeigen, Kompromisse schließen, eigene Rechte und Rechte anderer abwägen und Fehler wieder gut machen. Dabei beeinflussen sich die von Pädagogen eingebrachten Regeln und informelle Regeln, die unter den Jugendlichen gelten, gegenseitig auf förderliche oder auch weniger förderliche Weise.

Szene

Ich sitze an der Theke, mit Blick zum Billard/Tischkickerplatz hinter der großen Glastür und Spielkonsole, an der vier zirka 14- bis 16-jährige Jungen sitzen. Neben mir sitzen zwei zirka 14-jährige türkische Mädchen, mit denen ich mich unterhalte. Gegen 18 Uhr läuft plötzlich ein „Kleiner" herum, der sofort von einigen Jungen an der Playstation-Konsole, wo auch der Zivi des Hauses mit dabei sitzt, identifiziert wird: „Du darfst hier nicht mehr sein, du musst raus." Das interessiert den Kleinen nicht. Die älteren Jungen rufen, jedoch immer noch an der Playstation sitzend: „Du darfst hier nicht mehr rein", schauen mich an

4. JUGENDARBEIT ALS LERN-ORT FÜR DIFFERENZIERTE BEZIEHUNGSFORMEN

und sagen: „Der darf doch nicht mehr rein." Ich zucke mit den Achseln und sage nur: „Weiß nicht, ich bin nur zu Besuch hier." Das scheint sie zu irritieren und sie sprechen untereinander, immer noch entrüstet darüber, dass der Kleine zwischenzeitlich sogar Platz genommen hat. Der wirkt allerdings mittlerweile eher verunsichert. Der Zivi fühlt sich ebenfalls überhaupt nicht angesprochen, sondern spielt weiter – anscheinend ist er der Einzige, der sich nicht vom Spiel ablenken lässt. Derjenige, der mich angesprochen hat, steht nun auf, geht zu dem Kleinen hin und sagt ihm: „Du darfst nicht mehr hier sein, ab 17.30 Uhr ist nur noch für Große. Die rauchen und das ist nicht gut für dich." Eins der Mädchen, die neben mir sitzen, kennt den Kleinen. Sie steht auf, geht ebenfalls zu ihm hin und fragt: „Soll ich mitkommen?" Der Kleine mault ein wenig, wehrt sich aber nicht, sondern steht auf und schlurft langsam nach draußen. Das Mädchen geht mit und kommt nach einer Viertelstunde wieder zurück (KS1, MS).

Interpretation

Die Älteren, nicht zufällig vor allem die männlichen, fühlen sich durch den „Kleinen" in ihrer Privatheit und ihrem Nutzungsrecht verletzt: Sie haben das Privileg, abends das Café für sich zu haben (so wie es auch Zeiten gibt, die den Kindern vorbehalten sind). Auch dürfen sie dort ab einer bestimmten Uhrzeit rauchen. Die Einrichtung balanciert mit ihren Nutzungsregeln verschiedene Ziele: Zum einen gibt es Begegnungsräume der Altersgruppen und Geschlechter – Erwachsene, Jugendliche, Kinder, Mädchen und Jungen. Zum anderen werden allen ihre Rückzugsräume angeboten, wo sie altershomogen (und auch zum Teil geschlechterhomogen) unter sich sein können.
Diese Regel, verbindlich durch die offiziellen Hausöffnungszeiten, wird hier offensichtlich übertreten. Die Reaktion zeigt, dass sie auch für die Jugendlichen selbst wichtig ist. Sie sind keineswegs entspannt, sondern gleichen einem irritierten Ameisenhaufen. Sie verteidigen ihren Raum, indem sie den Kleinen auf die Regel ansprechen und hinausweisen. Nachdem dieser Versuch scheitert, suchen sie Hilfe bei den Erwachsenen, die sie als „zuständige Instanz" verstehen: Sie scheinen zu erwarten, dass diese die Regel „Jugendliche wollen unter sich sein und haben ein Recht auf eigenen Raum" kennen und für sie auch durchsetzen. Das ist insofern plausibel, als dass die Jugendlichen davon ausgehen können,

dass zumindest im umgekehrten Fall (ein älterer männlicher Jugendlicher dringt in den Kinder- oder Mädchenbereich ein) eine pädagogische Intervention die Einhaltung der Regel erzwungen hätte. Allerdings reagieren weder der Zivi, der der Situation offensichtlich keine Beachtung schenkt, noch der Beobachter auf die Anfrage. Sie scheinen keine Notwendigkeit zu sehen, die Älteren vor dem Jüngeren zu beschützen. Die Jugendlichen sehen sich so des formalen Schutzes ihrer Rechte beraubt und zurückverwiesen auf ihre eigenen Handlungspotentiale. Sie besinnen sich nun auf ihr „pädagogisches" Repertoire, indem sie den Kleinen „kindgerecht" zu überzeugen versuchen, dass es zu seinem eigenen Besten sei, den Raum zu verlassen, da das „Rauchen" der Großen ihm schade. Auch diese „Aufklärung" hat nicht den gewünschten Effekt, sondern erst die freundliche, aber durch „Gemaule" sich nicht erweichen lassende Begleitung nach draußen löst den Konflikt. Nicht zufällig freilich bleibt diese pädagogische Lösung unter Jugendlichen einem der anwesenden Mädchen überlassen. Die älteren Jungen allein scheinen mit einer Situation, die so viel Einsatz und Souveränität verlangt, noch überfordert zu sein.

Sicher können die gleichgültige Haltung des Zivi und die Ausrede des Beobachters von den Jugendlichen nicht als vorbildlich wahrgenommen werden (und sie sind es auch nicht). Dennoch und gerade so scheint uns die Situation bildungsrelevant zu sein. Dies gilt allein schon für die Erfahrung der unterschiedlichen Lösungsversuche, die die Jugendlichen machen. Als Bildungsgelegenheit betrachtet, geht es dabei nicht nur um die Durchsetzung von Regeln und Rechten, sondern auch um einen Verständigungsprozess zwischen Älteren und Jüngeren. Anscheinend trauen die Älteren es dem Jüngeren jedoch nicht zu, dass er ein Verständnis dafür entwickeln könnte, dass sie unter sich sein wollen. Sie erfahren dabei, dass das pädagogische Argument „Wir bewahren dich vor Gesundheitsschäden" (das sie, als Logik von jugendnahen Präventionsprogrammen auf sich selbst angewandt, vermutlich wenig überzeugend finden) auch dann nichts nützt, wenn es für die eigenen Interessen verwendet wird. Und sie scheitern damit, Pädagogen dafür zu instrumentalisieren, um ihre Verantwortung für sich selbst von der Verantwortung für den Jüngeren abzutrennen. Der Kleine ist mit seiner Provokation zunächst erfolgreich, dann aber sitzt er „verunsichert" in einer Falle: Er weiß, dass er gehen muss, weiß aber nicht, wie er gehen soll, ohne das Gesicht zu verlieren. Aber auch die Erfahrung, dabei die Hilfe eines ihm

an Einsicht und Alter überlegenen Mädchens zu bekommen, kann eine wertvolle Bildungserfahrung für ihn sein.
- Auffällig sind die unterschiedlichen Deutungen der beiden Geschlechter: Während die männlichen Jugendlichen das Verhalten des Jüngeren nur als Provokation verstehen (was will der Kleine hier?– er will nicht nach Hause und uns damit ärgern!), reagiert das Mädchen souveräner mit Verständnis für den Kleinen, indem sie sein Verhalten auch als Unselbstständigkeit liest (was will der Kleine hier? – er kann nicht allein nach Hause). Möglicherweise entspricht die Übernahme der Verantwortung für einen Jüngeren schon dem gewohnten Rollenverständnis der Mädchen (Stichwort Geschwistererziehung) und müsste den Jungen erst als Zusammenhang von Verantwortungsübernahme und Lösung ihres Problems verständlich gemacht werden.

Genaue Wahrnehmung solcher Situationen durch Pädagogen und sensibel darauf Bezug nehmende Deutungen und Angebote werden also keineswegs durch solche Selbstregulierung von Regelverletzungen unter Jugendlichen überflüssig. Im Gegenteil: Erst die genaue Wahrnehmung der Selbstregulierung unter Jugendlichen kann die Pädagoginnen befähigen, die Ansätze zum selbstverantworteten Umgang mit Regeln ihrerseits zu fördern. Wir sehen die Situation also keineswegs als Beleg für die Auffassung, am besten sollten die Jugendlichen alle Regeln unter sich aushandeln. Wir sehen sie vielmehr als Beleg für die These, dass Jugendarbeiter sich nicht als Erstes auf die Durchsetzung von Regeln stürzen, sondern zuerst genauer wahrnehmen sollten, wie Jugendliche mit Regeln umgehen.

Generalisierung

Offenkundig ist der Umgang mit Regeln als Strukturierung von Beziehungen zwischen Jugendlichen untereinander, so wie mit Jugendarbeitern, ein zentraler Aspekt der alltäglichen Arbeit. Auf den ersten Blick lassen sich an der Art der Formulierung und des Inhalts der Regeln Rückschlüsse auf die Hauskultur ziehen: Welches Publikum verkehrt dort, wie wird es von Mitarbeitern als den Regelmachern und -durchsetzern wahrgenommen; was sind „anliegende Themen", die sich in Regelformulierungen wieder finden und wie wird miteinander kommuniziert? Die zentrale Bedeutung von Regelfindung, -setzung und -verletzung wurde in allen Gesprächen, vor allem in den Interviews mit Mitarbeiterinnen, thematisiert, denn ohne Regeln funktioniert kein Alltag. Wir wollen jedoch zeigen, dass nicht ausschließlich das bloße Setzen von Regeln für die tägliche Arbeit wichtig ist, weil *„die (Jugendlichen) uns sonst innerhalb 'ner Woche das Haus abfackeln"* (O-Ton eines Jugendarbeiters auf einer Fachtagung). Erst der angemessene flexible Umgang mit ihnen schafft Bildungsgelegenheiten. Einige Einrichtungen verzichten ganz auf eine Aushängung von Regeln, sie geben sie im täglichen Umgang weiter. Ein Mitarbeiter schildert das so:

„Es wurde vor vielen Jahren eine Hausordnung erlassen in Zusammenarbeit mit den Jugendlichen, vielfach diskutiert, irgendwann nach 'nem halben oder nach 'nem Jahr wieder überarbeitet, sogar layout-technisch überarbeitet, eine Hausordnung, die teilweise dann von uns reduziert wurde, weil sie zu hart war, wo wir die Jugendlichen strafen wollten, wo wir gesagt haben, das würden wir gerne nicht ausprobieren oder es wurde teilweise ausprobiert und dann wieder zurück genommen, also die Erfahrung war eher, sie hatten oft das Bedürfnis sehr viel stärkere Strafen einzufordern ... Es ist aber nicht so, dass wir jedem Jugendlichen, der kommt, diese Hausordnung in die Hand drücken. Es gab mal Zeiten, wo wir auch das getan haben ..." (KL1, SS).

Die Erfahrung ist demnach, dass das gemeinsame Aushandeln von formalen Hausordnungen gerade auch bei den Jugendlichen eine Eigendynamik entwickeln kann, die nicht immer produktiv ist. Vielleicht ist es nicht zufällig, dass dieser sehr erfahrene Mitarbeiter nicht mehr wusste, ob in der Einrichtung eine Hausordnung ausgehängt war oder nicht. Deren Nützlichkeit für eine höhere Verbindlichkeit bei den Besuchern ist dennoch im Allgemeinen unbestritten.

Wir konnten, abgesehen von formalen Rahmungen wie Öffnungszeiten, zwei Typen von Regeln unterscheiden: Zum einen die Einrichtungs- oder Verbandsregeln für den Umgang miteinander, die, wie beschrieben, auf verschiedene Weise vermittelt werden können. Sie sind gewissermaßen Handlungsgrundlage aller dort sich Aufhaltenden und sind auch – und dies wird immer wieder ausgeblendet – relevant für das Verhalten der Mitarbeiter (vgl. die kurze Szene in 4.1). Dazu gehören auch pädagogische Regeln, die nicht immer explizit formuliert, aber die Basis für eine stabile Beziehungsstruktur sind. Wenn die Jugendlichen sie kennen und wissen, dass diese hohe Verbindlichkeit haben, kann die Diskretion bei der Regelvermittlung als Hintergrund für ein großes Vertrauen im Vordergrund wirken. Was dies für die tägliche Arbeit bedeu-

4. Jugendarbeit als Lern-Ort für differenzierte Beziehungsformen

ten kann, beschreibt eine Jugendarbeiterin anlässlich einer in der Einrichtung zugelassenen Lan-Party der Jugendlichen so: *„Wir haben letztens 'ne Party gehabt und dann kamen sie an und haben mich gefragt, die sollte am Freitag anfangen, ob sie nicht schon am Mittwoch und überhaupt und da habe ich gesagt: Das kann und will ich so nicht alleine entscheiden, da muss M. mit ins Boot geholt werden (für die gewünschten Räume zuständiger Mitarbeiter). Er hat dann zugestimmt und dann kamen sie an und haben mich gefragt, ob ich ihnen die Dusche aufschließen kann. Ich hab gesagt: Das ist kein Problem, ihr müsst euch ja auch mal waschen, das kann ich auch verstehen. Ich habe ihnen die Türen offen gelassen, was ja eigentlich nicht ist, dann kann ich mich dann einfach drauf verlassen, dass das läuft. Und dass dann auch kein anderer von diesen anderen Teilnehmern der Lan-Party dann nach hinten gehen und irgendwelchen Mist bauen. Das ist 'n ganz großes Zeichen, ... sie fragen mich, ob ich ihnen das erlaube, ich sage: yo, klar. Und dafür geben sie mir was wieder – oder jetzt diese Geldgeschichte ..., dass sie nach der Polizei sofort hier sind und sagen, pass mal auf: So und so läuft das, das und das wurde gesagt, wir sind so und so verdächtigt. Ich meine, sie würden ja besser damit fahren, wenn sie mir nichts sagen. Sie können ja nicht davon ausgehen, dass wir Bescheid wissen"* (KS1, MS).

Das Beispiel zeigt vor allem, wie eng die aktive Mitverantwortung der Jugendlichen für die Einhaltung formaler und unausgesprochener Regeln mit den Freiräumen für selbstbestimmte Nutzung zusammen hängen (vgl. dazu auch Kapitel 8). Dennoch ist auch hier nicht primär das Einhalten, sondern das Aushandeln von Regeln in diesem Sinn pädagogisch produktiv. Ein Pädagoge sah sich selbst so verortet: *„... es geht nicht ohne gewisse Grenzen, die sie einhalten müssen. Natürlich ist das ihr Job, die immer wieder zu übertreten und zu gucken, wie weit sie gehen können, das ist ja auch Teil ihrer Entwicklung, aber es ist auch an mir, ihnen immer wieder aufzuzeigen, es gibt Grenzen, da ist ein Schluss"* (KL1, SS). Diese Prozesse funktionieren jedoch nur dann beidseitig, wenn die Aushandlungsprozesse mit der Wahrung des Gesichts auf beiden Seiten einhergehen: Jugendliche haben ein gewisses Recht, Regeln zu verletzten, Jugendarbeiter selbst haben jedoch die Pflicht, die Autorität dieser Regeln zu verkörpern.

Den anderen Typ von Regeln bezeichnen wir als jugendkulturelle und informelle Regeln: Sie sind meistens noch weniger explizit, sondern schlagen sich im täglichen Umgang untereinander nieder, werden aber bei einem bildungsförderlichen „Reizklima" immer wieder ausgehandelt: Wer älter ist, hat mehr Rechte als Jüngere; wenn das Mädchen B. mit ihrem Freund in den Mädchenraum geht, bleiben alle anderen Mädchen draußen; wer nur chattet, muss irgendwann mal den Computerplatz räumen etc. An beiden Arten von Regeln reiben sich sowohl Jugendliche als auch Pädagoginnen, so dass die Regeln immer wieder geklärt werden müssen. Vor allem Pädagogen sind davon irritiert, dass sie ständig an einer Basis von „richtigem Umgang" miteinander arbeiten müssen, statt darüber hinauszukommen. Die Mühsal dieser Aufgabe können und wollen wir nicht klein reden. Uns kommt es nur darauf an, zu zeigen, dass schon das sich Abarbeiten daran als bildungsfördernd verstanden werden sollte – und nicht erst das, was möglich wird, wenn diese Aufgabe bereits bewältigt ist.

4.4 KONFLIKTE

Wir haben im vorherigen Abschnitt eher harmlose Beispiele der Auseinandersetzungen im Alltag von Jugendarbeit gewählt, um zu zeigen, dass weniger das pädagogische Erzwingen von Regeleinhaltung und mehr das Hin und Her zwischen dem Setzen und dem Überschreiten von Grenzen das Übungsgelände bietet, auf dem Jugendliche ihr eigenes Verhältnis zu Regeln und tolerablen Spielräumen klären und verinnerlichen können. Wir sind aber nicht so naiv zu glauben, dass Sanktionen oder die Durchsetzung von Regeln auch gegen den Widerstand der Jugendlichen grundsätzlich zu vermeiden seien. Wir reden hier nicht von Extremsituationen, in denen nur noch „Notbremsen" (etwa der Hilferuf an die Polizei) die Lage klären können. Mit Bildungsqualität hat aber zu tun, dass Jugendarbeit, wie Pädagogik überhaupt, immer wieder auch mit Situationen konfrontiert ist, in denen sie Machtkämpfe mit Jugendlichen gewinnen muss. Entscheidend ist allerdings, wie sie das tut. Unser Beobachtungsmaterial zeigt, dass gerade auch dort, wo Gewalt abgewehrt und Sanktionen eingesetzt werden müssen, Verhandlungsspielräume möglich sind und aus der erfolgreichen Bewältigung Chancen der Bildungsförderung entstehen können.

4. Jugendarbeit als Lern-Ort für differenzierte Beziehungsformen

These

Konflikte sind in der Jugendarbeit nicht einfach nur etwas Negatives und Störendes, nicht einmal dann, wenn Gewaltdrohung und Sanktionen mit im Spiel sind. Sie können vielmehr dann zum produktiven Moment werden, wenn die Arbeit an den Lösungen zugleich als Bildungsgelegenheit wahrgenommen wird.

Szene

Zwei 14-jährige deutsche Jungen sind für den Küchendienst zuständig, den sie nahezu täglich machen. Die Pädagogen fördern dies, da, so der Mitarbeiter, die beiden kein besonders hohes Ansehen genießen und den Küchendienst dazu nutzen können, sich zu etablieren und Anerkennung zu erwerben. Sie machen diese Aufgabe sehr gewissenhaft und engagiert.
Ein älterer türkischer Jugendlicher bestellt sich etwas und fängt an, einen der Jungen zu schikanieren: Er beleidigt ihn und macht sich über ihn lustig, dabei schubst er ihn immer wieder am Arm. Er beschimpft den Küchendienst als „Thekenschlampe", da seiner Meinung nach seine Pizza nicht schnell genug zubereitet wurde. Als die Situation weiter zu eskalieren droht, holt einer der Jungen den Pädagogen T. Er kommt gleich mit, fragt sehr ruhig, was denn los ist. Schnell mischen sich die Kumpels des älteren Jugendlichen ein. Anscheinend ist der türkische Jugendliche schon vorher handgreiflich geworden, weil T. ihn auf eine frühere Abmachung anspricht. Er fragt ihn, ob er mit ihm unter vier Augen im Büro sprechen kann, er willigt ein und kommt nach einigen Minuten aus seinem Büro heraus. Der Jugendliche geht wieder an die Theke zurück, um sich seine Pizza zu holen und fängt sofort wieder an, den Jungen zu beleidigen und zu schubsen. T. wird erneut gerufen und erteilt für den heutigen Tag ein Hausverbot. Der Jugendliche protestiert heftig, versucht sich herauszureden, genauso wie seine Kumpels, jedoch setzt sich T. durch und die Clique verlässt mit großem Getöse das Haus. Eine Weile später kommen seine Kumpels wieder zurück, spielen Kicker und plötzlich taucht auch der des Hauses Verwiesene wieder auf und stellt sich ungeniert zu seinen Kumpels und guckt provozierend im Raum herum. Schnell wird er von einem Mitarbeiter, dem Berufspraktikanten, der vorher nicht involviert war, jedoch umgehend vom Hausverbot un-

II. BILDUNGSGELEGENHEITEN UND BILDUNGSRÄUME

terrichtet wurde, entdeckt und erneut des Hauses verwiesen. Er fängt hier aber an, ihm zu drohen: „Du hast ja irgendwann Feierabend, dann musst Du ja hier raus kommen ...". Dies lässt den Mitarbeiter unbeeindruckt, er verweist ihn unmissverständlich des Hauses. Der Jugendliche zieht pöbelnd von dannen, einige seiner Kumpel bleiben da, andere gehen mit. Der Mitarbeiter berichtet mir, dies sei das erste Hausverbot gewesen, welches er in seiner fast einjährigen Tätigkeit im Jugendzentrum mitbekommen habe.

Wieder einige Zeit später, kurz vor Schließung des Hauses, kommt der Jugendliche wieder rein, geht schnurstracks auf ein Sofa zu und setzt sich dort breitbeinig hin. Der Mitarbeiter, dem gegenüber er Prügel angedroht hatte, sieht ihn, geht auf ihn wortlos zu. Der Jugendliche steht nach kurzem Zögern breit grinsend auf und verschwindet nach draußen (KL1, SS).

Interpretation

Die Arbeit der Jugendlichen hinter der Theke wird von den Pädagoginnen als integratives Angebot für Außenseiter verstanden. Solche Dienste werden jedoch von manchen Besuchern nicht als etwas der Gemeinschaft Dienendes und daher Respekt Abverlangendes verstanden. Der türkische Jugendliche verstößt gegen die Regel des respektvollen Umgangs miteinander, indem er auf abwertende Weise und mit sexistischen Formulierungen die Jüngeren beleidigt: Er versteht sich, wie in der erste Szene in 4.1, als Kunde und den Thekendienst als Dienstleister, den er mit seinem Geld für seine Leistungen bezahlt; und gleichzeitig wertet er diesen in seinen Augen typisch weiblichen Dienst als unmännlich, als Arbeit für „Thekenschlampen", ab. Vermutlich spielen hier im Hintergrund auch kulturspezifische Deutungsmuster eine Rolle und verstärken diese Wahrnehmung und Handlungsweise. Der betroffene Jugendliche wehrt sich, kann jedoch den Konflikt nicht allein lösen, da der andere ihm körperlich wesentlich überlegen ist. Daher holt er sich Hilfe und kann damit auch rechnen. Der Mitarbeiter interveniert und stellt zunächst eine Situation (im Büro) her, in der er den angreifenden Jugendlichen ohne dessen Gesichtsverlust vor andern konfrontieren kann. Er erspart ihm einen Schaukampf vor seinen Freunden, aber auch vor dem weiteren Publikum des Hauses. Zudem erinnert er ihn an eine frühere Abmachung. Der Jugendliche nimmt die Chance zum Einlenken nicht

wahr und fordert den Pädagogen heraus, indem er erneut einen Streit provoziert. Damit demonstriert er zugleich seiner Clique: „Von dem lasse ich mir doch nichts sagen – ich mache, was ich will."
Die Thekenjungen holen noch einmal den Pädagogen, der jetzt die Sanktion „Hausverbot" ausspricht und zunächst auch durchsetzt. Der türkische Jugendliche wiederum versucht, als es ernst wird, noch nachzuverhandeln, indem er protestiert und auf die Rücknahme der Regeldurchsetzung insistiert. Sein offenbar schon bekanntes Drohszenario funktioniert nicht, er muss die Konsequenzen daraus ziehen und tatsächlich gehen. Um sein Gesicht zu wahren, die Verbindlichkeit der Regeln und die Standfestigkeit der Mitarbeiter zu testen, kommt er allerdings nach dem Verweis noch zwei Mal zurück. Er verlässt dabei die Konfliktebene mit dem Jugendlichen und fordert die Pädagogen direkt heraus: Beim Zusammenstoß mit dem Berufspraktikanten, der bei der Situation vorher nicht dabei war, aber über das Hausverbot informiert wurde, droht er diesem nach Feierabend Prügel an, wohl in der Hoffnung bei ihm einen schwächeren Angriffspunkt zu finden. Aber auch der lässt sich nicht von den auf sein Privatleben zielenden Drohungen einschüchtern, sondern verweist in offizieller Rolle den Jugendlichen wieder konsequent des Hauses. Dies gelingt jetzt auch relativ problemlos. Der Erfolg ist noch nicht endgültig, aber festigt doch offenbar und im Interesse aller die Glaubwürdigkeit der geltenden Regeln. Als der Jugendliche noch einmal einen provozierenden Versuch startet, zeigt sich noch mehr die spielerische Ebene, die austestende Seite des Drohszenarios: Beim zweiten Mal lässt der Jugendliche das Zähne fletschende Pöbeln sein. Es reicht die bloße körperliche Präsenz des Pädagogen aus, die non-verbale Kommunikation mit Blicken, damit der Jugendliche, durch das Grinsen seine Chancenlosigkeit kaschierend, das Haus verlässt, während die Pädagogen in der Situation souverän und ruhig wirken.
<u>Unter dem Gesichtspunkt von Konflikten als Bildungsgelegenheiten scheint uns das Bedeutsame dieser Szene nicht allein im Tatbestand zu liegen, dass sich die Pädagogen am Ende durchgesetzt haben, ohne dass es zu der angedrohten Eskalation kommt.</u> Der Machtkampf wird vielmehr erst dadurch zur pädagogisch produktiven Situation, dass die Pädagogen alles ihnen Mögliche tun, um den Kampf zwar zu gewinnen, aber gleichzeitig auch die Situation zu deeskalieren: dem Jugendlichen Grenzen zu setzen, aber ihn nicht auszugrenzen. Sie demontieren seinen unangemessenen Machtanspruch so gut wie möglich nicht vor den Ande-

ren, sie geben ihm wiederholt die Möglichkeit, sein Gesicht zu wahren; und vor allem nehmen sie seine wiederholten, aber schwächer werdenden Versuche, sich einzureden, dass er sich durchsetzen könne, gelassen hin, ohne mit vergleichbarer Aggressivität dagegen zu halten. Die Fähigkeit dieser Pädagogen, die notwendige Abwehr der Aggression und die Sanktion maßvoll zu halten, ist beeindruckend und für einen solchen Jugendlichen vermutlich eine wichtige Unterstützung auf dem schwierigen Weg, die Vertretung seiner Interessen realitätsgerechter und sozial verträglicher zu gestalten.

Generalisierung

Innerhalb des Alltags von Jugendarbeit, auch Jugendverbandsarbeit, gehören Konflikte zum „täglichen Geschäft". Anknüpfend an die vorangegangene Diskussion über Regeln sind Konflikte auf den ersten Blick betrachtet unerwünschte Entgleisungen von Beziehungen. Unser Fokus ist nicht die Zusammenstellung verschiedener Konfliktarten oder Rezepte für deren Lösung, sondern die genauere Aufmerksamkeit für die Prozesse der Bewältigung als Ausgangspunkte für Bildungsprozesse. Bildungsförderlich wird die Bearbeitung von Konflikten erst dann, wenn sie nicht nur möglichst schnell „weggedrückt" oder beseitigt werden, weil sie negativ und störend wirken oder wenn die durchgesetzte Sanktion als solche mit pädagogischem Erfolg gleichgesetzt wird. In den Konflikten selbst kann vielmehr auch Potential für Verständigung enthalten sein, wie es ein Pädagoge in einem Interview ausdrückte: *„Wenn ich so zurückgucke, fällt mir immer wieder auf, dass ich dadurch, dass ich mit einigen Konflikte hatte, sie viel mehr Offenheit, viel mehr Vertrautheit zu mir hatten, bei manchen war das ohne Konflikte möglich. Am Vertrautesten bin ich wirklich mit denen geworden, mit denen ich die größten Schwierigkeiten hatte. Also der, der in der zweiten Woche als ich hier war, mit dem Messer vor mir stand, das ist der, von dem ich die intimsten Sachen weiß und daran sehe ich zumindest, dass es für ihn jemanden gibt, dem er sich anvertrauen kann"* (KL1, SS).
In unseren Beobachtungen und Gesprächen konnten wir folgende Ebenen festhalten:
Die Konfliktebene Jugendlicher/Pädagogin steht häufig in Verbindung mit den in der jeweiligen Jugend(verbands)arbeit geltenden Regeln, welche von den Jugendlichen auf ihre Gültigkeit getestet werden. Hier

4. Jugendarbeit als Lern-Ort für differenzierte Beziehungsformen

kommt es immer wieder zu einem Ausreizen und Überschreiten von Grenzen, mit dazu gehörigem Konfliktpotential. In Auseinandersetzungen dieser Art kann ein Wechselverhältnis auf der persönlichen Ebene oder im Rollenverhältnis Pädagogin/Jugendlicher sichtbar werden. In beiden Fällen kann es darum gehen, an dem Anerkennungsvakuum der Jugendlichen zu arbeiten.

Zugleich ist der Pädagoge auch „Moderator" im Haus, also mit Konflikten unter Gruppen und kulturellen Zugehörigkeiten von Jugendlichen befasst und dadurch gefordert: „*... nur das Haus zu öffnen, das reicht nicht, weil dann schon viele verschiedene Mentalitäten und viele verschiedene Persönlichkeiten auch aufeinander treffen und da braucht es schon ein bisschen ne Anleitung dafür, weil diese Begegnungen können einerseits natürlich sehr fruchtbar sein, wenn verschiedene Gruppen aufeinander stoßen und sich kennen lernen, können aber auch nen ganz gegenteiligen Effekt haben, wenn es dann nur Konfrontation gibt und das Ganze nicht zu einem Miteinander führt. Und das verstehe ich auch zwischen den verschiedenen Gruppen zu vermitteln*" (KL1, SS).
Eine dritte Ebene möglicher Konflikte ist damit die der einzelnen Jugendlichen untereinander. Je heterogener die Besucher eines Jugendtreffs zusammengesetzt sind (Alter, Interkulturalität, Wertevorstellungen, Geschlecht etc.), desto höher kann einerseits das Konfliktpotential sein, da von jedem einzelnen Jugendlichen Wege gefunden werden müssen, wie man mit Differenzen umgehen kann. Andererseits bietet dies auch pädagogische Chancen, weil die Mitarbeiterinnen dann nicht primär selbst Konfliktpartner sein müssen, sondern zwischen Ansprüchen vermitteln können. Dazu müssen sie aber genau beobachten und reflektieren, (a) welche Konfliktlösungsstrategien die Jugendlichen selber entwickeln, (b) wo diese für sich zu vertretbaren Lösungen führen, (c) zu welchen Zeitpunkten, aus welchen Gründen und gegebenenfalls mit welchen (Neben)Folgen sie selbst intervenieren.
Für alle drei Konfliktkonstellationen stellt sich die Frage nach der Wünschbarkeit beziehungsweise Notwendigkeit einer Thematisierung des Konflikts. Durchstehen und konstruktives Bewältigen von Konflikten ist immer notwendig. Sie zum Thema der expliziten Verarbeitung zu machen (etwa in inszenierten Projekten, in denen es darum geht, an Konflikte und deren Lösungen auf spielerische Art heranzugehen und zusammen mit den Jugendlichen kreative Bewältigungsstrategien zu entwickeln) kann hilfreich sein, ist aber nicht in jedem Fall sinnvoll oder

II. BILDUNGSGELEGENHEITEN UND BILDUNGSRÄUME

möglich. Sinnvoll ist es aber sicher dann, wenn es von den Jugendlichen selber eingefordert wird. Ein Mädchen erzählte im Kontext ihrer Juleica-Ausbildung: *„Es kommen in der Realität Sachen, die man theoretisch nie gehört hat, zum Beispiel wenn es Keilereien gibt, deshalb wurde auch das Konflikt-Seminar gemacht; es wusste vorher von den Jugendleitern niemand so recht, wie man mit Konflikten umgeht, das haben wir dann in dem Seminar gelernt"* (KL1, SS, zwei Mädchen, 16 u. 18 J.).

Zusammenfassend: Man kann Bildungsgelegenheiten, die Konflikte und ihre Bewältigung beinhalten, auf das Lernen des Umgangs miteinander (Toleranz), die Akzeptanz der anderen, die Entwicklung des Empathievermögens, das Einüben von Verhaltens- und Lösungsstrategien beziehen. Aber auch auf das Erfahren von eigenem Scheitern und, in diesem Rahmen, auf die Entwicklung der Fähigkeit des produktiven Umgangs mit jenen gescheiterten Situationen. Alle diese Ziele, das darf nicht vergessen werden, stehen aber in der Jugendarbeit fast immer unter dem Vorzeichen, dass sie nicht didaktisch geplant, nicht klug arrangiert, nicht „beigebracht" werden können, sondern in dem lebendigen, achtsamen, aber auch standfesten Umgang mit den Jugendlichen selbst gefunden werden müssen.

5. Jugendarbeit als Erprobungsraum für eine geschlechtliche Identität

In den Programmen und Konzepten von Jugendarbeit nehmen die Themen Geschlechtlichkeit und Sexualität einen hohen Stellenwert ein: Die Bedeutung des Gelingens von Aneignung einer geschlechtlichen Identität und die Auseinandersetzung mit der eigenen Sexualität ist allgemein unbestritten, jedoch fehlt in der pädagogischen Praxis oft ein offener, aber zugleich diskreter Blick, wie Geschlecht in der Adoleszenz an Bedeutung gewinnt und welche Formen des Ausdrucks Jugendliche dafür finden. Es wird innerhalb der Jugendarbeit die Relevanz der adoleszenten Entwicklung intensiv diskutiert, doch stoßen Pädagoginnen nicht selten an persönliche Grenzen: Immer wieder werden sie mit der jugendlichen Thematisierung von Geschlechtlichkeit und Sexualität auf eine Weise konfrontiert, zu der sie sich nur schwer in Bezug setzen können: Die Art der Thematisierung, das heißt, wie weibliche und auch männliche Jugendliche die Bedeutung ihrer eigenen Geschlechtlichkeit und deren Wirkung auf andere erproben, stößt auf Werthorizonte, Moralvorstellungen und Toleranzgrenzen der Mitarbeiter, die die eigene Intimsphäre empfindlich berühren können. Es ist nicht immer einfach, sich zwischen den eigenen Werten und Grenzen und dieser jugendlichen (sexuellen) Selbstthematisierung balancierend zu bewegen.

Die pädagogische Praxis der Mädchen- und Jungenarbeit versucht, Jugendliche weiblichen und männlichen Geschlechts zu einer Auseinandersetzung mit Rollenklischees und ihrer eigenen Geschlechtlichkeit anzuregen, was bevorzugt in geschlechterhomogenen Gruppen stattfindet. Als Ansatz ist dies nicht grundsätzlich zu kritisieren, doch greift er nach unserer Auffassung zu kurz. Denn wir können zeigen, dass die Thematisierung und Bearbeitung der adoleszenztypischen Entwicklungsaufgaben nicht nur in speziell darauf ausgerichteten Angeboten statt findet, sondern in Alltagssituationen der Jugendarbeit ständig auftaucht. Geschlecht, insbesondere unter dem Aspekt der sozialen Konstruktion der Geschlechterrollen im Sinne des Gender, ist als Querschnittskategorie unter bildungsrelevanten Aspekten zentral, da diese immer das Handeln der beteiligten Akteure mit determiniert.

Geschlechterzugehörigkeit kann in einer postmodernen Gesellschaft nicht mehr als eindeutiges Identitätsmerkmal interpretiert werden. Sie ist vielmehr ein „kulturelles Zeichensystem" (Rose 2002, 101), welches sich in einem permanenten Wandel befindet und sich je nach Situation, Interaktion und Kontext verändern kann (vgl. ebd.). Dies erweitert auf der einen Seite die Chance einer pluralisierten und individualisierten Geschlechtlichkeit, so dass sich den Jugendlichen zahlreiche Variationen der Selbstinszenierung und des Spiels mit Bildern von Weiblichkeit und Männlichkeit bieten. Andererseits verunsichert diese Pluralität Jugendliche, so dass sich diese nicht selten an gängigen Geschlechterrollenstereotypen orientieren, um sich in der Unüberschaubarkeit der Optionen besser orientieren zu können (vgl. Rose 2002).

Die Auseinandersetzungen mit Geschlechter- und Rollenklischees finden deshalb nach unserer Beobachtung eher gebrochen statt: Jugendliche setzen sich eher auf eine spielerisch ironisierende Art und Weise und tendenziell nicht in der Form einer ernsthaften Thematisierung öffentlich[27] damit auseinander. Es ist in diesem Kontext ein Spiel mit Bildern und Vorstellungen zu Geschlecht, welche eine Orientierungshilfe zur Entwicklung einer geschlechtlichen Identität bieten können. Dieses Spiel mit eigenen Phantasien und auch Klischees hat oft nur wenig mit dem Ernst pädagogisch initiierter Angebote zum Thema Geschlecht gemeinsam, könnte aber für die Jugendlichen eventuell sogar wirksamer als diese sein.

Bei der Betrachtung unseres Materials wird einerseits deutlich, dass sich die Jugendlichen selber die Settings auswählen, in welchen sie sich mit dem Thema Geschlechtlichkeit und Sexualität beschäftigen. Anderseits wird aber auch offensichtlich, dass sie vor allem durch die Massenmedien in ihrer Reduktion auf Sex permanent damit befasst *werden*, und zwar unabhängig davon, ob sie aktuell die Auseinandersetzung mit diesem Thema von sich aus suchen oder nicht. Die Heranwachsenden setzen sich bei *Gelegenheit* damit auseinander, und diese Gelegenheiten bestimmen sie selber. Die Auseinandersetzung über Geschlechtlichkeit

---

27 Wir verweisen hierbei nochmals auf unsere Rahmung, die uns keinen direkten Einblick gibt, wie Jugendliche sich in ihren Peers unter Ausschluss von „erwachsener Öffentlichkeit" mit dem Thema auseinander setzen. Wir meinen aber, dass unsere folgenden Beispiele an einen solchen Einblick näher heranführen, als es in anderen pädagogischen Kontexten möglich ist.

findet sowohl in geschlechterhomogenen als auch in geschlechterheterogenen Zusammensetzungen statt. Sie findet sowohl mit Pädagoginnen als auch ohne diese statt. Und sie ist damit latent oder offensichtlich fast immer präsent.

5.1 Geschlechtliche Identität und Inszenierung geschlechterbezogener Themen

Die Auseinandersetzung mit ihrer geschlechtlichen Identität wirkt bei Adoleszenten im Kontext der Jugendarbeit oft spielerisch-ironisch gebrochen. Im Zentrum vieler der von uns beobachteten Szenen steht nicht die reale Beziehungsaufnahme oder die kritische Bearbeitung des Themas Geschlechtlichkeit und Rollenklischees, sondern die Herausforderung an ihre Umwelt zu Feedbacks auf ihr geschlechterbezogenes (oder überzogenes) Verhalten. So wirken die Thematisierungen wie kleine Inszenierungen vor einem Publikum. Der Rahmen des Jugendtreffs wird hier als eine Auftrittsbühne verwendet, auf welcher die Heranwachsenden Geschlecht und Sexualität zum Thema machen.

These

Jugendarbeit bietet Heranwachsenden einen Erprobungsraum, in welchem sie geschlechterbezogenes Verhalten und Agieren auf vielfältige Weise einüben, ausprobieren, aber auch wieder verwerfen können. Auseinandersetzung mit Körper, Sexualität und der Bedeutung von Geschlechtlichkeit findet nicht nur in expliziten Angeboten der Mädchen- und Jungenarbeit statt, sondern auch in der alltäglichen Begegnung der Geschlechter innerhalb der Jugendarbeit sowie in der spielerischen Auseinandersetzung mit (oft von den Medien gelieferten) phantasierten Bildern vom Frau-Sein oder Mann-Sein.

Szene 1: Sexualität als Auftritt

Dann wird es rabiater, die Mädchen G., R. und O., zwischen 16 und 18 Jahre alt, machen sich gegenseitig an, sagen: „Alte, verpiss' dich bloß" und fassen sich gegenseitig zwischen die Beine und sagen: „Darf ich mal einparken?" Grenzen werden getestet durch latent sexualisierte Wortspielereien auch gegenüber B. (Pädagoge). G. sagt zu ihm: *„Ich muss es mir immer mit dem Finger besorgen, das ist ganz schön langweilig, kannst du da nicht mal ran?"* und B. versucht nach einigen Momenten auf dieser Ebene zu kontern, geht aber im Gegröle unter. Die Mädchen schubsen sich, nehmen sich in den Schwitzkasten, alles durch die Enge des Raumes begünstigt, es wird sehr laut, Gekreische und provozierendes Angemache, Jungen sind als Statisten dann irgendwie im Spiel: *„Nimm deine Hand weg von meinem Arsch"*, ein Geknäul fällt und alles kichert und lacht über die für mich sehr groben und körperlichen Späße. R., die ganz unten liegt, wird zickig, keift herum und O. sagt: *„Obacht, sonst holt R. ihre Peitsche!"* Wir, die nach wie vor am Tisch sitzen, grinsen und O. erzählt, dass R. vor kurzem 18 geworden ist. Sie hatte von ihren Freundinnen eine Dominapeitsche, einen Dildo und einen Schlüsselanhänger in Form eines Teddys in einer Leder-S/M Garnitur geschenkt bekommen. R. erzählt, wie sie von ihren Freunden überrascht wurde und wie das Auspacken war, dass es ihr auch peinlich war, als sie die Peitsche auspackte – *„Selbst mein Fahrlehrer sagt schon zu mir: In dir steckt eine kleine Domina!"* – und sie verstehe nicht warum. Wieder die Frage des Selbstbilds – wirke ich wirklich so, wie sehe ich mich und wie sehen die anderen mich? Auch dem Teddy schenken wir viel Beachtung: R. sagt, dass sie anfänglich nicht sicher war, ob das ein männlicher oder weiblicher Teddy ist. Ich frage warum. Sie legt den Teddy vor uns auf den Tisch und beschreibt uns den Teddy, wie sie ihn sieht: Er hat einen schwarzen Lederstringtanga mit ganz kleiner Ausbeulung vorne, eine Augenbinde und ein schmales Hüft- und Brustkorsett an, allerdings hier ohne Erhebung im Brustbereich. R. sagt, dass das Oberteil ja aussieht wie ein BH und dass der Teddy einen Stringtanga trägt und das tragen Männer ja nicht. Ich sage, dass es auch Strings für Männer gibt, A. (Pädagogin) gibt mir Recht und meint, dass das sogar nicht so was Unübliches wäre, ein Gekicher geht los. *„Hast du einen an?"* – *„Nee, ich hab' so was nicht, bin eher der solide Typ."* Es wird herumgefragt, ob irgendeiner der Jungen Stringtangas an habe, vielleicht jetzt, um mal gucken zu können. Einige der Jungen zeigen demonstrativ das Bündchen ihrer Boxershorts, der Pädagoge B. grinst nur, sagt aber, obwohl die Mädchen es auch von ihm wissen wollen, nichts. Schnell kehren sie zu der Puppe zurück: *„Aber der String hat vorne eine Beule!"* sagt eine andere. *„Dann muss es ja ein Mann sein."*

Zunächst gibt es Zustimmung, auch R. sagt, dass das ein Mann sein muss, obwohl das so komisch aussieht. Aber eine der anderen Mädchen entgegnet: „Warum, kann doch trotzdem eine Frau sein, bei manchen ist es da auch so dick!" Das löst weitere Diskussionen unter den Mädchen und Jungen aus. Die Pädagogen und ich sind zurückhaltend. Eine fragt: „Wo habt ihr das Zeug denn her?" O. sagt stolz: „Wir haben das in einem Sexshop gekauft!" und erzählt detailreich von ihrem Ausflug dort hin – die anderen sind beeindruckt (KF, MS).

Interpretation

Wir haben für diesen Abschnitt absichtlich eine Szene aus einer offenen Einrichtung gewählt, die nichts mit pädagogisch angeleiteter Mädchenarbeit zu tun hat. Sie zeigt Mädchen, die sich spielerisch als „böse Mädchen, die überall hinkommen" in Szene setzen. Ihr Auftritt erinnert stark an medial vermittelte Bilder von Frauen wie beispielsweise Lara Croft oder Tank- Girl. Es findet eine eindeutige Abgrenzung zu dem Bild statt, wie Mädchen „üblicherweise" sein sollten: einfühlsam, zurückhaltend, vorsichtig. Sie widersprechen mit ihrem Spiel sämtlichen „typischen" weiblichen Rollenklischees und markieren stattdessen ihre Rolle als „riot girls". Dabei nutzen sie die Klischees typisch männlicher Eigenschaften: Sie sind laut, aggressiv und sexistisch. Mit ihrem Auftritt ziehen sie die gesamte Aufmerksamkeit auf sich, dominieren in dieser Situation die anwesenden männlichen Jugendlichen, welchen die Funktion von Statisten zukommt; sie eignen sich somit den Raum ganz „mädchenuntypisch" an. Die klassischen Rollenverhältnisse werden von den Mädchen gebrochen, sie spielen damit, probieren aus und fordern ihr Umfeld zu einer Reaktion heraus. Dies lässt die Sicht auf unterschiedliche Perspektiven zu:

Zunächst kann man die Situation als Selbstinszenierung und -darstellung deuten. Die Mädchen stellen sich selbst in der Form einer Performance (vgl. Kapitel 9.1) dar, indem sie sich an ein Publikum richten und diesem Publikum ihre Option auf ein Anders-Sein-Können vorführen. Sie inszenieren sich selbst, wie sie sein könnten, nicht einfach indem sie eine theatralische Rolle spielen, das heißt etwas darstellen, was sie nicht selbst sind, sondern indem sie sich selbst in Variation darstellen. Im Agieren der Mädchen sind zwei weitere Perspektiven erkennbar: Zum einen als Provokation des anwesenden Pädagogen, der von den Mädchen in die Inszenierung integriert wird. Er wird von den Mädchen als Projektionsfläche sexueller Macht genutzt, indem sie das Tabuthema Selbstbefriedigung als „schon langweilig" ansprechen und ihn fragen, ob er nicht aushelfen könnte. Es ist die Demonstration des Bildes „Wir sind Frauen, vor denen sich Männer fürchten". Vom Stil her erinnert es stark an die Art, wie das Reden über Sex vor allem in den Talkshows der Privatsender stattfindet – möglichst detailliert und verbal exhibitionistisch. Zugleich ist es ein Spiel mit dem „realen" Manne im Pädagogen, der den Mädchen aber eher als ein Phantasieobjekt denn als reale Herausforderung dient, an welchem sie den Reiz ihrer gespielt dominanten Weiblichkeit ausprobieren können.

Die Mädchen tragen vor ihrem Publikum nicht nur auf verbaler, sondern auch auf einer körperlichen Ebene Machtspiele aus, wie sie eher für Jungen charakteristisch sind. Sie prügeln sich spielerisch, nehmen sich gegenseitig in den Schwitzkasten, testen aus, wer die Stärkere ist. Bemerkenswert ist dabei der Charakter des Kampfs: Im Sinne einer Rahmung (vgl. Goffman 1977) wirkt die Szene so, als ob die Mädchen mittels bestimmter Signale das Kämpfen als Vorbild beziehungsweise Vorlage spielerisch nachahmten, wobei sie diese Vorlage systematisch verändern und so Ernst in Spiel transformieren.[28] Dies geschieht auch mit Hilfe einer „weiblichen" Figur, die ebenfalls nicht in das „typische" Bild eines jungen Mädchens passt: Die Domina als Typus einer Frau mit deutlich maskulinen Eigenschaften – gewalttätig, dominant, energisch, herrisch. Mit den entsprechenden Geburtstagsgeschenken grenzen sich die Mädchen zum einen eindeutig von den gängigen weiblichen Rollenklischees ab. Zum anderen findet aber auch eine Abgrenzung zum männlichen Geschlecht statt. Mit der Erwähnung des Dildos vermitteln sie zugleich ein Bild einer selbstständigen, selbstbewussten Frau: Sie haben Männer gar nicht nötig, und es gibt noch andere Mittel und Wege, als Frau zu sexueller Befriedigung zu gelangen. Doch auch die aggressiven Phantasien, die sich um die Geburtstagsgeschenke ranken, laufen auf einer humorvollen Ebene ab, so dass das Geschehen seinen spielerischen Charakter behält.

Die Diskussion um den Sado-Maso-Teddy macht deutlich, in welcher Form sich die jungen Frauen mit Bildern von Männlichkeit und Weib-

---

28 Als Ausgangspunkt für Goffmans Konzeptualisierung diente Gregory Batesons Beobachtung von Ottern, die Kampfverhalten spielerisch nachahmen.

lichkeit auseinander setzen. Es ergibt sich aus dem Kontext heraus für sie wieder die Gelegenheit, den Pädagogen in ihr Spiel zu involvieren und ihn zu seinen Präferenzen zu befragen und dabei seine Grenzen zu testen (vgl. Kapitel 4.1). Die anwesenden Erwachsenen sind aktiver Teil ihrer Inszenierung, ob sie wollen oder nicht. Sich dem entziehen könnten die Erwachsenen allenfalls nur durch das Verlassen des Raumes – und würden dadurch in den Augen der Jugendlichen „kneifen". Dies machen die Erwachsenen nicht, vielleicht weil sie neugierig sind. Sie bleiben da und gehen damit das Risiko ein, in ihrer eigenen Intimität berührt zu werden.

Die jungen Frauen gehen auch weiterhin sehr offensiv mit dem Thema Sexualität um, indem sie über die männlichen und weiblichen Geschlechtsorgane diskutieren, woran sich auch die Jungen beteiligen. Auch in der Berichterstattung bezüglich ihres Sex-Shop-Besuchs sind die Mädchen sehr informationsfreudig. Sie beschreiben einen souveränen Umgang mit „heiklen" Themen, was die anderen Anwesenden beeindruckt. Man erhält in diesem gesamten Szenario den Eindruck, dass es sich hier um junge Frauen handelt, denen man „nichts vormachen" kann, die schon über jede Menge sexueller Erfahrungen verfügen, sich mit ihrem eigenen und dem anderen Geschlecht auseinander setzen und dabei auch sexuelle Eigenheiten wie Fetischismus nicht auslassen. Ob dies der Realität entspricht, kann offen bleiben. In jedem Fall zeigt diese Form der Auseinandersetzung starke Parallelen zu einem adoleszenten, männlichen „Potenzgehabe" auf, welches die Mädchen hier für sich zu entdecken scheinen: Sie protzen mit ihren Erfahrungen und ihrem sexuellen (theoretischen) Wissen.

Diese Inszenierung der Mädchen ist aber keinesfalls als real aggressives Verhalten und kaum als direkte sexuelle Anmache zu verstehen. Sie scheint eher ein narzisstisches, den eigenen Körper ins Spiel bringendes Agieren von Phantasien zu sein. Die medialen (oft auch realen) Vorbilder aus Film, Popbranche, Comics oder Zeitschriften liefern offenkundig das Anschauungsmaterial. Betrachtet man die Show der Mädchen unter dem Gesichtspunkt der Selbstbildung, so kann man sie als Nachspielen und damit Aneignen der Power solcher medialer Vorbilder verstehen. Sie stellen ein Spiel dar, in welchem sich die Mädchen damit auseinander setzen, wie sie vielleicht gerne wären. Sie übernehmen die Eigenschaften ihrer Vorbilder in Teilen, was jedoch nicht den Ernstfall beschreibt: Es ist ein Teil ihrer Freizeitbeschäftigung. Dennoch attackieren und ironisieren die Mädchen dabei ihre eigene, selbst gewählte

Rolle ebenso wie die der männlichen Zeitgenossen, identifizieren sich teils mit Rollenklischees, teils weisen sie diese zurück. Aus einer psychologischen Perspektive lässt sich ihr Agieren zugleich als eine Art von Abwehr von latenten Angstphantasien (z.B. Angst vor Vergewaltigung) interpretieren, welche in der Inszenierung unter Kontrolle gebracht werden.

Die anwesenden Pädagogen werden zwar nur am Rande direkt herausgefordert. Trotzdem ist die Inszenierung auf Provokation der pädagogischen Seite hin angelegt, eine Provokation, die in der Schule vermutlich leicht gelingen würde. Die Mädchen inszenieren lustvoll ein Verhalten, von dem sie wissen, dass sie so nicht sein sollen. Sie gewinnen in der Provokation spielerisch Distanz von diesem „Sollen" und üben sich gleichzeitig in das Wählen weiblicher Rollen ein, indem sie inszenieren: „Wir könnten auch anders!" Für einen pädagogisch produktiven Umgang damit scheint es uns nicht nur wichtig, sich nicht provozieren zu lassen, sondern auch, diese Provokation überhaupt als solche zu erkennen, und dies auch im Hinblick auf das Wahrnehmen dessen, was die Situation mit der eigenen Person macht. Die affektive Seite spielt hier eine entscheidende Rolle, löst ein solches Szenario doch bei den beteiligten Personen unterschiedliche Emotionen und damit auch Reaktionen aus. Hier mit jugendschützerischem Blick oder gar Sanktionen zu reagieren wäre für Jugendarbeit kaum angemessen. Aber auch mit Bildungsangeboten an das Verhalten der Mädchen anzuknüpfen, sei es in Versuchen die gezeigte „Frauenpower" in reflektierte Bahnen zu lenken, sei es im kritischen „Hinterfragen" der gezeigten Rollenklischees, könnte sich als kontraproduktiv erweisen. Wichtiger scheint uns vielmehr die wahrnehmungsfähige Präsenz der Pädagogen zu sein, die das Spiel nicht ins Leere laufen lassen, aber hinter die Kulissen blicken.

Interessant ist übrigens, dass im Beobachtungsprotokoll unmittelbar nach dieser aggressiven Szene mit denselben Mädchen notiert ist:

„Plötzlich wird der Ton wieder ganz mild. O. ruft: ‚Wollt ihr sehen, was in meinem Geldbeutel ist?' Natürlich! O. holt ihren Geldbeutel hervor und packt alles aus: Viele Familienfotos, Fotos von ihr mit Freunden und den besten Freundinnen, jedes Bild wird kurz kommentiert, manchmal ein wenig ausführlicher. Auffällig ist, dass sie bei einigen Bildern, auf denen sie selbst zu sehen ist, zögert mit den Worten: ‚Ich weiß nicht, ob ich das zeigen soll ... weiß nicht ... da sehe ich so blöd aus.' Ich frage, was sie daran blöd findet und schaue das Bild genauer an. Sie sagt, dass

sie da so komisch guckt und ich stelle laut fest, dass sie da ja ganz schön jung aussieht und sie ruft empört, dass das aber erst letztes Jahr gemacht worden ist." Man könnte meinen, dieses Umschwenken auf einen „sanften" Ton, das Herzeigen privater Bilder, durch welcher die verletzliche Seite der vorher demonstrierten „Frauenpower" sichtbar wird, gäbe den Pädagoginnen Gelegenheit, sich besser ins Spiel zu bringen. Leider war das Gegenteil der Fall. Beide vorher involvierten Pädagogen klinkten sich an dieser Stelle aus.

Szene 2.: Der „eklige Punkt"

[Nachmittägliches Angebot in einer Ganztagsschule.] *Nach der ersten Runde geht es mit einem Spiel im Sitzen weiter, allerdings mit Körperkontakt zu beiden Nebenfrauen beziehungsweise -männern, indem jeweils eine Hand auf das Nachbarknie gelegt wird. Das Mädchen A. sagt zu Pädagogin T., die ihre Hand auf ihr Knie legt: „Achtung, da ist mein G-Punkt", was T. aber nicht versteht. Anstelle des G-Punkts versteht sie „ekliger Punkt" (jedenfalls tut sie so), sagt: „Dein ekliger Punkt?", rüttelt ein wenig am Knie, grinst und stellt fest: „Fühlt sich wirklich komisch an!" Darüber lachen einige. Drei Mädchen fühlen sich untereinander angeregt, dies mit ihren Nachbarknien ebenfalls zu machen, bei einer knirscht es deutlich, was wieder zum Lachen anregt. Eine andere ziert sich spielerisch, dass ihre Freundin ihr ans Knie fasst, die wiederum mit der Hand ihr den Schenkel Richtung Schritt hoch gleitet und sagt: „Ich kann auch gleich da hin." ... Während des Spiels nutzen einige Mädchen das Klopfzeichen dafür aus, ihren Nachbarn richtig auf die Knie zu hauen – die beiden einzigen Jungen der Gruppe müssen dies besonders intensiv ertragen, während die beiden Jungen, sehr schüchtern wirkend, mehr als zaghaft zurück klopfen* (JS, MS).

Interpretation

Im Unterschied zur ersten Szene handelt es sich hier zunächst um ein pädagogisches Angebot. Mädchen greifen den durch die Pädagoginnen herausgeforderten Körperkontakt als Teil des Spiels auf und nutzen diesen für sich. Sie inszenieren daraus ihr eigenes Spiel, so dass die eigentliche pädagogische Intention dieser Runde in den Hintergrund tritt. Stattdessen eignen sich die Mädchen hier einen symbolischen Raum an, welchen sie durch ihr Thema besetzen. Wie die Rede vom „G-Punkt" zeigt, sind die Phantasien darüber auch von der Informationsflut zur Sexualität in den (Jugend-)Medien stimuliert. Die Pädagogin nimmt die Äußerung des Mädchens, es handele sich bei ihrem Knie um ihren „G-Punkt" humorvoll auf, auch wenn sie sie (gewollt oder ungewollt) falsch versteht. Es erscheint fast absurd, dass sie ihr Knie als ihren „G-Punkt" lokalisiert, doch könnte man diese Äußerung als einen Versuch sehen, die Pädagogin zu irritieren, um zu testen, wie diese die Äußerung aufnimmt und darauf antwortet. Die Mitarbeiterin antwortet nicht moralisierend oder persönlich betroffen, sondern bricht die Situation, indem sie mit einem Wortspiel darauf reagiert: Der „G-Punkt" wird nicht expliziert, sondern wird zu einem, auf eine ent-sexualisierte (oder zumindest latente) Ebene transformierten „ekligen Punkt", dies allerdings ironisch und spielerisch formuliert. In ihrer Art der Formulierung mit ihrer Ironie und dem körperlichen Bezug, einer anderen Frau an ihrem selbst ernannten G-Punkt zu rütteln, antwortet die Pädagogin auf die Art der Thematisierung des Mädchens, indem sie das Thema als ihr Thema stehen lässt und sich selbst zugleich positioniert. Diese Art der Antwort eröffnet ein weiteres Feld für die Jugendlichen, sich den anderen in der Runde körperlich zu nähern. Der „eklige Punkt" wird von den Anwesenden als Anstoß genutzt, um die Knie der Nachbarinnen ausführlich zu erforschen. Eines der Mädchen nutzt die Situation, um ihrer Freundin ein „eindeutiges Angebot" zu machen: Sie droht damit, ihr direkt in den Schritt zu fassen, wenn sie sich weiterhin ziert. Sie reagiert auf das gespielte, „typisch weibliche" Zieren ihrer Freundin mit einem betont maskulinen Habitus. Diese Szene erinnert einerseits an die spielerische Auseinandersetzung mit der Thematik der sexuellen Gewalt von Männern gegen Frauen. Während das eine Mädchen den weiblichen Part beibehält, übernimmt die andere den fiktiv männlich bedrohenden. Die Inszenierung einer solchen Szene zeigt, dass sich die Mädchen vermutlich mit dem Thema männlicher sexueller Übergriffe auseinander setzen. Eine solche Form der Thematisierung kann hier als eine Art der Bewältigung und Kompensation gedeutet werden. Man könnte die Szene andererseits aber auch als eine spielerische Andeutung über weibliche, gleichgeschlechtliche Sexualitätsphantasien deuten. Den Jungen kommt in dieser Szene die Rolle von Statisten, wenn nicht gar Opfern zu: Sie sind vorwiegend die Ziele spielerischer weiblicher Aggression, gegen welche sie sich nicht zu wehren trauen. Sie lassen sich von den Mädchen im Spiel schlagen, ohne ihnen wirklich Kontra zu bieten. Es erscheint fast so, als wollten die Mädchen den beiden Jungen hier vorspielen, wie sich „echte" Männer zu verhalten haben, indem sie sich im Spiel selber als dominant und rabiat darstellen. Die Mädchen inszenieren sich auch hier als weibliche Heranwachsende mit männlichen Anteilen beziehungsweise spielen sie mit ihren Vorstellungen davon. Sie können hier quasi gefahrenlos ein Verhalten erproben, welches sich von den gängigen weiblichen Rollenklischees abgrenzt.

Generalisierung

Bei Betrachtung der beschriebenen Szenen wird deutlich, dass die Jugendlichen *ihre Themen* von außen in die Jugendarbeit hinein tragen und Selbsterkundungsprozesse der Jugendlichen nicht an Bildungsangebote gebunden sind, sondern von subjektiven und individuellen Erlebnissen innerhalb ihrer Lebenswelt geprägt sind. Dazu gehört die Auseinandersetzung mit der eigenen geschlechtlichen Identität als elementare Entwicklungsaufgabe der Adoleszenz (vgl. Schröder/Leonardt 1998 u. King/Müller 2000). Die Jugendlichen befinden sich in einer Phase der Ablösung aus den familiären Strukturen, sind auf der Suche nach neuen Beziehungsmustern und erproben sich selbst und ihre Wirkung auf andere Personen in vielfältigen Variationen. Geschlechterrollenstereotypen werden ausgelebt, hinterfragt, angenommen oder verworfen.
Diese Entwicklungsaufgaben bedeuten für die Heranwachsenden auch immer die Bewältigung von Ambivalenzen: Sie werden mit dem Erwachsenwerden ihres eigenen Körpers und ihrer Sexualität konfrontiert und müssen sich damit auseinander setzen. Sie werden durch ihr soziales Umfeld und die Medien damit befasst, sind dabei jedoch dieser Herausforderung oft noch nicht gewachsen. Dieses Faktum löst nicht selten Ängste bei den Jugendlichen (und den Erwachsenen!) aus, die auf unterschiedliche Art bewältigt werden. Dies kann zum einen in einer offensiven Form wie in den beschriebenen Szenen geschehen. Zum anderen konnten wir aber auch beobachten, wie Jugendliche Fotos von nackten Mädchen und Jungen, wie sie zum Beispiel in der „Bravo" üblich sind, übermalten. Sie zogen die Nackten mit gemalter Kleidung an, so dass ihre offen sichtbaren Geschlechtsteile bedeckt waren. Dies kann auch als eine Form der Bewältigung von Konfrontation mit Sexualität

interpretiert werden, welche die Jugendlichen hier (noch) nicht aushalten können. Verhüllen und theatralisches zur Schau Stellen von Sexuellem könnten sogar Strategien mit demselben Ziel sein.
Als Querschnittsdimension findet sich die Auseinandersetzung mit Geschlechtlichkeit im Alltag der Jugendarbeit – gerade neben den explizit geschlechterspezifischen Angeboten – dort, wo Jugendliche sich selber ihr Setting dafür suchen. Dies geschieht situativ – und dadurch für Pädagoginnen auch immer wieder unpassend. Als deren Aufgabe erscheint es uns, sich nicht auf eine pädagogische Intervention beziehungsweise eine Transformation in gezielte Angebote zu beschränken, sondern den Jugendlichen zu *antworten*, um deren Selbstbildungsprozesse und Auseinandersetzungen mit *ihren* Themen mit Sensibilität zu begleiten und ihnen einen Erfahrungsraum für Aushandlungen und Selbstbestimmung zu bieten. Jugendliche spielen, wie gezeigt, oft mit Variationen der Bilder vom Mann- beziehungsweise Frau-Sein. In einem Moment orientieren sie sich in ihrem Verhalten an den Mustern gängiger Rollenklischees und im nächsten Moment grenzen sie sich schon wieder ab. Die Jugendarbeit könnte den Heranwachsenden für dieses Spiel mit Ambivalenzen eine ideale Probebühne zur Verfügung stellen: Einen sanktionsarmen Raum, welcher Interaktionsmöglichkeiten sowohl mit Gleichaltrigen als auch mit Erwachsenen bietet. Auf welchen Ebenen diese jugendliche Auseinandersetzung stattfindet, versuchen wir wie folgt zu bündeln:
Richten wir den Fokus zunächst auf die Interaktionen der Jugendlichen untereinander, so könnte man diese eine Art des *praktischen Einübens* geschlechterbezogenen Verhaltens nennen. Die oft nur gespielte Geschlechterrolle wird dabei teilweise drastisch überzeichnet und hat den Charakter einer narzisstischen Selbstinszenierung, wobei das Agieren oft nicht real beziehungsorientiert ist. Primär erproben die Heranwachsenden in diesem Kontext ihre eigene Macht und Stärke. Zweck ist nicht die unmittelbare Beziehungsaufnahme, sondern die phantasierte.[29] Es geht hierbei um die Selbstdarstellung der eigenen Person mit der Wirkung auf das andere Geschlecht und die Reaktion der anderen Anwesenden. Der Ort Jugendarbeit dient dabei als Erprobungsraum jenseits des „Ernstfalls".

---

29 Szenen, welche die reale Beziehungsaufnahme zwischen Jugendlichen ins Zentrum stellen, finden sich in 5.3 und in anderen Kapiteln.

Eine andere Ebene des praktischen Einübens sehen wir in der *Interaktion der Jugendlichen mit pädagogischen Mitarbeitern*. Zum einen werden die Pädagogen bei Gelegenheit von den Jugendlichen als Testobjekte „verwendet", indem die Heranwachsenden ihre eigene Attraktivität und körperlichen Reize an den erwachsenen (Bezugs-)Personen ausprobieren. Zum anderen werden sie von ihnen als fiktive Beziehungspartner genutzt, um zu erfahren, wie es sich „anfühlen" könnte, eine Beziehung eingehen zu wollen. Auch hier geht es in der Regel nicht um reale, ernst gemeinte Verführungsversuche, sondern eher um die Phantasien der Jugendlichen. In diesem Kontext ist es nun einerseits Aufgabe der Mitarbeiterinnen, die Gratwanderung zwischen Nähe und Distanz, zwischen professionellem Arbeitsbündnis und persönlicher Beziehung zu bestehen (vgl. Bimschas/Schröder 2003) und die Grenzen in diesem Spiel abzustecken, andererseits aber auch ein hohes Maß an Verlässlichkeit für die Jugendlichen zu verkörpern (vgl. Böhnisch 1998). Die Pädagogen befinden sich hier in der oben beschriebenen Doppelrolle (vgl. 4.1): Einerseits in der Funktion eines Repräsentanten der Einrichtung und Vertreters der eigenen Profession; andererseits sind sie aber auch immer ein Stück weit Privatperson mit persönlichen Einstellungen und individuellen Grenzen. Dies bedeutet, dass die professionelle Rolle immer in einer Abhängigkeit zu den eigenen Vorstellungen, Interpretationsmustern und Definitionen einer Jugendarbeiterin steht. Darüber hinaus fungieren die Pädagoginnen als Vertreter der allgemeinen Erwachsenenwelt. Sie repräsentieren unterschiedliche Lebensentwürfe und können den Heranwachsenden in diesem Kontext als Orientierungshilfe dienen. Diese Orientierungsmuster können von den Jugendlichen hinterfragt und abgelehnt werden, aber auch (in Fragmenten) als zustimmungswürdig und akzeptabel gewertet werden.

Eine dritte Ebene bezüglich der Inszenierung und Erprobung der geschlechtlichen Identität haben wir bei der Aneignung von Medien (zum Beispiel Computer/Internet) beobachten können, dies führen wir in Kapitel 7.1 und 9.2 aus.

5.2 Geschlechterspezifische Angebote und die Selbst-Thematisierung Jugendlicher

Konzepte und Programme zur geschlechterbezogenen Pädagogik implizieren in der Regel die bewusste Thematisierung von Körper, Geschlecht und Sexualität. Die Heranwachsenden sollen in diesen Angeboten unter pädagogischer Begleitung zu einer Auseinandersetzung angeregt werden. Jedoch verdeutlicht unser Material, dass insbesondere die von Jugendlichen selbst gewählten und inszenierten Formen der Beschäftigung mit ihrer Geschlechtlichkeit als besonders intensiv erlebt werden, da sie den Ort und den Zeitraum der Auseinandersetzung selbst gewählt haben.

These

Jugendliche suchen sich selber die Settings, in welchen sie sich mit ihrer eigenen Geschlechtlichkeit und deren Bedeutung befassen. Jugendarbeit kann die Selbstbildungsprozesse der Jugendlichen fördern, wenn sie zulässt, dass diese Selbstthematisierungen auch ihre spezifischen Angebote verändern. Gezielte fördernde Angebote und selbst gewählte Gelegenheiten sind dann keine Gegensätze, sondern ergänzen sich.

Szene

Die Mitarbeiterin teilt der Forscherin zunächst mit, dass die Jugendeinrichtung keine speziellen Mädchentage mehr anbietet, da diese kaum auf Resonanz stießen. Auch die jüngeren Mädchen hätten nur wenig Interesse an einem fest institutionalisierten Mädchentag, so dass innerhalb der „normalen" offenen Jugendarbeit punktuell spezielle Angebote für die weiblichen Jugendlichen initiiert werden, wenn die Mädchen den Wunsch danach signalisieren. So finden Mädchenangebote in diesem Jugendhaus meist sehr spontan statt, um auf die Bedürfnisse und Wünsche der Mädchen zu reagieren.
Die Pädagogin erzählte von einer Spontanaktion mit vier zirka 16-jährigen jungen Frauen, die im Rahmen des gemischtgeschlechtlichen Jugendtreffs stattfand. Sie hatten den Wunsch, ein Mal Bodypainting auszuprobieren. Sie hatten zu diesem Thema eine Talkshow gesehen und waren davon begeistert. Die beiden anwesenden Pädagoginnen stellten ihnen einen Raum zur Verfügung und sorgten dafür, dass dieser während der Aktion „jungenfreie Zone" blieb. Zwei der Mädchen bemalten sich ihre Hände, die sie als Stempel benutzten und ihre Abdrücke auf Papier brachten. Die beiden anderen Mädchen kamen während der Aktion auf

die Idee, sich die Brüste zu bemalen und mit diesen Abdrücke zu machen. Die Pädagogin berichtet, dass es sich bei beiden um sehr selbstbewusste junge Frauen handele, die sich „nicht die Butter vom Brot nehmen lassen". Eine der beiden Bodypainterinnen (R.), die ursprünglich aus dem Kosovo stammt, bestand darauf, sich nur unter Ausschluss der Blicke der anderen Anwesenden oben herum zu entblößen. Dafür errichteten die beiden Pädagoginnen eine Wand, hinter der sich die 16-Jährige ausziehen und bemalen konnte. Sie kam während der ganzen Aktion nicht hinter der Trennwand hervor. Die anderen Mädchen respektierten dies und versuchten auch nicht, ihr zuzusehen. Von diesem Mädchen berichtet die Pädagogin, dass sie sich ansonsten gerne als Junge ausgibt, was auch durch ihr Äußeres, beispielsweise ihren Kleidungsstil oder ihre Frisur, betont wird. In Internetchats gibt sie sich ebenfalls als Junge aus. Das andere Mädchen (A.), deutscher Herkunft, welches sich auch die Brüste bemalte, tat dies zunächst auch verdeckt, „spazierte" jedoch nach ihrer Bemalung „völlig ungeniert und ganz stolz" oben ohne im Raum herum. Die Pädagogin charakterisiert diese Jugendliche als äußerst schönheits- und modebewusst, stolz und selbstbewusst und meint, sie habe sich mit dem Bodypainting dann „wohl irgendwie angezogen gefühlt".
Die beiden Pädagoginnen waren bei dieser Aktion anwesend, mischten sich aber nicht aktiv ein. Die Mitarbeiterin teilt mir (Forscherin) in unserem Gespräch mit, dass sie die Aktion zunächst ein wenig irritierte, aber alle Beteiligten viel Spaß dabei hatten. Die Pädagoginnen halfen den Jugendlichen im Anschluss, „den Dreck wieder wegzumachen und das Geschmiere von der Haut abzukriegen" (KL2, SS).

Interpretation

Wichtig für den Erfolg der beschriebenen Aktion scheint uns, dass die Pädagoginnen zwar ein offenes Angebot machten, aber auch zuließen, dass es durch die Mädchen verändert wurde. Sie nahmen sowohl Abstand davon, Bodypainting als einen „Kurs" anzubieten, als auch von der Thematisierung eventuell vorhandener eigener moralischer Vorstellungen, welche die Umsetzung der Idee des Bodypaintings hätte verhindern können. Eine solche, meist ungewollte, Blockade wäre jedoch ebenso gut vorstellbar und hätte hier zu einem Verbauen einer Bildungsgelegenheit führen können, was nach unseren Beobachtungen nicht selten passiert (vgl. Kapitel 10.2).

Die Aktion „Bodypainting" findet in einem gemischtgeschlechtlichen Jugendtreff statt. Dort stellen die Pädagoginnen den Mädchen einen geschützten Raum zur Verfügung. In diesem können sie frei von männlichen Blicken agieren und ihn mit ihrem Thema besetzen. Dieser Schutz und die Sicherheit, dass kein Junge oder Mann den Raum betreten wird, ist zunächst einmal die Voraussetzung dafür, dass diese Aktion in diesem Rahmen so überhaupt statt finden kann. Die Mädchen müssen sich dabei auf ihre vertrauensvolle Beziehung zu den Mitarbeiterinnen verlassen können. Die Pädagoginnen stehen mit ihrer professionellen Rolle für den Schutz und die Sicherheit der weiblichen Heranwachsenden ein. Die Ausgestaltung des Angebots aber übernehmen die Mädchen selbst.

Das Vorgehen der vier beteiligten Mädchen ist individuell: Zwei beschränken sich auf ihre Handabdrücke, eine bleibt bemalt in einem „Versteck", die vierte geht freizügiger mit ihrem Körper um. Alle Variationen werden von den Pädagoginnen zugelassen, es finden keine Maßregelungen oder Sanktionen statt, und es wird den Mädchen der Raum gegeben, ihre Ideen je nach persönlichem Belieben umzusetzen. Sie erhalten die Gelegenheit, sich mit ihrem eigenen Körper zu beschäftigen und diesen auf eine Art und Weise zu erfahren, welche für sie Neuland darstellt. Es findet neben dem ästhetischen Erproben einer künstlerisch-gestalterischen Erfahrung gleichzeitig eine sinnliche Körpererfahrung statt: Jedes der Mädchen gestaltet für sich selbst einen individuellen Erfahrungsraum, und sie erfahren ihren Körper unterschiedlich, indem sie ihn auf eine ästhetische Art modellieren.

Zur Suche nach einer geschlechtlichen Identität gehört vor allem die Frage: „Was macht mich als angehende Frau überhaupt aus?". Hier kommt bei weiblichen Jugendlichen den Brüsten eine große Relevanz zu, was zwei der Mädchen in der Form des Bodypaintings thematisieren. Sie spielen mit der Gleichzeitigkeit von Zeigen und doch Verdecken, indem die beiden Mädchen ihren nackten Oberkörper mit Farbe als Camouflage bedecken. Jedoch unterscheiden sie sich in ihrer Art der öffentlichen Selbstrepräsentation. Die Jugendliche R. zieht es vor, für die gesamte Szene einen geschützten Rahmen zu wählen, in welchem sie möglichst wenig von ihrer Intimität preisgeben muss. Denkbar ist hier auch, dass sie aufgrund ihres kulturellen Hintergrundes von einer Bemalung unter den Augen der anderen Frauen Abstand nimmt, um sich nicht in einer „schamlosen" Art und Weise zu präsentieren. Die Pädagoginnen unterstützen dieses Schutzbedürfnis, indem sie eine Trennwand für sie hochhalten, um sie vor den Blicken der anderen Anwesenden (die Mitarbeiterinnen eingeschlossen) zu schützen. Die Frage nach der Definition ihrer Weiblichkeit scheint sich für diese Heranwachsende in einem besonderen Maße zu stellen, im Sinne: Wann bin ich eine Frau und wann ein Mann? Mit ihrem Alltagsverhalten und äußerlichen Erscheinungsbild scheint R. ihre Geschlechterbilder immer wieder in Frage zu stellen beziehungsweise neu zu arrangieren, indem sie sich betont männlich kleidet und frisiert und sich damit selber in unterschiedlichen Varianten inszeniert. Die Situation des Körperbemalens bietet ihr die Gelegenheit zur Selbsterprobung und Selbstthematisierung: Zum einen signalisiert sie Interesse an der Beschäftigung mit sich selbst (unter der Fragestellung: Kann ich mich mit meinem weiblichen Körper identifizieren?), zum anderen tut sie das in einem von ihr abgesteckten Rahmen. Sie will sich mit sich selbst auseinander setzen, jedoch nicht mit den anderen Frauen. Sie will nicht direkt gesehen werden und doch spielt die Szene mit dem Reiz des Zeigens und Versteckens. Dabei bringt sie den beiden Pädagoginnen das Vertrauen entgegen, dass diese ihrem Wunsch nach Respektierung ihrer Intimsphäre entsprechen, indem sie sie unbeobachtet agieren lassen und trotzdem akustisch in Verbindung bleiben. Die Brüste als Teil ihrer Weiblichkeit scheinen für sie (noch?) nicht die Relevanz einer Präsentation nach außen zu haben, sondern sind ein Part ihrer selbst, mit welchem sie in dieser Aktion selbstbezüglich beschäftigen möchte.

Die andere Jugendliche, A., geht mit der Thematisierung ihrer Weiblichkeit auf den ersten Blick wesentlich expressiver um. Die Pädagogin hatte sie im Gespräch mit der Forscherin als auffallend schönheits- und modebewusst beschrieben. Ihre weiblichen Reize setzt sie mit der Betonung ihrer Brüste in diesem Beispiel selbstbewusst in Szene: Sie entkleidet sich verdeckt, ist dort nackt, bemalt ihren Oberkörper mit Farbe, so dass sie praktisch wie angezogen erscheint. Sie präsentiert sich vor gleichgeschlechtlichem Publikum mit ihren bemalten Busen, als ob sie angezogen wäre und spielt mit der Camouflage. Sie thematisiert hier ihre Körperlichkeit auf einer anderen Ebene als das andere Mädchen, hat ihre eigenen Grenzen offensichtlich anders definiert und möchte sich zeigen. Diese Möglichkeit wird ihr durch das offene pädagogische Setting geboten, denn sie kann davon ausgehen, dass sie weder von den Pädagoginnen für ihre Freizügigkeit sanktioniert wird, noch dass

männliche Besucher oder Mitarbeiter den Raum betreten werden. Dieser Rahmen hat für sie somit die Funktion einer Bühne, auf der sie gefahrenlos auftreten kann und auf welcher sie ihre Auseinandersetzung mit dem Thema Weiblichkeit und Körper präsentieren kann.
Die Art der pädagogischen Präsenz der beiden anwesenden Mitarbeiterinnen in dieser Szene sei hier explizit betont: Einerseits begleiten und unterstützen sie beide Mädchen bei ihrer selbst initiierten Aktion, andererseits tun sie dies auf eine sehr diskrete und sensibel unterscheidende Art und Weise. Denn sie können die Eigeninitiative und Selbstthematisierung der Mädchen zulassen und so einen Rahmen für Selbstbestimmung schaffen, welcher die jugendlichen Selbstbildungsprozesse fördern kann.

Generalisierung

Da die Kritik, dass *Jugendarbeit* primär *Jungen*arbeit sei, längst zum fachlichen Standard gehört, gibt es heute kaum noch eine Jugendeinrichtung, die nicht über einen speziellen Mädchentag, Mädchenraum oder sogar über ein komplettes Mädchenhaus verfügt. Es gehört zum guten Ton, geschlechterspezifische Jugendarbeit zu betreiben und ihre Angebote, insbesondere für Mädchen, zu erweitern. Dennoch stellt sich immer wieder die Frage nach dem Verhältnis von Anspruch und Wirklichkeit: Die Frage ist, inwieweit die schwerpunktmäßige Arbeit in geschlechterhomogenen Gruppen zur Überwindung von Rollenstereotypen beiträgt (was sie ja dem Anspruch nach intendiert) oder, ob sie, im Gegenteil, diese sogar eher verfestigt, wenn sie ungewollt dazu führt, dass geschlechterbezogene Klischees immer wieder reproduziert werden (vgl. King 2000). Mädchenarbeit nimmt für sich das Prinzip der „Parteilichkeit" (vgl. Klees u.a. 1989) in Anspruch, die Mädchen in ihrem „Ist-Zustand" anzunehmen und „dort abzuholen, wo sie stehen". Doch was passiert, wenn sie dort zunächst stehen bleiben möchten oder sich an Geschlechterbildern mit einem „besonders scharfen Profil" (Rose 2002, 101) orientieren wollen?
In unseren Beobachtungen beziehungsweise in den geführten Interviews wurde deutlich, dass der Anspruch, welchen Pädagoginnen an die Mädchenarbeit haben, oft im Widerspruch zu dem steht, was dort im Alltag passiert und was die Mädchen selber von ihnen erwarten. Obwohl bei den Mitarbeiterinnen Themen wie Auseinandersetzung mit

dem Frau-Werden, Emanzipation und Selbstbehauptung etc. als „pädagogisch wertvoll" gelten, gibt es „Störungen" bei der Umsetzung und vielleicht gerade deshalb. Insbesondere jüngere Mädchen scheinen sich selber meist lieber im Ausleben gängiger Rollenklischees erproben zu wollen und bestätigen diese, indem sie basteln, sich schminken und frisieren wollen. Eine Orientierung an Geschlechterstereotypen kann für die Jugendlichen einen gewissen Halt bieten und Bezugsgröße sein, welche klar definiert ist. Doch wohlgemeinte pädagogische Angebote, welche das Thema Geschlechtlichkeit ins Zentrum stellen, werden von den Mädchen (und Jungen) oft nicht angenommen. Denn sie setzen explizit voraus, dass sich die Jugendlichen mit dieser Thematik befassen sollen und neigen teilweise zur thematischen Dramatisierung (vgl. Rose 2002). Das Problem könnte sein, dass geschlechterspezifische Jugendarbeit davon ausgeht, die Jugendlichen mit Geschlechtlichkeit *in ihrer pädagogischen Rahmung* zu befassen: Jugendliche beschäftigen sich aber nicht erst dann mit ihrer Geschlechtlichkeit, wenn Pädagogen den Zeitpunkt (das heißt Mädchentag, Jungengruppe) der inhaltlichen Auseinandersetzung festgelegt haben; zum anderen ist das Thema zu hautnah, um es „offiziell" pädagogisch statt spielerisch zum Thema zu machen.

Die Schwierigkeiten, die sich daraus ergeben, konnten wir beobachten und aus Erzählungen der Pädagoginnen erfahren. Die Jugendlichen wollen sich oftmals nicht in geschlechterhomogenen Gruppen zusammenfassen lassen, wenn die angebotenen Themen nichts mit ihrer aktuellen Lebensrealität zu tun haben – und oft auch dann nicht, wenn dies der Fall ist. Dieses mangelnde Interesse an „pädagogisch wertvollen Themen" lässt bei den Mitarbeiterinnen nicht selten Frustration aufkommen. Die oft kontroversen Perspektiven und Vorstellungen zwischen den Adressatinnen und den Pädagoginnen beschreibt eine Mitarbeiterin in einem Interview: *„Ich weiß von W., dass sie da schon ein bisschen enttäuscht drüber ist, also sie hat gerade, was jetzt das Thema Menstruation angeht bei Mädchen oder Frau werden, ne, Frauenarzt, hat sie da ganz am Anfang, als ich hier angefangen habe, öfter mal was versucht zu machen, hat sich ganze Pakete vom Gesundheitsamt kommen lassen oder den Koffer, den die haben beim Gesundheitsamt und wollte da was anbieten und war auch recht enttäuscht denn darüber, wie schlecht das bei den Mädchen ankam das Thema. Gerade weil es ja nun mal ein offenes Angebot ist, es ist Freizeitbereich, da kommen die Mäd-*

chen natürlich nur zu dem, was sie interessiert, ne, wo der Anreiz ist, ja, das mach ich. Und das weiß ich, dass sie gerade, was dieses Thema angeht, irgendwie schon ein-, zweimal enttäuscht gewesen ist darüber" (KL1, SS). Die Enttäuschung der Pädagogin kommt jedoch nicht daher, dass Menstruation kein Thema wäre, das die Mädchen beschäftigt, sondern daher, dass diese in einem so inszenierten Setting einfach nicht darüber reden wollen, da es fast wie schulischer Aufklärungsunterricht anmutet. Die Problematik liegt hier in den fehlenden Anknüpfungspunkten: Entweder finden die Pädagoginnen sie nicht oder sie können diese nicht nutzen. Die Fragestellung ist bekannt, die sich im Balanceakt zwischen pädagogischen und jugendlichen Vorstellungen ergibt: Was sind die Themen der Mädchen? Wo liegen ihre Interessenschwerpunkte? Wie definieren die Mädchen selbst ihre Rolle als zukünftige Frauen? Was ist für sie wichtig bezüglich der Entwicklung einer geschlechtlichen Identität? Zu welchen Modellen oder Klischees greifen sie? Wie grenzen sie sich ab gegenüber dem männlichen Geschlecht? usf. Es genügt aber offenbar nicht, spezifische Angebote zu den aufgeworfenen Fragestellungen zu entwickeln, sondern es geht hier um das sensible Wahrnehmen der Situationen, welche die Jugendlichen von sich aus inszenieren und das Antworten auf eben diesen jugendlichen Eigensinn. In den letzten Jahren lässt sich eine verstärkte fachliche Debatte um die Notwendigkeit von Mädchenarbeit beobachten (vgl. Bitzan/Daigler 2001). Diese sieht sich einer kritischen Hinterfragung ausgesetzt, welche als Argumentation unter anderem den mangelnden Zulauf durch die Mädchen anführt. In der Einrichtung, aus der die obige Szene stammt, wurde auf das mangelnde Interesse reagiert, indem die Pädagoginnen auf das Angebot eines speziellen Mädchentages verzichteten, da dies nicht den Wünschen und Bedürfnissen der Besucherinnen entsprochen habe. Dennoch wurde von einer geschlechterbezogenen Jugendarbeit nicht Abstand genommen. Denn die Pädagoginnen lassen das Thema nicht einfach fallen, sondern suchen nach einer adäquaten Alternative und finden diese in einer gelingenden Umsetzung geschlechterbewusster Arbeit im Kontext des gemischtgeschlechtlichen Settings. Denn obwohl es in dieser Jugendeinrichtung keinen fest institutionalisierten Mädchentag mehr gibt, wird hier der Raum geschaffen, spontan und flexibel auf die Wünsche, Interessen und Bedürfnisse der weiblichen Besucher zu reagieren. Diese Spontaneität und Flexibilität erscheint hier als ein handlungspraktisches Prinzip, welches eine Orientierung an der

Subjekthaftigkeit der Jugendlichen zulassen kann (vgl. Scherr 1997). Mädchenarbeit ist hier nicht auf einen bestimmten Tag als ein spezielles Angebot festgelegt, sondern wird bei Bedarf und Interesse initiiert und findet situativ und variabel statt. Die Mädchen signalisieren von sich aus das Bedürfnis nach geschlechterspezifischer Jugendarbeit. Dies erfordert jedoch wiederum von Seiten der Jugendarbeiterinnen, dass sie sensibel genug für diese Signale sein müssen, um zu erkennen, wann Bedarf da ist. Die Inhalte werden nicht von pädagogischer Seite festgelegt, sondern die Mädchen bestimmen diese selber. Das Thema „Weiblichkeit" findet hier aus der Situation heraus eine Bearbeitung. Die Szene kann einerseits ein Exempel für den Sinn und die Notwendigkeit geschlechterspezifischer Jugendarbeit bieten. Denn eine solche freizügige und sexualisierte Aktion wäre in einem heterogenen Kontext wohl kaum möglich gewesen. Andererseits wird deutlich, dass solche geschlechterspezifischen Angebote nicht zwangsläufig auf vorab definierte Tage und Rahmenbedingungen festgelegt sein müssen. Gerade weil es sich in dieser Szene nicht um ein intentional geplantes pädagogisches Angebot handelt, in dessen Kontext sich die Mädchen mit ihrer Sexualität auseinander setzen *sollen*, ist es im Hinblick auf die Förderung informeller Bildungsprozesse relevant. Die Mädchen selbst erweitern und modifizieren das „Kreativangebot" Bodypainting zu einer Möglichkeit der weiblichen Selbstthematisierung. Die Bildungsrelevanz liegt somit nicht im Angebot als solchem, sondern darin, wie die Mädchen den Möglichkeitsrahmen für sich selbst und ihre Interessen und Bedürfnisse nutzen.

5.3 BEZIEHUNGEN IM KONTEXT GESCHLECHTLICHER IDENTITÄTSFINDUNG

Auf die Bedeutung der Beziehungen der Jugendlichen untereinander sind wir schon unter 4.2 ausführlich eingegangen. Der Fokus dieses Abschnitts ist primär auf die Dimension *Geschlechterbeziehungen* gerichtet. Der Erwerb einer geschlechtlichen Identität impliziert auch immer das sich-in-Beziehung-Setzen zum geschlechtlichen Gegenüber. Identitätsfindung findet niemals nur selbstbezüglich statt, sondern setzt die Auseinandersetzung und die Interaktion mit anderen voraus. Adoleszente haben hier einen Balanceakt zwischen Individuation und Integration zu bewältigen, um zu einem eigenständigen Selbst zu gelangen.

These

> Neben den spielerischen Kontaktaufnahmen der Mädchen und Jungen untereinander sind natürlich auch ernst gemeinte Intimbeziehungen von großer Bedeutung. Jugendarbeit kann von den Jugendlichen in beiden Fällen als Bildungsgelände genutzt werden, wenn zum einen diese Begegnungen in einem sanktionsarmen Erprobungsraum möglich sind, und zum anderen die Pädagoginnen auch die geschlechterbezogenen Ungleichheiten und Benachteiligungen sensibel wahrnehmen.

Szene 1: Beziehungsprobleme

S. (eine Pädagogin) und ich stehen an der Theke und trinken gemeinsam eine Cola. Wir unterhalten uns über einige Jugendliche. Ein Mädchen kommt auf uns zu. Ich kenne sie vom Sehen, habe jedoch noch nie mit ihr gesprochen. Sie war mir am Tag vorher schon aufgefallen, da sie mit einem türkischen Besucher liiert ist oder war, aber mit ihm Stress hatte. Bei uns stehend spricht sie mit sehr leiser Stimme mit S.: „Kannst du mir einen Gefallen tun? Kannst du mir einen Raum öffnen, wo ich mit ihm allein reden kann?" S. zögert in diesem Moment nicht, sondern sagt zu ihr: „Klar!", und fragt das Mädchen, ob sie damit einverstanden ist, wenn sie das Café aufschließen würde. Das Mädchen ist einverstanden und bittet S. um einen weiteren Gefallen, nämlich, dass sie den besagten Jungen ansprechen und ihn darum bitten solle, dass er in das Café kommt. Hier zögert S. und fragt, ob sie das nicht selber machen könne. Das Mädchen sagt mit wässrigen Augen: „Nein.", S. zögert einen weiteren Moment und fragt: „Wo ist er denn?" – „Hinten." – „Okay, ich geh' mal zu ihm hin.". Währenddessen verschwindet das Mädchen in das Café und wartet dort auf ihren Freund. Ich bleibe an der Theke stehen. S. sucht den Freund, findet ihn im Sofaraum und geht mit ihm heraus, sagt ihm aber anscheinend nicht genau, worum es geht, denn als sie mit ihm vor der Cafétüre steht und er die Möglichkeit hat, durch die Glasscheiben in das Café hinein zu sehen, sagt er zu S.: „Oh nein, muss das sein?" S. sagt zu ihm, dass sie dazu jetzt auch nichts sagen kann, aber das Gefühl hat, dass seine Freundin mit ihm etwas Wichtiges zu klären hätte. Sie bleibt nicht weiter stehen, sondern kommt umgehend zurück zu mir an die Theke. Wir schnappen unsere Colaflaschen und setzen uns auf die gegenüberliegenden Sofas. Der Junge geht in den Raum hinein. S. erzählt mir von der tragischen Liebesgeschichte zwischen den beiden: Es geht um religiösen Glauben, Eheversprechen gegenüber einer anderen, Zukunftslosigkeit der Beziehung. Einige Minuten später geht die Türe auf und das Mädchen kommt mit nassen Augen hinausgelaufen und lässt sich dann auch von S. nicht ansprechen (KL2, MS). Gesprochen mit ihrem Freund

Interpretation

Die Szene beschreibt eine Problematik, mit welcher die Jugendarbeiter nahezu täglich konfrontiert sind: Die Beziehungsprobleme ihrer adoleszenten Besucher, zu denen sich die Mitarbeiterinnen in Beziehung setzen müssen. Das Mädchen (eine Polin, wie wir später erfahren) geht auf die anwesende Pädagogin zu und bittet sie um Unterstützung: Sie fragt nach einem geeigneten Rückzugsraum für ein Gespräch unter vier Augen. Vielleicht ist aufgrund der Situation außerhalb des Hauses ein derartiges Gespräch nicht möglich, jedenfalls scheint die aktuelle Situation auch keinen Aufschub zu dulden. Vordergründig erscheint die Mitarbeiterin hier zunächst in der Funktion einer Raumwärterin, die verschlossene Räume zugänglich machen kann. Doch sagt diese Situation weit mehr aus als diese pragmatische Komponente: Für die Ansprache der Pädagogin seitens des Mädchens bedarf es eines grundsätzlichen Vertrauens. Denn das Mädchen geht noch einen Schritt weiter, indem sie die Pädagogin vorschickt, ihren Freund zu holen. Sie selbst traut sich offensichtlich nicht, ihn vor seinen Kumpels direkt anzusprechen. Die Mitarbeiterin gewährt ihr diese Hilfestellung, ohne dabei jedoch Sprachrohr zu sein: Sie bittet den Jungen in das Café, jedoch ohne ihm zu sagen, worum es geht. Dies erscheint als eine Angelegenheit, welche die beiden Jugendlichen unter sich zu regeln haben. Die Pädagogin begleitet das Mädchen (wie auch in der Szene zur 1. Arbeitshypothese, Kapitel 3.1) soweit es nötig ist, lässt sie (und auch den Jungen) die weiteren Schritte jedoch alleine tun, ohne sich einzumischen.

Der türkische Freund des Mädchens ist von dem „drohenden" Gespräch offensichtlich wenig begeistert, und so vermuten wir, dass die Beziehungsproblematik zwischen den beiden nicht neu ist. Es lässt sich hier natürlich nur mutmaßen, um was es in der Auseinandersetzung konkret geht, unsere diesbezüglichen Informationen beziehen wir aus den Erzählungen der Pädagogin. Doch sind diese Gesprächsinhalte eher sekundär. Interessant erscheint uns zunächst vielmehr die Rahmung, in welcher diese reale Beziehungsproblematik ausgehandelt werden kann. Die transkulturelle Liebesbeziehung scheint unvereinbare Gegensätze zu enthalten. Es lässt sich vermuten, dass der türkische Junge aufgrund seines kulturellen Hintergrundes der Beziehung zu einem nicht-türkischen Mädchen eine andere Bedeutung beimisst als seine Freundin es tut. Während diese Intimbeziehung für sie offensichtlich von ernsthaften Absichten und Gefühlen geprägt ist, erscheint es für den Jungen nicht diskutabel, sich mit der Problematik dieser (zumindest für das Mädchen) unglücklichen Beziehung auseinander zu setzen. Dieser Konflikt kann durch den Einsatz der Pädagogin freilich nicht gelöst werden, und dies ist auch nicht ihre Intention. Sie kann jedoch am Ort der Jugendarbeit zumindest einen Raum zur Verfügung stellen, in welchem sich das Paar ungestört unterhalten kann. Und sie kann sich insofern für die Belange des Mädchens einsetzen, als sie den Jungen von der Notwendigkeit des Gespräches überzeugen kann.

An dieser Stelle erscheint es uns auch bedeutsam, das geschlechterbezogene Verhalten der beiden jugendlichen Akteure näher zu betrachten: Das Mädchen bezieht hier die „typisch weibliche" Position. Die Gesprächsinitiative geht von ihr aus, die ganze Problematik nimmt sie emotional sehr mit. Sie erscheint unglücklich, spricht die Pädagogin schon mit einer sehr leisen Stimme an und verhält sich auch ansonsten eher zurückhaltend. Die aussichtslose Beziehung zu ihrem Freund hat offensichtlich einen großen Stellenwert für das Mädchen, es scheint sich zu einem gewissen Teil eben über diese zu definieren. Der beteiligte Junge in der Szene geht, zumindest vordergründig, ganz anders mit der Situation um: Nur widerwillig lässt er sich auf ein Gespräch mit seiner Freundin ein, fühlt sich offensichtlich eher belästigt und scheint kein Bedürfnis nach Auseinandersetzung zu haben. Es treten hier offensichtliche Ungleichheiten zu Tage. Während sich das Mädchen in eine, durch ihre Tränen unterstrichene weiblich-emotionale Rolle begibt, vertritt der Junge einen eher betont „männlichen" Habitus, welcher die Diskussion vermeiden möchte. Die Akteure bestätigen mit ihren Verhaltensmustern gängige Geschlechterstereotypen, welche das Mädchen in eine

5. Jugendarbeit als Erprobungsraum

unterlegene Position verweisen: Sie läuft weinend aus dem Raum, als der Gesprächsversuch offensichtlich gescheitert ist beziehungsweise ihre Verzweiflung noch gesteigert hat. Was die Situation mit dem Jungen macht, muss an dieser Stelle offen bleiben. Das bestehende Geschlechterverhältnis zwischen den beiden Akteuren kann die Mitarbeiterin nicht auflösen, und dies ist hier auch nicht ihr „Job". Auch geht sie hier nicht den Weg einer pädagogischen Intervention, indem sie sich in die Problematik einmischt. Sie kann sich aber dennoch in einem legitimen Rahmen für die Belange des Mädchens einsetzen, so dass in dieser Szene zumindest ein (wenn auch nur kurzer und tränenreicher) Austausch mit ihrem Freund möglich wird; und sie kann den weiteren Verlauf dieser von Ungleichheitsverhältnissen geprägten Beziehung weiter einfühlsam beobachten.

Szene 2: Spielerische Beziehungsaufnahme

Der Junge nimmt das Mädchen A., die so ruppig zu ihm war, in den Arm, hängt an ihr ein wenig herum, schmiegt sich ein wenig unbeholfen an sie heran und sagt, dass ich das doch auch notieren müsste. Dann sagt A. zu ihm: „Ja, ja, davon träumst du wohl jede Nacht." Er grinst sie an und meint: „Ja, ja, deshalb schlafe ich ja jede Nacht nicht." Sie kichert, schubst ihn ein wenig in die Seite. Beide sind etwas verlegen und sagen nichts.

... Die Mädchen necken sich gern mit den Jungen. Ein Junge, der ebenfalls etwas später dazu kam, kämpft mit einem Mädchen spielerisch und setzt sich dabei halb auf den Tisch und lässt sich dann von ihr auf den Tisch hinunterdrücken. Er liegt dann mit dem Rücken auf dem Tisch und hält eben ihre beiden Hände in seinen Händen und sie kämpfen ein wenig, bis er dann das Mädchen wieder hoch drückt und sie dann kichernd wegrennt. Er springt schnell auf, läuft ihr hinterher und haut ihr kräftig auf den Hintern. Sie fängt laut zu lachen an und schreit gleichzeitig, während sie vor lauter vielleicht gespieltem Schmerz ihren Hintern hält.

... Nun läuft partytaugliche HipHop-Tanzmusik und sie fangen erstmal sehr locker an zu tanzen. Das Mädchen mit der Mütze tanzt mit U., dem die Mütze weggenommen wurde. Er macht einige Tanzfiguren zu ihr hin, wirft sich auf die Knie, hält ihre Hand. Sie missversteht anscheinend das Handhalten insofern, als sie denkt, dass er ihren Ring herunterziehen will und zieht die Hand dann wieder weg. Er macht daraufhin

eine Handbewegung: Zuerst machte er mit der rechten Hand eine Saltorolle, dann krümmt er die linke zu einem Rohr und schlägt mit der flachen rechten Hand mehrmals darauf (die „Poppen"-Geste). Sie nimmt diese Gesten in einer tänzerischen Bewegung auf, wiederholt sie und zeigt ihm danach den Vogel. Danach tanzen sie gemeinsam weiter, als ob nichts wäre (KL2, MS).

Interpretation

Im Gegensatz zu der vorherigen Szene geht es hier nicht um ernst gemeinte Beziehungskonflikte zwischen Jungen und Mädchen, sondern es steht in allen beschriebenen Sequenzen der spielerische Charakter im Vordergrund. Es ist eher ein „So-tun-als-ob", als dass es sich um reale Intimbeziehungen handeln würde. Die Mädchen und Jungen spielen hier, sich gegenseitig auf sexuelle Art und Weise anzumachen. Es geht weniger um tatsächliche Intimität als um die eigene Identität. Die Mädchen und Jungen necken sich gegenseitig, und beide Geschlechter haben offensichtlich ihren Spaß dabei. Sie spielen mit den Geschlechterverhältnissen und ihren Vorstellungen vom Frau- bzw. Mann-Sein.

Dennoch weisen die Szenen bei näherer Betrachtung durchaus ernsthafte Themen auf, mit denen sich die Jugendlichen auseinander setzen. In der ersten Szenensequenz wird deutlich, wie der Junge um die Gunst des Mädchens buhlt: Er macht unbeholfene Annäherungsversuche, das Mädchen lässt ihn jedoch abblitzen und reagiert zunächst auf eine recht ironische Art und Weise. Der Junge geht aber weiter in die Offensive und bekennt sich offen zu seinem Begehren, indem er gesteht, er schlafe ihretwegen nachts nicht mehr. Das Mädchen muss ihre überlegene Position nun aufgeben, denn die Antwort des Jungen irritiert sie. Mit einer solchen Reaktion seinerseits hatte sie offenbar nicht gerechnet. Beide an der Szene beteiligten Personen wirken nach dem Dialog verlegen und scheinen nicht zu wissen, wie sie damit umgehen sollen, dass dem Spaß nun ein Anflug von Ernsthaftigkeit anhaftet.

In der zweiten Sequenz findet ein spielerischer Kampf zwischen beiden Geschlechtern statt. Der Junge begibt sich in die scheinbar unterlegene Position, indem er sich von dem Mädchen auf den Tisch drücken lässt. Er lässt sich von ihr einen kurzen Moment dominieren, gibt ihr das Gefühl, die Stärkere und Mächtigere in dem Kampf zu sein, um ihr im nächsten Moment zu zeigen, dass er über mehr Körperkraft verfügt. Er drückt sie wieder hoch und haut ihr nach ihrem Fluchtversuch zur Verdeutlichung kräftig auf ihr Gesäß. Diese Szene hat in erster Linie eine humoristische Komponente, denn beide haben Spaß an dem Spiel. Dennoch beschreibt sie in ihren Grundstrukturen „typische" Geschlechterverhältnisse: Das Mädchen versucht sich gegen das männliche Geschlecht aufzulehnen, was ihr aber im Endeffekt misslingt. Dieses Aufbegehren wird zudem, wenn auch nur spielerisch, von dem Jungen mit körperlicher Gewalt bestraft. Die Situation könnte daher auch als eine Auseinandersetzung mit real bestehenden Geschlechterverhältnissen interpretiert werden, welche hier im Spaß ausgehandelt werden.

Die beiden Akteure in der letzen Sequenz setzen ihren Flirt tänzerisch um. Der Junge umwirbt das Mädchen mit Tanzfiguren, fällt dabei sogar vor ihr auf die Knie, um ihr sein Begehren zu demonstrieren. Sie scheint jedoch skeptisch und zieht ihre Hand weg, als er danach greifen will. Der Junge fährt daraufhin „härtere Geschütze" auf: Er signalisiert ihr sehr deutlich sein sexuelles Interesse, indem er zum einem jugendtypischen Symbol, der „Poppen"-Geste greift. Das Mädchen antwortet darauf, indem sie sich zuerst auf diese Geste bezieht, diese auch zeigt, seine Anmache aber danach deutlich abwehrt, indem sie ihm einen Vogel zeigt. Danach wird weiter getanzt, als ob nichts passiert sei. Die gesamte Kommunikation der Tänzer läuft auf einer nonverbalen Ebene ab. Sie erscheinen als ein eingespieltes Team, das sich auch ohne Worte versteht. Das Ganze erscheint als eine Art Performance, in welcher sich die Akteure aufeinander beziehen. Sie inszenieren hier eine Art Balztanz, was jedoch auch hier nicht als ein Versuch der realen sexuellen Werbung zu verstehen ist. Im Vordergrund steht die Identitätsfrage: Wie stelle ich mich als Mädchen/Junge dar? Was macht mich in meiner Person aus? Dies überlagert, wie in den anderen Sequenzen auch, die Beziehungsthematik. In dieser Szene wird dies in einer ästhetisch gestalteten Form dargestellt, ein Aspekt, welcher im 9. Kapitel noch weiter auszuführen sein wird.

Generalisierung

Im Zentrum unseres Interesses steht in diesem Abschnitt die Interaktion der Geschlechter untereinander. Wir konzentrieren uns hier auf die Betrachtung heterosexueller Kontaktaufnahmen.[30] Den generellen Stellenwert von Beziehungen in der Jugendarbeit haben wir im vorangegangenen Kapitel bereits vertieft und wollen uns hier auf die realen und fiktiven Beziehungsaufnahmen zwischen Jungen und Mädchen konzentrieren. Wir vermuten, dass gerade intime Beziehungen unter Jugendlichen eine andere Bedeutung haben als im Erwachsenenalter. Oft erscheinen adoleszente Beziehungen für die Akteure als sei es die Liebe des Lebens. Dies mag in der Ausnahme manchmal auch so sein; doch meist erfüllen diese den primären Zweck, in Bezug auf der Suche nach einer eigenen Identität ein Stück weiterzukommen.

Die Arbeit an der eigenen Identität als Abgrenzung vom Andersartigen und Fremden meint auch immer ein Sich-in-Beziehung-setzen zum anderen Geschlecht, ohne das eine Identitätsfindung nicht möglich wäre. Dabei ist neben einer Abgrenzung auch immer wieder das Spiel mit bekannten Stereotypen von Bedeutung. Das, was gerade feministisch orientierte Pädagoginnen oft verzweifeln lässt, wenn etwa Mädchen sich als „typische, hilflose Weibchen" darstellen, sich nur für Schminke und Frisuren interessieren, sich von den Jungen dominieren lassen, ist nicht per se als negative Erscheinung zu bewerten, sondern mitunter Teil der Identitätssuche.

Dabei bestimmt eine Orientierung an bestehenden geschlechterbezogenen Klischees in Phasen oft die Entwicklung der Jugendlichen. Sie sind Teil der Selbstinszenierung, Definitionshilfe zur Frage, was einen als angehenden Mann oder als angehende Frau ausmacht. Dass diese Klischees bestehende Ungleichheiten und Benachteiligungen gerade junger Frauen verstärken können, ist allerdings offensichtlich. Dieser Aspekt gewinnt unter Berücksichtigung des Gender-Mainstreaming-Auftrages[31] eine besondere Relevanz. Entgegen der Annahme, man werde diesem Auftrag gerecht, wenn man nur die geschlechterspezifischen Angebote für Jungen und Mädchen aufstocke, vertreten wir die These, dass die primäre Aufgabe des pädagogischen Personals in der sensiblen Beobachtung der Geschlechterverhältnisse und bestehender Ungleichheiten im Alltag einer jeden Jugendeinrichtung liegt. Dies meint jedoch weder, dass wir Mädchen- und Jungenarbeit für überflüssig halten, noch, dass alle Situationen, in welchen Geschlecht zum Thema oder auch zum Problem wird, durch absichtsvolle Interventionen durchdrungen werden sollten, selbst dann nicht, wenn die Jugendlichen noch so

---

30 Dies ist allein darin begründet, dass wir homosexuelle Beziehungen nicht beobachten konnten.

sehr traditionelle Geschlechterstereotypen reproduzieren. Da Selbstentwürfe zumeist im Zusammenhang zu dem jeweiligen sozialen Umfeld stehen, was gerade bei Jugendlichen nicht-deutscher Herkunft von besonderer Relevanz ist, sollten diese Selbstdefinitionen nicht grundsätzlich negativ etikettiert und in Frage gestellt werden. Denn diese sind immer auch ein bedeutendes Element der Identitätssuche. Ähnliches formuliert im Interview auch eine Pädagogin: *„Bei den Kleinen finde ich es kompliziert, weil ich möchte nicht ihr Elternhaus in Frage stellen und das tue ich ja in dem Moment, in dem ich ihnen – ja – für sie ist ja ganz klar, wie eine Frau zu sein hat und wie ein Mann zu sein hat, und wenn du das bei den Kleinen irgendwie ins Wanken bringst, weiß ich nicht. Das sollte man nicht tun."* Anders sieht sie das jedoch in Bezug auf ältere, vornehmlich türkischstämmige Jugendliche: *„Da versuche ich auch sowohl den Jungen als auch den Mädels 'n Frauenbild zu vermitteln, das nicht unbedingt mit dem ihren übereinstimmt"* (KS1, MS). Die Pädagogin differenziert hier zwischen den Altersgruppen, mit denen sie zu tun hat. Stellt sie bei den Jüngeren noch die Akzeptanz des Elternhauses in den Vordergrund, ist sie bei den Älteren bestrebt, ein alternatives Frauenbild zu präsentieren. Das exemplarische Vorleben einer selbstbewussten, eigenständigen weiblichen Identität kann hier als ein Angebot der Auseinandersetzung betrachtet werden. Es kann einerseits als ein Orientierungsmuster, als annehmbare Alternative angenommen, aber auch von den Jugendlichen als nicht relevant abgelehnt werden. Die Pädagogin versucht nicht, die Jugendlichen auf den „richtigen", emanzipierten und Geschlechterstereotypen kritisch hinterfragenden

---

31 GM ist seit dem 1. Januar 2001 durch die Kinder- und Jugendplan- Richtlinien verpflichtend als Leitprinzip vorgegeben (vgl. BMFSFJ 2002). Dort heißt es, dass sich die Lebenswirklichkeiten von Mädchen und Jungen in vielen Bereichen unterscheiden und dieses Faktum hinreichend Berücksichtigung finden muss, damit nicht erkannte Unterschiede nicht zu einer Benachteiligung eines Geschlechts führen bzw. die bestehenden Unterschiede nicht durch scheinbar neutrale Maßnahmen verstärkt werden. Gender Mainstreaming als eine geschlechterpolitische Strategie setzt sich als Ziel, zu einer Chancengleichheit von Mädchen und Jungen bzw. Frauen und Männern beizutragen, indem sämtliche Vorhaben und Maßnahmen auf ihre Auswirkungen auf beide Geschlechter überprüft werden. GM nimmt die Differenzen zwischen den Geschlechtern wahr und geht davon aus, dass diese Unterschiede für jedes Individuum Konsequenzen für seine Lebenswirklichkeit haben.

Weg zu bringen, sondern ihre Haltung kann beide Optionen zulassen: Sowohl die persönliche Vertretung des von ihr vor gelebten Frauenbildes, als auch die Akzeptanz einer kulturell anderen Orientierung.

6. Jugendarbeit als Ort interkultureller Erfahrungen

Jugendarbeit ist, wie schon deutlich wurde, immer auch ein Ort des Zusammentreffens von Jugendlichen mit verschiedenen ethnischen und kulturellen Hintergründen. Dadurch werden kulturelle Differenzen unter Jugendlichen, wie auch zwischen Jugendarbeiterinnen und Jugendlichen, nicht nur theoretisch und medial vermittelt, sondern sinnlich und im direkten Kontakt erlebbar: Verschiedene Lebensentwürfe stoßen aufeinander, die Irritationen, Spannungen und zugleich eigene Optionen und Grenzen deutlich werden lassen. In diesen Ambivalenzen zeigt sich die Erfahrung von Fremdheit als eine Mischung von Vertrautem und Unvertrautem (vgl. Waldenfels 1997, 72), die Jugendliche wie auch Jugendarbeiter an die Grenzen ihres Verständnisvermögens führen kann. Dies kann sich schon in kleinen Momenten des alltäglichen Umgangs kristallisieren und macht fundamentale Missverständnisse im gemeinsamen Umgang jederzeit möglich. Diese Irritationen als Erfahrung von kulturellen Differenzen, die Lebensentwürfe mit prägen, können aber auch Bildungsanstöße sein, wenn Gelegenheiten zu ihrer Verarbeitung verfügbar sind.

In der Jugendarbeit gibt es viele solche Gelegenheiten, wenn auch mit Unterschieden: De facto sind die Besucher offener Jugendtreffs häufig Jugendliche nichtdeutscher Herkunft beziehungsweise Spätaussiedlerinnen, während die klassische Jugendverbandsarbeit – mit graduellen Unterschieden (zum Beispiel kirchlicher gegenüber der Sportjugend) – verstärkt deutsche Jugendliche anspricht. Somit sind die Chancen zu einer persönlichen Nähe, die interkulturelle Differenz einschließt und Chancen zu einem alltäglichen (gleichgültig-toleranten, konflikthaften oder bereichernden) Umgang mit dieser Differenz strukturabhängig, aber meistens grundsätzlich gegeben.

6.1 Recht auf anders sein: Was ist erlaubt, was normal?

In den von uns beobachteten Angeboten der Jugendarbeit trafen wir immer auf multikulturelle Besuchergruppen: Sowohl im Ganztagsschulangebot der Jugendverbandsarbeit, als auch im offenen Bereich der kommunalen Jugendarbeit kamen Jugendliche mit verschiedenen ethnischen Hintergründen zusammen. Wir achteten insbesondere auf den alltäglichen Umgang mit Differenzen und ihre Thematisierung durch die Jugendlichen selbst: Diese Jugendliche folgen dabei nicht normativen Regeln im Sinne von political correctness, spielen jedoch damit und loten durch das Stoßen auf (und Übertreten von) Regeln und Grenzen die der anderen aus.

These

Jugendarbeit kann produktive Gelegenheiten für interkulturelle Beziehungen bieten, wenn sie die kulturellen Verschiedenheiten ihrer Besucherinnen und Besucher wahrnimmt und diese weder folkloristisch verharmlost noch vorschnell zum Problem umdeutet. Auseinandersetzung mit kultureller Differenz wird nicht nur dort gefördert, wo sie in gezielten Maßnahmen thematisiert wird, sondern mehr noch dort, wo die Alltagsgelegenheiten als solche von Pädagoginnen erkannt und gefördert werden.

Szene

Ich (Beobachter) sitze an der Theke, hinter der Theke arbeitet die Besucherin M. (15 J.), südafrikanischer Herkunft. Ein türkischer Junge kommt und sagt im zackigen Ton so was wie: „Cola" und noch was hinterher, was auch nicht viel freundlicher klingt. Sie guckt ihn an und fragt ihn ruhig, ob er noch alle Tassen im Schrank habe, sie sei doch nicht sein Bimbo. Der Türke ist sichtlich unsicher, sagt nichts. Sie schickt ihn weg, sagt: „Kannste noch mal in 'ner viertel Stunde kommen und bis dahin kannste dir ja was überlegen!" und lässt ihn stehen, ignoriert auch seine Einwände. Dann versucht er es mit viel Charme, tiefen Blicken und viel „bitte, bitte" wieder gut zu machen ...
Einige Momente später schließt sich die folgende Szene an: Ein anderer Junge (A., ebenfalls nicht-deutscher Herkunft) kommt zu M. Sie frotzeln sich an, sie schubst ihn, droht ihm spielerisch mit erhobener Hand. Die Pädagogin K. steht einige Meter weg vom Tresen, an den Tischkicker gelehnt. A. sagt etwas zu dem Mädchen, sie spielt die Entrüstete, zieht die Augenbrauen hoch und ruft: „A. hatte mich ,Du Schwarze' genannt, das ist rassistisch!" A. sagt: „Darf man das denn nicht sagen?" K., die

6. JUGENDARBEIT ALS ORT INTERKULTURELLER ERFAHRUNGEN

Pädagogin: „Nee, das ist rassistisch." – „Was darf ich denn dann sagen?" – „Weiß ich auch nicht, vielleicht ‚normal'?" – „Ist ‚Du Farbige' rassistisch?" – „Ich weiß nicht, wahrscheinlich schon, aber Farbige darf man glaube ich sagen." A. dreht sich zu M. und sagt in einer Kindersingsangstimme: „Du Farbige, du Farbige, du Farbige!" (KS1, MS).

Interpretation du Bimbo!

Die Szene mit offenem Ende ist zweigeteilt: In beiden Teil-Szenen wird die „andere" Herkunft eines Mädchens, manifest durch ihre dunkle Hautfarbe, zum Thema gemacht. Es geht in beiden nicht um Probleme zwischen „Deutschen" und „Ausländern", sondern um die Art, wie jugendliche Besucher mit sichtbarem Anderssein anderer umzugehen lernen. In der ersten Szene wird das Mädchen mit dunkler Hautfarbe von einem türkischen Jugendlichen mit männlicher Arroganz behandelt. Er bestellt sein Getränk mit „zackiger" Aufforderung, nicht als Bitte. Auf diese Verletzung der für alle verbindlichen Regel des respektvollen Umgangs miteinander kontert das Mädchen, indem sie seinen Tonfall zuspitzt. Ihre trockene Antwort, sie sei doch nicht sein „Bimbo" geht nicht nur zum Gegenangriff über, sondern ist zugleich selbstbewusst theatralisch und doppeldeutig, weil diese Stereotype nicht nur auf den respektlosen Umgangston von jungen Männern gegenüber Frauen allgemein (und speziell hier des Türken) verweist, sondern weil sich das Mädchen selbst als „Dunkelhäutige" mit entsprechendem Assoziationskontext thematisiert. Sie bringt damit zugleich stolz ihre eigene Herkunft und biographischen Erfahrungen mit ins Spiel, hält sie dem Jugendlichen gleichsam unter die Nase. Sie thematisiert sowohl die Differenz Interkulturalität als auch die Differenz Geschlecht. Zugleich doppelt sie die letztgenannte Differenz insofern, als sie nicht nur auf die Stereotype der Arbeitsaufteilung zwischen den Geschlechtern, sondern mit „Bimbo" zugleich auf männlich-rassistische Stereotypen anspielt. Dennoch ist dies keine durchgängig ernsthafte Auseinandersetzung oder gar eine Kampfsituation: Durch ihre Reaktion zeigt das Mädchen kein tiefes Verletztsein, sie bleibt spielerisch-aufforderend und humorvoll. Der Junge dagegen reagiert verunsichert, wohl auch deshalb, weil sie nicht nur die Geschlechterdifferenz, sondern auch die fremde Herkunft thematisiert und ihm damit zugleich die implizite Rechtfertigung für sein aggressives

Auftreten nimmt – im Sinne von „Ich muss mich hier offensiv zeigen, weil das meine Ehre als Mann verlangt und weil ich ja als Türke sowieso benachteiligt bin". So kann er, vielleicht aufgrund seiner eigenen Unsicherheit über seine ethnische und geschlechtliche Identität, nicht adäquat damit umgehen. Auf sein einschmeichelndes, ausschließlich auf die Geschlechterdimension bezogenes Wiedergutmachungsangebot lässt sie sich nicht ein. Trotzdem hat die Szene nicht nur den Charakter einer harten Konfrontation, sondern scheint auch Teil eines spielerischen und (zumindest dem Mädchen) Spaß machenden Szenarios zu sein.
Im zweiten Teil folgt eine ähnliche Szene, in der allerdings das spielerische Element noch deutlicher hervortritt. Hier nimmt ein anderer Junge die Beziehung zu dem Mädchen auf, indem er ebenfalls die kulturelle Differenz („Du Schwarze") benennt: Er scheint sie als eine Art unbeholfene Flirt-Strategie zu nutzen. Zunächst nähert er sich dem Mädchen nonverbal, versucht, mit ihr spielerisch zu kämpfen, und sie zeigt ihm durch die erhobene Hand die Grenze auf. Anstatt zu sagen „Ich finde dich toll" und auf dieser Ebene eine Beziehungsaufnahme anzubahnen, verwendet er das unterschiedliche Aussehen zur weiteren Kontaktaufnahme. Sie lässt sich auf das Spiel ein, antwortet ihm aber als eine scheinbar Empörte und schaltet zugleich als Instanz die Pädagogin ein. Sie ruft diese aber nicht als Schlichterin in einem Konflikt hinzu, sondern eher als Informationsquelle bezüglich dessen, was „man sagen darf": Die Jugendlichen erfahren dabei auch die Unsicherheit der Pädagogin – und zwar nicht nur hinsichtlich der Regeln von „political correctness", da sie sich selbst nicht ganz sicher ist, was man sagen darf und was nicht der „korrekten" Sprachbenutzung entspricht. Entscheidender scheint zu sein, dass sie ebenfalls unsicher ist, wie man das Thema Differenz überhaupt thematisieren kann, ohne zu verletzen oder zu kränken. Der Jugendliche A. jedoch spielt dieses Spiel weiter, indem er das Mädchen mit einer anderen Bezeichnung für ihre Andersartigkeit betitelt. Er drückt so weiterhin seine andauernde Irritation über die Sprachunsicherheit aus, lässt sich aber nicht davon abhalten, genau dies als Mittel für die Fortsetzung seiner Flirtversuche zu benutzen.

Generalisierung

Interkulturelle Differenz kann, wie in der Szene andeutungsweise sichtbar wird, als Gelegenheitsstruktur für informelle Bildungsprozesse in

6. JUGENDARBEIT ALS ORT INTERKULTURELLER ERFAHRUNGEN

der Jugendarbeit eine dreifache Bedeutung haben: *Erstens* als faktisches Zusammentreffen von Jugendlichen unterschiedlicher Herkunft, die lernen müssen, mit ihren Differenzen praktisch zurechtzukommen. *Zweitens* als Feld von gesellschaftlichen Konflikten, Vorurteilen und ethnozentrischen Deutungsmustern, die auch in der Jugendarbeit wirksam sind, dort aber eher als anderswo offen geäußert werden, gerade weil sie noch nicht verfestigt sind und deshalb auch eher bearbeitet werden können. *Drittens* als Möglichkeit zu einem spielerischen bis souveränen Umgang mit Differenz, als Chance, den Tendenzen der Abwertung den Stolz auf die eigene Besonderheit entgegenzustellen.

Nicht zufällig spielt dabei neben der ethnisch-kulturellen Differenz die der Geschlechter eine wichtige Rolle. Innerhalb von Jugendarbeit sind beide als Querschnittsdimensionen zu verstehen, so wie sie auch in der Szene immer wieder in Verschränkung auftreten. In beiderlei Hinsicht handelt es sich in beiden Teilszenen um Versuche einer Beziehungsaufnahme, deren Gelingen für Jugendliche nicht selbstverständlich ist, und um Differenzen, die sich für sie als problematisch darstellen, an denen sie sich abarbeiten müssen. Eben deshalb sind solche Beziehungsaufnahmen in beiderlei Hinsicht nicht nur bedeutungslose Freizeitaktivitäten, sondern implizieren besondere Chancen jugendlicher Identitätsbildung. Innerhalb des Ortes der Jugendarbeit wird das *andere* erfahrbar, ist körperlich präsent, und dies provoziert auch Reaktionen. Aber die (teilweise auch negative) Reaktion muss nicht den zwangsläufigen Charakter haben, der sie in einem anderen Kontext erst zum Problem macht. Sie kann, neben der aggressiven, auch eine spielerische, Spaß machende Seite haben, und beides muss sich nicht ausschließen.

Als Gelegenheiten informeller Bildung können demnach diejenigen Momente in der Jugendarbeit benannt werden, die mehr sind als das bloße Zusammentreffen verschiedener Ethnien. Über die multikulturellen Erfahrungen eines möglichst störungsfreien Nebeneinanders hinaus, bieten sie Chancen einer interkulturellen Erfahrung, in welcher das Erleben und Austauschen mit dem jeweilig Fremden die Beteiligten und deren Weltsicht verändert, mit allen Störungen, Differenzen und Ärger, die bleiben – also allem *den anderen nicht verstehen*.

Wie irritierend die Erfahrungen von Differenzen auch für Mitarbeiterinnen sein können, hat eine Jugendarbeiterin, deren Treff eine Zeit lang als Zwischenlösung an einem Ort untergebracht war, den fast nur deutsche Jugendliche aufsuchten, so beschrieben: *„Es war komisch. Eineinhalb*

Jahre da drüben war es ein anderes Arbeiten, weil da hatten wir es während der ganzen Zeit kein einziges Mal, dass wir Hausverbot erteilen mussten oder dass es jetzt wirklich körperliche Auseinandersetzungen gab oder schwierige Konfliktsituationen, es war wirklich ein schönes Arbeiten. Die deutschen Jugendlichen waren engagiert, hilfsbereit, es war irgendwie ein freundlicher Ton, es gab ja dann auch quasi keinen Streit um Musik, weil es war ne homogene Gruppe, die so den gleichen Musikgeschmack auch hatte, ne, also diese ganzen Sachen, wo Konflikte entstehen können, waren da eigentlich ziemlich außen vor und wir haben uns da schon gefragt, wie wird das jetzt denn, wenn wir wieder hierher kommen, kommen die türkischen Jugendlichen dann wieder und mit dem Tag, wo wir aufgemacht haben, waren die also alle wieder da. Alle natürlich eineinhalb Jahre älter geworden, aber es kommen ja auch viele kleinere türkische Jugendliche jetzt hierher und Kinder noch und ... ja, so waren sie alle wieder da. Damit eben auch das komplette Konfliktpotential" (KL2, SS). Wichtig ist uns, dass solche bedeutsamen Erfahrungen mehr oder weniger beiläufig gemacht werden. Verglichen damit erscheinen uns die meisten der expliziten Multikulti-Programme entweder zu harmlos folkloristisch oder zu explizit problemzentriert inszeniert – und dadurch eher arm an Bildungsgelegenheiten. Chancenreich werden jene alltäglichen Situationen freilich erst dann, wenn sie Raum für die kulturelle Selbstinszenierung und -thematisierung bieten. Nur dann ermöglichen sie auch das Erfahren und Reflektieren von Ambivalenzen und Irritationen. Dies wird in der folgenden Szene noch deutlicher.

6.2 Zugehörigkeit: Was ist Muttersprache?

Die Adoleszenz ist eine Zeit des Umbruchs und der Suche – auch hinsichtlich der eigenen Findung einer kulturellen Identität. Jugendliche zeigen häufig das, was sie an Fragen und Irritationen bewegt, in Gestiken, Handlungen und subkulturellen Praktiken und drücken sich weniger in sprachlich präzisen Begriffen aus. Die folgende Szene zeigt, wie ein Versuch von Jugendlichen mit Migrationshintergrund, das Handeln und Wahrnehmen der eigenen Lebenspraxis in präzise Begriffe zu fassen, eine Differenz verdeutlicht. Nämlich die Differenz der Bezugsgrößen für die eigene praktizierte Kultur, welche uneindeutig sind und die eigene Zugehörigkeit zum Problem machen.

6. JUGENDARBEIT ALS ORT INTERKULTURELLER ERFAHRUNGEN

These

Jugendliche können Differenzen und Irritationen als etwas Bereicherndes erleben und dies in Handlungen oder Sprache darstellen. Jugendarbeit als Ort der Auseinandersetzung mit der eigenen Identität kann für Jugendliche auch hinsichtlich ihrer Zugehörigkeit als Bildungsgelände wichtig sein, wenn Jugendarbeit Gelegenheiten schafft und Situationen zulässt, um diese Fragen thematisieren.

Szene

Ich bleibe an der Theke sitzen und höre den Jugendlichen zu, die am Tisch neben mir sitzen. Dort gibt es eine kleine Sofaecke mit einem kleinen Tisch in der Mitte und zwei Stühlen. Dort sitzen zwei Mädchen. Eine Polin, eine vermutlich Deutsche und drei türkische Jungen. Sie spielen gemeinsam Karten. Ich stolpere in das Gespräch rein, als ich den Satz verstehe, den das polnische Mädchen einem Türken schnippisch an den Kopf wirft:
„Versteh' du mal Türkisch – deine Muttersprache ... Du kannst ja nicht mal deine Muttersprache."
Er antwortet schnell: „Klar kann ich meine Muttersprache."
„Was ist denn deine Muttersprache?"
Er ganz selbstverständlich: „Dort, wo ich geboren worden bin."
(2. Junge im bestätigenden Ton): „Der kann seine Muttersprache."
(1. Junge): „Ich bin in Deutschland geboren worden, also kann ich doch Deutsch."
(Junge 2): „Was ist denn dann meine Muttersprache?"
(Mädchen): „Dort, wo du geboren worden bist."
(Junge 1 immer noch selbstbewusst): „Ich bin doch hier geboren worden, also kann ich Deutsch – meine Muttersprache."
(Mädchen): „Nein, aber deine Eltern kommen doch gar nicht aus Deutschland, du musst doch die Muttersprache deiner Eltern kennen. Muttersprache hat immer etwas damit zu tun, was für eine Schrift man hat und du musst ja auch ein ganz anderes Alphabet können."
(Junge 1): „Nein, aber ich bin hier geboren worden und meine Eltern haben eben eine andere Muttersprache als ich."
Die Jugendlichen unterhalten sich nun untereinander lange darüber, woher sie kommen, was das heißt, die Muttersprache sprechen zu kön-

125

nen oder nicht sprechen zu können, ob sie jetzt Türkisch als Muttersprache haben oder Deutsch, weil sie hier geboren worden sind und ich kann dem weiteren Gesprächsverlauf leider nicht mehr folgen, weil es um mich herum sehr laut wird und ich mich nicht als „Horchposten" direkt an den Tisch setzen will (KL2, MS).

Interpretation

Die Szene könnte dazu verleiten, als „gutes Beispiel" für eine gelungene Integration junger Menschen mit Migrationshintergrund in die deutsche Gesellschaft genutzt zu werden; eines das zeigt, wie andere, schwer zu integrierende Jugendliche von diesem schönen Beispiel lernen können. Lernziel: Er hat zwar Eltern aus einem anderen Land, fühlt sich jedoch als Deutscher und versteht Deutsch als seine Muttersprache. Oder, mit anderem Lernziel: Er kann zwar Deutsch, aber seine Muttersprache ist (soll sein) Türkisch. In beiden Fällen würde jedoch dieser Fokus „am Beispiel zu lernen" die Zwischentöne der Szene ausblenden oder als unwichtig betrachten: Es handelt sich für uns auch um einen für die Adoleszenz typischen Konflikt, der sich am Thema Interkulturalität kristallisiert. Die konfliktreiche Frage scheint vor allem eine der Zugehörigkeit und der Verortung innerhalb der Gesellschaft zu sein, die zugleich eine Selbstanfrage ist: „Wer bin ich eigentlich?" und „Wohin gehöre ich?" sind Varianten derselben Frage. Sie wird hier nach außen gespiegelt in der Frage „Wer bist du eigentlich?". Konkret wird diese Frage der Selbstverortung und Identität innerhalb jener Szene an der im Alltag gesprochenen Sprache und an deren Konnotation festgemacht: Das polnische Mädchen, wohl selbstbewusst in der Sprache ihrer Kindheit verankert, kritisiert einen anderen Jugendhausbesucher, dass er seine „eigentliche" Muttersprache nicht beherrsche. Sie unterstellt ihm damit implizit, dass er wohl nicht wisse, wer er ist. Wir könnten Mutmaßungen anstellen, mit welchem Hintergrund dies geschieht: Fühlt das Mädchen sich nicht als anerkannte Deutsche und schwankt zwischen dem Land ihrer Kindheit und ihrem jetzigen Heimatland? Oder fühlt sie sich dem türkischen Jugendlichen überlegen, da sie beide Sprachen sprechen kann und er nicht? Diese und ähnliche Fragen lassen sich aus der Szene heraus nicht beantworten. Jedoch erhielten wir im Nachhinein von dem Jugendhausteam die Rückmeldung, dass das Mädchen im Haus für alle anderen immer „die Polin" sei und dies Teil ihrer Identität sei. Wir unterstellen jedenfalls, dass dies für sie selbst, zumindest im Milieu der Einrichtung, von großer Bedeutung ist, unabhängig davon, ob sich positive oder negative Gefühle damit verbinden.

Deutlich wird in der Szene, dass sie den Türken zu einem „Leistungstest" herausfordert, indem sie ihn zunächst abwertet, um sich aufzuwerten. Jedoch gibt ihr Ansprechpartner der kompletten Szene sofort eine überraschende Wendung: Der angegriffene türkisch stämmige Jugendliche nennt als seine Muttersprache die Sprache des Landes, in dem er aufgewachsen ist und nicht die Sprache seiner Mutter und seines Vaters. Überraschend daran könnte sein, dass der Jugendliche nicht nur im deutschen Alltag lebt und verwurzelt ist, sondern wie selbstverständlich auch dessen Sprache als seine Sprache angibt. Der angesprochene Junge bietet keine Angriffsfläche, indem er sich nicht auf die Diskussion einlässt, eine Rechtfertigung dafür zu finden, wieso er kein (oder nicht so gut) türkisch spricht. Jedenfalls wird hier der immer wieder beschriebene Konflikt „Was bin ich – Deutschtürke oder Türkendeutscher?" beziehungsweise „Deutschländer" mit sprachlichen Defiziten nicht explizit thematisiert. Der zweite Junge unterstützt ihn, indem er nochmals bekräftigt, dass dieser sehr wohl seine Muttersprache beherrsche. Jedoch bricht sich seine eigene Verortung nach der Kurzdefinition seines Freundes in der Frage, was denn dann seine Muttersprache sei: Er stellt sich damit selbst in Frage. Dies macht er jedoch nicht „mit sich" aus, sondern nutzt wieder die anderen für seine Selbstbeschreibung, da er die Frage offen stellt.

Entscheidend und als Bildungsgelegenheit für uns offenkundig ist jedoch die Tatsache, dass die Jugendlichen gemeinsam und ernsthaft daran arbeiten, ihre Unterschiede sprachlich fassbar zu machen, nicht aber, ob sie eine „richtige" Antwort auf ihre Fragen finden. Die Gruppe versucht zwar eine Definition dafür zu finden, was *Muttersprache* ist und was sie damit verbindet. Zum Bildungsgelände wird das Thema aber vor allem dadurch, dass den Jugendlichen die Differenz auffällt: Die Sprache, die man mit Muttersprache verbindet, verbindet man mit dem Gefühl von Heimat. Muttersprache ist zugleich die Bezeichnung für die (eigentlich) erste Sprache, die man spricht, in der man denkt und fühlt. Die Frage impliziert jedoch auch eine andere: Was ist die Abgrenzung gegenüber den anderen? Zugleich erfahren die Jugendlichen spürbar, dass sie Differenzen aushalten müssen, indem sie, aus eigenem Antrieb heraus, miteinander eine Auseinandersetzung zum Thema suchen, obwohl sie sich nicht über alles klar verständigen können. Sie können die Differenzen sehen, ohne sie zu verstehen, was sie offensichtlich irritiert, aber nicht frustriert. Bedeutsam scheint uns auch eine andere Ebene zu sein. Indirekt thematisieren die Jugendlichen auch ihre Differenzen zu ihren Eltern: Der erste Junge bezeichnet die sichtbare Differenz zu seinen Eltern damit, dass sie zwar auch Gemeinsamkeiten haben, aber in ihrer Muttersprachlichkeit different sind, ohne dies positiv oder negativ zu bewerten. Damit deutet er gegenüber den anderen Jugendlichen eine, für sie vielleicht auch irritierende, selbst gebastelte Identität an.

Generalisierung

Die Problematiken von Jugendlichen mit Migrationshintergrund wurden innerhalb der letzten zehn Jahre breit diskutiert. Insbesondere die qualitativen Erhebungen der *Shell-Studie 2000* lassen Jugendliche zu Wort kommen, die ihr Leben zwischen den Kulturen gestalten. Der Konflikt, einen kulturellen Hintergrund zu haben, der sich nicht nur aus zwei Kulturen speist, sondern Hybridformen fördert, wie sie in unserer Szene offensichtlich thematisiert werden, gehört zum Alltag von Jugendarbeit. Er kann auch eine eindeutig positive Seite haben: Innerhalb von anderen Szenen konnten wir beobachten, wie Jugendliche ihre sprachliche „Doppelkompetenz" als Mediatoren und Streitschlichter einsetzen konnten. Jedoch scheint uns eine weitere Chance von Jugendarbeit noch entscheidender zu sein: Nicht nur, dass hier die Schwierigkeit der *Bastelexistenzen* (vgl. Hitzler 2002) bearbeitbar wird, wenn nicht nur individuelle, sondern auch kulturelle Ankerpunkte dafür gesucht werden. Vielmehr zeigt sich in unseren Szenen die Jugendarbeit auch als ein Ort, wo die Kompetenz, mit etwas Befremdenden umgehen zu können, erfolgreich ins Spiel gebracht werden kann. Dazu erzählte uns eine Jugendarbeiterin – übrigens dieselbe, die bedauerte (s.o.), dass das „schöne Arbeiten" mit nur deutschen Jugendlichen vorbei sei: *„Um nochmal ganz kurz auf diese Gruppen zurückzukommen, ich finde das schon faszinierend und sehr positiv hier, dass sie eigentlich nicht so getrennt sind, es sind schon getrennte Gruppen, sag ich mal, die würden jetzt vielleicht privat am Samstagabend nichts zusammen unternehmen, aber die kennen sich alle schon sehr gut, die kennen sich alle mit Namen und kennen auch so'n bisschen so die Schwachpunkte des anderen und ... so ist da schon so*

ne Beziehung aufgebaut zwischen den einzelnen Personen der verschiedenen Gruppen" (KL1, SS).
Dennoch ist die Begegnung immer auch irritierend, insofern nicht klar ist, was genau die persönliche Bedeutung der Differenz ausmacht. Für Jugendliche sind Begegnungen mit den kulturell oder sonstwie „anderen" alltäglich geworden. Die soziale Indifferenz, als Anwesenheit vieler verschiedener Menschen – bei einer Abwesenheit von bedeutungsvollen Interaktionen hinsichtlich jeweiliger Differenzen – zeichnet das alltägliche Verhältnis aus. Kommunikative Akte zwischen ihnen bleiben so zweckgerichtet und sachbezogen; das heißt, es richten sich Leistungserwartungen an das Gegenüber, wobei dessen Rolle, aber nicht die Person wichtig ist. Dies gilt auch im Bereich von Jugendarbeit qua Freizeitangebot, weshalb der Umstand, dass Jugendliche dort mit kulturell anderen konfrontiert werden, nicht schon von selbst zu bildungsrelevanten interkulturellen Erfahrungen führt. Wohl aber ist Jugendarbeit ein Feld, das sowohl alltägliches Nebeneinander einander fremder Freizeitnutzer, als auch persönliche Kontaktaufnahme und das Wechseln zwischen beiden Ebenen ermöglicht. Genau darin scheinen uns wichtige Bildungschancen zu liegen. Dazu noch eine kleine Szene:
C. (ein 15-jähriger Junge) erzählt von einem Freund. Ein Mädchen (etwa gleichaltrig) sagt: „Den kenne ich, das ist doch der mit F. geknutscht hat." C. weiß darüber auch Bescheid und sagt: „Wusstest du, dass das ein Deutscher ist?" – „Nee, ich dachte das ist ein Pole. Der sieht doch so aus." – „Ja, der sieht aus wie ein Pole. Ich bin ja auch ein Deutscher und mir glaubt das auch keiner." – „Ne, aber du bist doch ein Mischmasch." Die bisher Stille (ein weiteres Mädchen) am Tisch lacht und sagt: „Guck hier doch rum, alle sind hier Mischmasch" (KF, MS). Welche Bedeutung ein solcher scheinbar banaler, beiläufiger Austausch hat, wird über die Frage zugänglich: Was wird für wen zum Thema? Was braucht nicht thematisiert zu werden, weil es als selbstverständlich gilt? Wer mit wem „knutscht" und wer als „Pole" oder als „Deutscher" angesehen wird, von wem man was „glaubt": All das sind für diese 15-Jährigen offenkundig sehr relevante Orientierungsfragen, aber nicht für alle dieselben. Ob jemand ein Pole ist, aber wie ein Deutscher aussieht, oder ein Deutscher, dem das keiner glaubt, oder anerkanntermaßen ein „Mischmasch", das macht schon einen Unterschied. Und einen großen Unterschied macht, ob man sich darüber verständigen kann oder nicht. Innerhalb dieses Spannungsfeldes jeweiliger Thematisierung und De-

Thematisierung liegt die Bildungsgelegenheit: Aber nicht primär als Gelegenheit für ein pädagogisches „zum-Thema-Machen", sondern zuerst und vor allem als Gelegenheit für die Jugendlichen selbst, ohne Tabus und Selbstzensur identitätsrelevante Fragen zu stellen, die dann allerdings im Austausch untereinander dazu führen können, den „Mischmasch" zu akzeptieren. So wird es möglich, sowohl das Spannungsfeld der Geschlechter, als auch der kulturellen Differenz als *gleich-gültig* (statt als Wertdifferenz) zu verarbeiten und damit die Kommunikation auf ein neues, offeneres Niveau zu heben.

Beim Erleben des Fremden ist immer eine Ambivalenz feststellbar, deren Ursachen in den Verflechtungen des Eigenen mit dem Fremden liegen, da Eigenes uns im Fremden begegnet und Fremdes im Eigenem und verschüttete, vergessene oder verdrängte Anteile in uns aufsteigen (vgl. Waldenfels 1997, 73). Zum einen ängstigt es, und man fürchtet sich davor, zum anderen macht es neugierig und fasziniert. Jugendliche brauchen die Erfahrung der Fremdheit, da sie sich ansonsten nicht bildend mit der Welt auseinander setzen können, weil „Welterschließung immer auch ein Prozess der Verwandlung von Fremdem in Vertrautes" (Münkler/Ladwig 1997, 26) ist. Das Fremde besteht immer aus Vertrautem und Unvertrautem, die Fremdheit immer aus fremden und eigenen Elementen. Das Fremde ist nie nur außen, sondern auch in jedem selbst – und dies tritt in der Adoleszenz besonders deutlich hervor.

Die Mitarbeiterinnen des Hauses, in der die oben beschriebene Szene beobachtet wurde, bezeichnen übrigens ihr Umgehen mit solchen Momenten als „Pädagogik auf Zuruf": Der Prozess des Auseinandersetzens mit der eigenen Identität geschieht innerhalb der Peergroup, wird allerdings von Mitarbeitern wahrgenommen und wenn nötig unterstützt. Im folgenden Abschnitt wird deutlich, wie es aussieht, wenn sich Pädagoginnen offensiv einmischen und Jugendlichen somit auch Projektionsflächen für ihre Stereotypen bieten.

6.3 Ein interkulturelles Projekt: Wer hat welche Vorurteile?

Interkulturelle Projekte, zum Beispiel Theaterprojekte, haben zumeist aufklärende Absichten: Aufgeklärt werden sollen in der Regel die „anderen": Die Öffentlichkeit, die diskriminierende Praktiken zulässt; andere Jugendliche, die zum Nachdenken über ihren Umgang mit Men-

6. JUGENDARBEIT ALS ORT INTERKULTURELLER ERFAHRUNGEN

schen, die anders sind als sie selbst, angeregt werden sollen; oder potentielle Opfer von Diskriminierung, die lernen sollen, sich auf angemessene Weise zu wehren. Ob und wie solche Aufklärung gelingt, ist nicht Gegenstand des Folgenden. Wir drehen die Frage um und versuchen beispielhaft zu zeigen, welche Gelegenheiten für informelle Bildungsprozesse bei denen entstehen können, die sich in einer kulturell gemischten Gruppe auf ein solches Projekt einlassen. Die aufklärende Beschäftigung mit Stereotypen und Vorurteilen kann im praktischen und spielerischen Umgang andere Stereotypen sichtbar machen. Die Auseinandersetzung damit kann Bildungsprozesse anregen.

These

Projekte interkultureller Jugendarbeit sind Bildungsgelegenheiten für die daran beteiligten Akteure, auch unabhängig von den damit verbundenen aufklärenden Absichten. Gerade auch Gelegenheiten, die thematisch „quer" zu den offiziellen Projektzielen liegen, können fruchtbar sein und erfordern eine aufmerksame pädagogische Begleitung.

Szene aus einem Theaterprojekt zum Thema „Zivilcourage"

[Vorbemerkung: Die Forscherin ist zum zweiten Mal bei der von einer externen Theaterpädagogin geleiteten Gruppe dabei. Ziel ist die Aufführung von „diskriminierenden" Szenen, die zwei Wochen später in der Innenstadt aufgeführt werden sollen, um festzustellen, wie die Bevölkerung auf Ausschreitungen und Übergriffe reagiert. Teilnehmer sind (außer der kurzfristig mitspielenden Forscherin) ausschließlich männliche Jugendliche im Alter von 14 bis 21 Jahren.]
Ich bin in einer Dreier-Gruppe mit einem deutschen und einem libanesischen Jungen. Der Libanese brüstet sich lautstark gegenüber den anderen Jugendlichen damit, dass ich als einziges „Mädchen" in seiner Gruppe bin. Innerhalb unserer Gruppe haben wir die Aufgabe, darzustellen, wie zwei Jugendliche einen anderen drangsalieren. Der libanesische Junge ist davon überzeugt, ich solle die Opferrolle spielen, da ich doch eine Frau sei und mir als solche doch automatisch eine entsprechende Rolle zukomme. Dieses Klischee weise ich jedoch ausdrücklich von mir, weigere mich, diesen Part anzunehmen. Ich fordere den Ju-

gendlichen auf, sich etwas anderes zu überlegen. Wir entscheiden uns nach einer kurzen Diskussion für eine Szene, in der ein ausländischer Jugendlicher von zwei älteren deutschen Rassisten bedrängt wird. Dieser Alternativvorschlag kommt von dem libanesischen Jugendlichen. Sowohl unsere Kleingruppe als auch die anderen ziehen sich dann in separate Räume zurück, um sich konkrete Szenen zu überlegen, welche sie spielen wollen. Meine Mitspieler und ich überlegen, wie wir unsere Szene gestalten könnten. Wir entschließen uns dafür, dass der deutsche Jugendliche und ich den libanesischen Jugendlichen bedrohen und provozieren werden. Doch mir fällt zunächst nichts ein, mit was ich den ausländischen Jugendlichen beleidigen könnte, worauf er mich ungläubig fragt, ob ich dies noch nie getan habe und meint, dies hätte doch wohl jeder Deutsche schon mal gemacht. Als ich dies verneine, meint er, es gäbe doch tausend Gründe, warum man einen Ausländer beschimpfen könne, und fängt an, uns diverse aufzuzählen, wie zum Beispiel: „Ihr nehmt uns doch die Arbeitsplätze weg", „Geht wieder dahin, wo ihr hergekommen seid" etc. Auf meine Frage, wie er denn auf solche Verbalattacken real reagieren würde, antwortet er, er würde dann sehr aggressiv werden und sich auch körperlich wehren. Nachdem wir den Ablauf unserer Szene soweit geklärt haben, geht unsere Kleingruppe zurück in den Saal, in welchem sich die Gruppen treffen. Der Libanese bleibt am Kicker-Tisch stehen, ich fahre ihn an mit: „Nun komm schon, Du Scheiß-Kanake". Er sieht mich entsetzt an, hat so etwas wohl nicht erwartet, schon gar nicht von einer Frau. Ich grinse und sage, dass ich doch schon mal für unseren Auftritt üben müsse (KL1, SS).

Interpretation

Die Forscherin ist hier schnell in die Rolle der beobachtenden Beteiligung anstelle der beteiligten Beobachtung gekommen. Durch ihre Mitarbeit an einer Kleingruppeneinheit kann sie sich der Interaktion nicht entziehen. Gleich zu Beginn wird sie von einem libanesischen Jungen „besetzt": Er sieht es gegenüber seinen Freunden offenbar als Triumph an, dass er das einzige „Objekt" Mädchen in der ganzen Theatergruppe abbekommen hat. Im weiteren Verlauf entwickelt sich diese passive und objekthafte Vorstellung von Frauen weiter. Für ihn scheint es selbstverständlich zu sein, dass Frauen immer Opfer und Männer immer Täter sind, obwohl die Projektgruppe eigentlich Migranten als Opfer von

Übergriffen darstellen wollte. Das Kräfteverhältnis scheint ihm klar zu sein: Frauen sind schwach, und Männer sind stark. Doch die Forscherin weigert sich, die weibliche Opferrolle anzunehmen und fordert die Jungen auf, sich eine andere Szene auszudenken. Der neu gefundene Kompromiss bedient nicht mehr die Stereotype tradierter Geschlechterverhältnisse; die Forscherin bekommt jetzt die Rolle des „älteren deutschen Rassisten" zugewiesen, wozu ihr, wie sie sagt, nichts einfällt. Sie enttäuscht den Jugendlichen damit, dass sie, anders als er erwartet, keine Ausländer beleidigenden Beschimpfungen parat hat. Seine stereotype Erwartung scheint zu sein, dass jeder Deutsche schon einmal Ausländer beleidigt habe oder dies jedenfalls bei entsprechender Aufforderung tun könnte. Auf dem Rückweg zur Großgruppe reagiert die Forscherin aber auch darauf mit einer Provokation: Sie tut so, als beschimpfe sie den Jungen außerhalb der klar definierten Spielsituation vor anderen am Tischkicker, ohne explizit zu machen, dass dies Teil des Spiels ist. Für den Jungen ist es eine unvorhersehbare Situation, die ihn tatsächlich erheblich zu irritieren scheint. Die von ihm einige Momente vorher angekündigte Drohung, dass er bei solcher Art von Verbalattacken aggressiv reagieren und sich auch körperlich wehren würde, scheint sich in Luft aufgelöst zu haben. Vermutlich hatte er von einer Frau, der er zuvor eine weibliche Opferrolle zugeschrieben hatte, so eine Attacke nicht erwartet. Wie auch immer er diese Erfahrung zu verarbeiten vermag: Es ist der Forscherin als Mitspielerin zumindest gelungen, die Vorstellung „Vorurteile haben immer nur die anderen", zu irritieren. Wie an einen solchen Anstoß weiter angeknüpft werden könnte, oder auch, welchen Erfolg das Theaterprojekt selbst am Ende hatte, entzieht sich leider unserer Kenntnis.

Generalisierung

Für eine Pädagogik, die interkulturelles Zusammenleben und seine Konflikte im Rahmen von Jugendarbeit zum Thema zu machen versucht, ist das beschriebene Theaterprojekt durchaus typisch: Es versucht die Diskriminierungen, die Jugendliche mit Migrationshintergrund im Alltag erfahren, aufzugreifen. Es versucht mit spielerischen Mitteln, die Jugendlichen in eine aktive Rolle hinsichtlich dieser Erfahrungen zu bringen. Es macht sie nicht zu Adressaten pädagogischer Einwirkung, sondern zu Akteuren der Aufklärung für andere. Es versucht, zumindest

II. BILDUNGSGELEGENHEITEN UND BILDUNGSRÄUME

auf einer symbolischen Ebene, den Betroffenen Gelegenheit zu geben, sich aktiv gegen Diskriminierung zu wehren und in der Öffentlichkeit entsprechende sichtbare Zeichen zu setzen. Es leistet als Nebeneffekt, wenn über das Projekt berichtet wird, zudem gute Öffentlichkeitsarbeit für die veranstaltende Einrichtung. All diese Ziele scheinen uns wichtig, auch wenn wir aus der Perspektive unserer Fragestellung über Chancen für die erfolgreiche Umsetzung dieser Ziele wenig sagen können.

Unsere Perspektive macht etwas anderes sichtbar: Wo in Projekten wie dem hier beschriebenen solche Bildungsziele offiziell verfolgt werden, da geschieht – unabhängig davon, ob jene Ziele erreicht werden – noch einiges andere. Dieses andere ist weniger auffällig als der Erfolg oder Misserfolg eines Theaterprojektes und eher individueller Natur. Es hat dafür mehr mit jenem „ich lerne zu leben" zu tun, das der in der Einleitung zitierte Jugendliche seinem Theaterprojekt zuschrieb. Es scheint uns kein Zufall zu sein, dass in unseren Beispielen dort, wo die interkulturelle Thematik das persönliche Selbstverständnis der Jugendlichen berührte, immer zugleich die Geschlechterfrage berührt war. Wir halten es auch nicht für Zufall, dass dies jeweils in einem Kontext erscheint, wo spontane Selbstäußerungen aufeinander stoßen, und wo es nicht um didaktisch vermittelte Lerninhalte geht. In jedem Fall scheint uns dies eine Ebene zu sein, die auch hinsichtlich der Förderung von Fähigkeiten zum interkulturellen Zusammenleben meist zu wenig beachtet wird, aber sehr wirkungsmächtig sein kann. Wichtig ist dabei allerdings, dass die Auseinandersetzung über Vorurteile jedenfalls von pädagogischer Seite sowohl ehrlich geführt wird, als auch so, dass die Grenze verletzender Kränkung nicht überschritten wird. Im rauen Kommunikationsstil von Jugendtreffs kann es allerdings vorkommen, dass mit dieser Grenze gespielt wird, wie folgende Passage aus dem Interview mit einer Mitarbeiterin zeigt:

„Ja, dem einen habe ich och gesagt: ‚Du bist n Kanake.' Weil er seine Schwester zu Haus einsperrt. Ich bin also nun wirklich nicht rassistisch, aber ich hasse es, er kommt hierher und seine ein Jahr jüngere Schwester muss zu Hause bleiben, weil sie ist ja schließlich ne Frau und sie muss auf ihren Mann warten, der noch in der Türkei ist. Seine Frau ist auch noch in der Türkei, warum sitzt er nicht mit seiner Schwester zu Hause und wartet da? Also, nä? Und dann sagt er völlig empört zu seinem Kumpel: ‚Ey hast du gehört, die hat Kanake zu mir gesagt!' Dann dreht der sich um und sagt: ‚Ja, bist du ja auch!' Er hat mittlerweile die

deutsche Staatsangehörigkeit. Das konnte ich aber auch bloß, weil ich den kenne, seit er fünf ist. Bei jedem anderen hätte ich mir das schon überlegt, aber ich hätte das nicht einfach so widerspruchslos hingenommen. Ich hätte da schon nachgebohrt und gefragt, warum nicht? ..." (KS1, MS).

Das Beispiel zeigt, dass die Mitarbeiterin sehr genau zu unterscheiden vermag, in welchen Fällen das persönliche Vertrauensverhältnis auch eine sehr direkte Sprache verträgt und wo dies nicht angebracht ist. Und das Beispiel zeigt, dass dort, wo eine Pädagogin ihre persönliche Betroffenheit durch die Verhaltensweisen Jugendlicher auf eine reflektierte, aber authentische Weise ins Spiel bringt, auch im Bereich interkulturellen Lernens Bildungsanstöße gegeben werden können, die weit über die Vermittlung relevanten Wissens im Sinne von „Aufklärung über Vorurteile" hinausgehen.

II. BILDUNGSGELEGENHEITEN UND BILDUNGSRÄUME

7. Jugendarbeit als Aneignungsort für Kompetenzen

Jugendarbeit bietet den Jugendlichen Raum, sich zu entfalten und ihre Kompetenzen zu entwickeln. Dazu gehören ebenfalls Gelegenheiten zur Erprobung von Kompetenzen im Sinne einer Befähigung zum selbstständigen Leben. In der Aufzählung von Bildungsleistungen der Jugendarbeit (zum Beispiel Lindner 2004) wird versucht, diese Erfahrungs- und Bereicherungsmöglichkeiten möglichst kleinteilig zu definieren und dazu Strategien zu entwickeln, jene Kompetenzen gezielt als Bildungsangebote zu vermitteln. Diese Strategie greift nicht ins Leere, jedoch zu kurz: Sie blendet zu leicht aus, dass Bildungsgelegenheiten sich verschränken können und die Zergliederung auch Bildungschancen verdeckt.

Innerhalb dieses Kapitels versuchen wir, dies anhand von drei Feldern zu veranschaulichen, die innerhalb der Fachdiskussion zur Jugendarbeit als Orte des Kompetenzerwerbs diskutiert werden: Zunächst die Nutzung und der Umgang mit neuen Medien, in unserem Fall mit Computern, die wir schon in Kapitel 3 angesprochen haben. Zweitens geht es um Chancen des Erwerbs von handwerklich-praktischen Kompetenzen. Die letzte Szene zeigt auf, wie Aufgaben, die Jugendliche außerhalb des Hauses gestellt bekommen, von ihnen in die Jugendarbeit hinein getragen werden und in welchem Rahmen sie dort bearbeitet werden können.

7.1 NUTZUNG VON UND UMGANG MIT COMPUTERN

Meist richtet sich der Blick zunächst auf den Umstand, dass Jugendarbeit mit dem Angebot eines Computerraumes mit entsprechenden Übungsmöglichkeiten einen Beitrag zu einer zeitgemäßen Elementarbildung leistet im Sinne einer Vermittlung von kompetenter Computernutzung und allgemeiner medialer Kompetenz. Alles andere wird als mehr oder weniger erwünschter Begleitumstand bei der Umsetzung dieses Ziels verstanden. Wie jedoch Computernutzung bildungswirksam sein kann, beschrieben wir bereits in unserer dritten Arbeitshypothese

7. Jugendarbeit als Aneignungsort für Kompetenzen

(Kapitel 3): Er wird dann chancenreiches Erfahrungsgelände, wenn die Computernutzung nicht auf „pädagogisch wertvolle" Inhalte beschränkt wird, sondern der Computer den Jugendlichen für unkontrollierte eigene Zwecke verfügbar ist, dieser Umgang aber aufmerksam wahrgenommen wird.

These

Gelegenheiten zur selbstständigen Nutzung von Computern sind für die Jugendarbeit zugleich ideale Bildungsgelegenheiten: Nicht nur, weil Computernutzung eine immer wichtiger werdende elementare Kulturtechnik ist, sondern vor allem, weil die virtuelle Welt des Internets ein sozialer Raum ist, in dem auf vielfältige und spielerische Weise, wenn auch nicht ohne Risiko, die Auseinandersetzung zwischen den eigenen Wünschen und den Tatsachen des Lebens geübt werden kann.

Szene

[Ort: JuZ Café mit einem für jüngere Besucher eingerichteten Computer mit Internetzugang.] *Zwei Mädchen im Alter von elf Jahren, eine Türkin und eine Polin, gehen in einen polnischen Chat. Ich setze mich dazu und frage, woher sie diesen Chat kennen und sie erklären mir, dass das ein Free Chat ist; die Türkin hatte ihn entdeckt (sie konnte sich nicht mehr genau daran erinnern, wo sie die Adresse her hat) und dort könne man sich aussuchen, ob man regional oder auf türkisch oder polnisch chatten will. Ich sage, dass ich noch nie einen Chat besucht habe, und sie erklären mir die jeweiligen Funktionen. Im polnischen Chat versuchen sie mit den Leuten ins Gespräch zu kommen, geben sich als 21 Jahre alt aus (ich sage, dass sie ja, wenn sie zusammenlegen, gar nicht schummeln). Das polnische Mädchen schreibt alles konsequent auf Polnisch und gibt an, kein Deutsch zu verstehen. Sie kommen mit vier Chat-Partnern gleichzeitig ins Gespräch, drei Jungen und einem Mädchen, die ein wenig etwas schreiben: Einiges versteht die Türkin nicht, und die Polin übersetzt, indem sie ihr die einzelnen Wörter erklärt und ihrer Freundin vorspricht. Ich wage auch zu fragen, und sie erzählt vom Inhalt: Alter, woher kommst du, was machst du etc. Sie haben aber nach einigen Minuten keine Lust mehr, weil alle vier ihnen nichts Spannendes anzubie-*

ten haben und gehen raus. Ein älterer Junge sieht das, will nun ran und versucht, sie wegzudrängen, aber nach kurzer Diskussion (die Mädchen fragen nach dem Grund, warum er denkt, jetzt ran zu dürfen, obwohl sie noch nicht fertig sind) trollt er sich – zu viel Frauenpower (und vielleicht schreckt meine Anwesenheit auch ab). Währenddessen erzählt mir eins der Mädchen, dass manchmal die Chats nicht gut sind, da andere „ganz schlimme Wörter" schreiben würden. Letztens wäre ihr so etwas wieder passiert, und sie flüstert ihrer Freundin ins Ohr, welches Wort da geschrieben wurde. Die Freundin sieht sie entrüstet an.
Nun wollen sie auf die Top of The Pop Website, rätseln, wie man das schreibt. Ich gebe ihnen den Hinweis, dass man The nicht als ‚De' schreibt, und sie geben den Namen, jedoch keine www-Adresse in die Kopfzeile ein. MSN findet selbstverständlich die Website nicht, gibt ihnen aber andere Möglichkeiten vor, aus denen sie dann eine auswählen. Auf der richtigen Website angekommen geben sie mit der Zeit auf, da die Musik nicht downloadbar ist: Sie klicken darauf, dann kommt der Downloadhinweis, jedoch können sie keinen Pfad angeben, versuchen nochmals, wieder nicht geklappt! Beide erzählen mir, dass sie es schon mal versucht haben, aber nicht wissen, wie es geht. (Nebenbei: Es gibt eine Sperre für Downloads, die älteren und erfahreneren Jugendlichen schaffen es aber immer wieder, die Sperre zu umgehen – vor allem an diesem Computer wird dies gerne demonstriert, weil dann jeder im Café die Musik als Triumph hört. Dies bekommen die Jüngeren mit und versuchen es auch.) Anschließend zeigen sie mir noch, woher sie zwei Fotos vom Mars haben, die sie in den Unterricht mitbringen mussten, und klicken auf eine Schulwebsite – hier kennen sie die Website Adresse, jedoch wieder mit Leerzeichen, was zum Umweg über MSN führt. Ich frage die Mädchen, ob sie zu Hause auch einen Computer haben. Die Türkin bejaht und erzählt mir, dass sie auch zu Hause in die Chats darf. Dort chattet sie auf Türkisch. Beide erzählen mir, dass sie da auch polnisch oder türkisch lernen würden, weil sie ja der jeweiligen Freundin zugucken würden, was sie schreibt, und wenn sie was nicht verstehen, übersetzt es die eine für die andere. Ansonsten machen sie nichts im Internet, weil „das ist immer so viel" (KS1, MS).

Interpretation

Die Szene zeigt die Vielschichtigkeit der pädagogischen Verwendungsmöglichkeiten von Computern: Neben der Erprobung und des Erlernens eines kompetenten Umgangs mit Computern und Internet kann es zugleich ein Ort für reale Verteidigungskämpfe um das Recht auf Nutzung, interkulturelles Lernen, Umgang mit der Geschlechtlichkeit anderer und vieles mehr sein. Die Mädchen in der Szene nutzen das Angebot des Zugangs, um im Chatroom Leute kennen zu lernen. Gemeinsam entscheiden sie sich für den polnischsprachigen Chat, den das polnische Mädchen als Ort nutzt, um ihre Muttersprache anwenden zu können. Die Mädchen zeigen dem Beobachter ihre Kompetenzen, indem sie ihm den Zugang zu diesem Medium erklären. Im Chat angelangt, können sie sich als „zusammengepuzzelte" virtuelle Person ihre Identität aussuchen. Beide machen sich älter, um nicht als Kinder, sondern als eine attraktive junge Frau zu erscheinen und werben mit diesem virtuellen Selbstbild um Kontakte, die ihnen in der realen Welt nicht möglich wären. Bezug nehmend auf ihre Herkunft gibt das polnischsprachige Mädchen ihre sprachliche Kompetenz, deutsch und polnisch gleichermaßen zu beherrschen, ein Stück weit auf, um einerseits möglichst authentisch zu erscheinen und andererseits ihre virtuellen Partner zu überprüfen, ob es sich auch um „echte" Landsleute handelt. Gleichzeitig stellt sich die Situation der beiden Mädchen (gemeinsam vor dem Bildschirm) als Ort gegenseitiger Kompetenzvermittlung dar: Da das türkische Mädchen den Inhalt des Chats nicht in Gänze versteht, wird ihre polnische Freundin zugleich zur „Fremdsprachenlehrerin", die den Inhalt übersetzt. Dies ist eine spielerische Aneignung einer Fremdsprache, die – und das ist entscheidend – von ihrer besten Freundin gesprochen wird. Es ist nicht nur ein bloßer sprachlicher Kompetenzerwerb, sondern gleichzeitig Versuch des Verstehens ihrer Freundin und Annäherung an einen der Türkin fremden Kulturkreis.

Die Gesprächsangebote innerhalb des Chats scheinen aber für die Mädchen nicht attraktiv genug zu sein und verlieren schnell ihren Reiz. Mit dem Ausklinken aus dem virtuellen Gespräch ergibt sich allerdings ein reales Problem: Ein anderer männlicher Besucher erhebt Anspruch auf den Platz und will sie wegdrängen. Er versucht, seine Vorstellung der Macht des Älteren und körperlich Überlegenen durchzusetzen, gibt jedoch auf, als die jüngeren Mädchen vehement ihren Platz verteidigen, indem sie von ihm verlangen, seinen Anspruch zu begründen, worauf er nicht angemessen antworten kann. Vermutlich verstärkt die bloße Anwesenheit des Beobachters diese „Gewinnsituation" auf Seiten der Mädchen erheblich, wissen sie doch darum, dass sie Recht haben. Einerseits verteidigen sie das Recht auf Nutzung, indem sie auf die Regeln verweisen, um den sich anbahnenden Konflikt zu „neutralisieren", zum anderen behaupten sie sich als jüngere Mädchen verbal überlegen gegenüber einem älteren Jungen und zeigen damit zugleich, dass ihre Interessen genau so wichtig und zu respektieren sind wie seine.

Fast schon beiläufig thematisieren die Mädchen ihre Erfolge und Misserfolge bei ihren Onlinestreifzügen: Einerseits gibt es bestätigende und stärkende Erfahrungen, da sie das Internet auch für objektiv Nützliches, wie für die Schularbeit, brauchen konnten. Angesprochen auf die Computernutzung zu Hause zeigt sich, wie wichtig der freie Zugang ins Internet sein kann: Nur eins der beiden Mädchen hat zu Hause einen Zugang zum Computer, darf dort, wahrscheinlich von den Eltern mehr kontrolliert, chatten, während sie im Jugendtreff die Möglichkeit haben, gemeinsam als geteilte Erfahrung den Computer zu nutzen, um hier auch auf riskanteres Gebiet vorzudringen. Auch wissen sie, wie sie an für sie interessante Informationen herankommen können, wenn auch über Umwege. Andererseits stoßen sie aber immer wieder an Grenzen, an „zu viel" an Informationen und Eindrücken: Die Mädchen sind irritiert, dass in den Chatrooms auch über Sachen geredet wird, die sie beschämen und peinlich berühren, ihr Schamgefühl verletzen, die nicht zu ihrer Lebenswirklichkeit gehören und sie dennoch so mit Lebenswirklichkeiten und Phantasien anderer konfrontieren. Konkret wird ihre Phantasie, sich älter zu machen, um für Chatpartner attraktiver zu erscheinen, damit zum Risikoverhalten. Es konfrontiert sie mit einer ihnen unangenehmen Realität, weil sie „ganz schlimme Wörter" im Gespräch (noch) nicht aushalten können. Dennoch suchen sie diese Orte immer wieder auf, wahrscheinlich weil Reiz und Neugier des Fremden und Angst und Abwehr sich in Balance halten. Am Ende der Szene verdeutlichen sie die Grenzen ihrer Aufnahmefähigkeit nochmals mit dem Hinweis darauf, dass „das immer so viel" ist, dass sie die Überforderung durch das Internet kennen und sich selbst einen Rahmen stecken müssen, um darin auf Expedition gehen zu können.

Bildungsgelegenheiten im Umgang mit dem Computer können, wie das Beispiel zeigt, das Ausprobieren und Erfahren eigener Grenzen sein. Die Mädchen stoßen an Grenzen, die beide (noch) nicht beherrschen, aber für sie Herausforderungen sind. Ein Beispiel ist der Versuch, die Nutzerinnen-Regeln zu umgehen beziehungsweise auszuhebeln: Mit dem Wissen, dass es andere Jugendliche bereits geschafft haben, die

Downloadsperre zu umgehen, um ihre Musik herunterladen und sich auf dem Rechner anhören zu können, versuchen es die Mädchen ebenfalls. Sie gehen auf eine ihnen bekannte Website, die sie jedoch nicht über den normalen Weg erreichen: Da sie nicht die www-Adresse eingeben, sondern nur den Namen der Website, ist davon auszugehen, dass ihnen das Wissen um die korrekte Eingabe von Webadressen noch fehlt. Jedoch scheinen sie durch Probieren herausgefunden zu haben, dass sie auch auf ihre Weise mit einem kleinen Umweg (als Krücke fungiert die automatische Online-Hilfe mit Vorschlägen) dort hinkommen können, wo sie hin wollen – zu ihrer Musik. Mit dem Wissen, dass ein Download nicht ohne weiteres möglich ist, da hier die Mitarbeiter des Hauses eine Sperre eingerichtet haben, versuchen sie es trotzdem, versuchen weitere Lösungswege und gelangen aber wieder an ihre Grenzen. Jedoch sehen sie dieses momentane Scheitern als reale Herausforderung, ihr selbst gestecktes Ziel doch noch zu erreichen und kehren immer wieder zur (eigentlich unbefriedigenden) Situation des Scheitern am „zu viel", „zu unübersichtlich" zurück, um es nochmals zu versuchen und sich daran abzuarbeiten. Diese eher selbstinduzierte Leistungsanforderung entsteht aus den Wünschen der Mädchen selbst, wenn sie mit widerständiger Realität konfrontiert werden und diese dadurch „Arbeit macht". Die gesamte Situation beinhaltet die Möglichkeit der Erfahrung des Scheiterns, wobei sie jedoch innerhalb der Jugendarbeit als Erfahrungsort weich fallen.

Zusammengefasst zeigt die Szene, dass die Momente der technischen Beherrschung und des gemeinsamen Erlernens und Vermittelns einer Fremdsprache (der Sprache der Freundin), sowohl in Schrift als auch in Wort, nur ein Teil der Bildungschancen im Angebot des Computerzugangs sind. Dazu kommen informelle Bildungsgelegenheiten im Umgang mit Regeln (sie beherrschen die notwendigen Codes und gehen auch kompetent damit um; andererseits stoßen sie an Grenzen), Raumaneignung (sie haben den Computer für sich erobert, weisen Jungen ab und pochen darauf, dass ihre Interessen genau so wichtig sind), Konflikte (stoßen an virtuelle Grenzen und kommen in reale Verteidigungskämpfe) und Geschlecht (virtuell treffen sie auf Jungen, denen gegenüber sie sich ganz anders geben, sich erproben aber auch wieder zurückziehen können).

II. BILDUNGSGELEGENHEITEN UND BILDUNGSRÄUME

Generalisierung

In nahezu jeder Einrichtung, die wir besuchten, gab es für Jugendliche die Möglichkeit, Computer zu nutzen.[32] Was auf den ersten Blick als monofunktionaler Ort erscheint, überraschte uns beim näheren Beobachten durch die Vielschichtigkeit der Bildungsgelegenheiten und Bedeutungszuschreibungen durch die Jugendlichen, die auf sehr unterschiedlichen Ebenen herausgearbeitet wurden: Der Erwerb von Fähigkeiten des kompetenten technischen Umgangs mit Computern und den Möglichkeiten des Internets, das heißt, gezielte Suchstrategien und Techniken der Selektion zu entwickeln, sind nur zwei der Möglichkeiten. Der Umgang mit dem Medium Computer wird auch dadurch zum Ort für Bildungsanstöße, dass er irritiert (vgl. Schulz/Lohmann 2005): Er ist auf einfache Weise zugänglich, aber zugleich bei mangelnder Kompetenz als widerständig erfahrbar. Widerständig sind nicht nur der Informationszugang oder noch mangelnde Strategien zur Erlangung vom Gewünschten, sondern auch die Begegnung mit anderen Benutzern. Dies ist bildungsrelevant, denn Jugendliche müssen heute, wenn sie Beziehungen eingehen wollen, auf „Märkten für persönliche Beziehungen ‚auftreten' und versuchen, durch entsprechendes ‚sich-Aufführen' " (Willems 1998, 56) eine Person zu sein, die anderen Jugendlichen auffällt (vgl. Sennett 1985, 111). Dies erfahren sie sowohl auf der aktiven Anbieterseite, als auch auf der passiven Beobachterseite, besonders innerhalb der virtuellen Gespräche, auf eine Weise, die für sie kontrollierbar bleibt. Kinder und Jugendliche haben also im Kontext ihrer virtuellen Streifzüge die Möglichkeit, sich selbst herauszufordern und sich am Widerständigen und sie Irritierenden abzuarbeiten. Dies wird an folgenden fünf Punkten deutlich:

Erstens versuchen sie, mit eigenen Strategien Hürden zu überwinden, auch die, die von Pädagogen errichtet worden sind. In unseren Beobachtungen konnten wir sehen, wie die Jugendlichen versuchen, von Pädagogen errichtete Sperren zu verbotenen Websites oder anderen Einstel-

---

32 Dies gilt auch für die von uns besuchten Schulen, die entweder direkte Kooperationspartner der Jugend(verbands)arbeit waren oder zum Lebensraum der Jugendeinrichtungsbesucher gehörten. Die Zugänglichkeit ist jedoch verschieden. Oft sind die Nutzungsmöglichkeiten eingeschränkter als in diesem Beispiel.

7. JUGENDARBEIT ALS ANEIGNUNGSORT FÜR KOMPETENZEN

lungen zu umgehen, an denen sie manchmal scheitern, aber auch ihre Triumphe davontragen können. Hierzu eine Beobachtung: *„Es gibt bestimmte Bereiche, die gesperrt sind, das heißt, es können an den Computern bestimmte Einstellungen nicht verändert werden: Sie können keine Sexseiten besuchen und sich auch nichts herunterladen. Jedoch finden vor allem die männlichen Jungen immer wieder Mittel und Wege, den Bildschirmschoner zu ändern. Dies ist eigentlich nicht möglich, allerdings haben die Pädagogen des Hauses diese Lücke immer noch nicht schließen können, obwohl sie intensiv daran arbeiten (und dies die Jugendlichen auch in beiläufigen Bemerkungen wissen ließen), so dass tagtäglich immer wieder ein anderes Hintergrundbild erscheint. Zum Teil sind es schicke, schnelle große Autos. Zum anderen dann etwas leichter bekleidete Mädchen oder andere Bilder, die Fantasievorstellungen junger Männer entsprechen"* (KS1, MS).

Das pädagogische Antworten auf solche Situationen entscheidet mit über die Chancen, die sich für die pädagogische Arbeit daraus entwickelt. Die Mitarbeiterinnen des Hauses, in dem diese Szene beobachtet wurde, entschieden sich für ein Einlassen auf diesen quasi sportlichen Kampf. Sie intervenierten nicht mit der generellen Sperrung der Zugänge oder der permanenten pädagogischen Beaufsichtigung der Computer, sondern entschieden sich für die Strategie des Antwortens, indem sie auf technischer Ebene diese Lücke versuchen zu schließen und dies den Jugendlichen beiläufig mitteilen, in der Erwartung, wieder ausgetrickst zu werden. Auch dies stellt ein Lernprozess dar.

Zweitens können Jugendliche sich und ihre Phantasien und Kompetenzen in der virtuellen Welt ausprobieren, aber zugleich, ohne pädagogische Assistenz, in der selbstinduzierten Leistungsanforderung und Neugier an eigene, irritierende (Wissens)Grenzen stoßen. Die Inhalte, an denen dies geschieht, mögen, wie es an den verschiedenen Szenen in diesem Buch deutlich wird, pädagogisch erwünscht sein oder auch nicht. Wichtiger scheint uns, dass der Computer zur Quelle für echten Forscherdrang Jugendlicher werden kann, wie folgende Szene aus der teilnehmenden Beobachtung zeigt: *„Ich gehe in das Computercafé, da ich zu einem Jungen will, mit dem ich ein Interview machen wollte. Als ich die Türe öffne, sehe ich noch, wie ein Jugendlicher das Wort ‚fagina' in die Google-Bildersuchmaschine eingegeben und gerade abgeschickt hat. Zu seinem Ärger kommt nicht das entsprechende Fotomaterial, sondern der Hinweis ‚Leider nichts gefunden': Er regt sich furchtbar dar-*

über auf, was für ein Scheiß das sei und warum das nicht klappe, überliest aber im Ärger den wohlgemeinten virtuellen Hinweis ‚Meinten Sie Vagina?'. Währenddessen drehen sich seine Kumpel um und sehen mich hinter dem Ärgernden in der Tür stehen und sagen nichts. Daraufhin bemerkt mich der ‚fagina' Sucher und klickt schnell die Website weg. Ich gehe rein und sage: ‚Na, spannend?', ein verschämtes Gemurmel kommt mir entgegen und ich verabrede mich mit dem Jugendlichen in einer halben Stunde" (KS1, MS). Das Suchen, Finden oder auch Scheitern könnte in dieser Art nicht innerhalb eines „pädagogischen Programms" vermittelt werden und wäre als Auftrag auch fragwürdig. Jedoch stellen Jugendliche sich selbst Aufgaben, deren Lösung sie erreichen – oder auch nicht, oder erst später – und dafür Gelegenheit zu geben, erscheint uns wichtig.

Drittens können die Jugendlichen die Orte der virtuellen Kommunikation aufsuchen und sich dort mit anderen auseinander setzen, sich dort inszenieren und präsentieren, ihre Wunschvorstellungen von sich selbst in den virtuellen Beschreibungen konstruieren, aber auch sich selbst entlarven und auf den Boden der Realität zurückgeholt werden – so wie es in der Szene zu unserer dritten Hypothese (siehe 3.1) geschehen ist.

Viertens können sie, wie in der interpretierten Szene erkennbar, neben dem kompetenten Umgang mit Computern auch voneinander lernen, wenn mehrere Jugendliche gleichzeitig einen Computer nutzen. Anlass und Motor sind ihre eigenen Themen, und die Momente des Lernens sind so gestaltet, dass sie sich etwas abschauen, am Beispiel lernen oder der eine dem anderen anhand des virtuellen Materials etwas erklärt.

Fünftens ist die Attraktivität des Computers und dessen Nutzungsmöglichkeiten gerade für Jugendliche sehr hoch, die Beschränktheit der Zugangsmöglichkeiten vergleichsweise niedrig. Daher ist der „reale" Platz des Computers zugleich immer auch Anlass für Auseinandersetzungen unter den Jugendlichen und insofern ein Ort für soziales Lernen und das Einüben von Konfliktregelungen: Wer darf den Platz wann und wie nutzen, was ist sinnvoll und was nicht, welche Zugangsrechte lassen sich daraus ableiten, wie präsentieren sich die Geschlechter an diesem Ort?

Wir haben festgestellt, dass die Nutzung von Computern dann besonders fruchtbar wird, wenn Kinder und Jugendliche die Möglichkeit haben, diesen sozialen Raum, in dem auf vielfältige und spielerische Weise die Auseinandersetzung zwischen den eigenen Wünschen und den

7. Jugendarbeit als Aneignungsort für Kompetenzen

„Tatsachen des Lebens" geübt werden kann, möglichst frei zu betreten. Dies meint eine Nutzung auch ohne ständige pädagogische Begleitung, die entscheidet, was für Jugendliche sinnvoll zu sein scheint und was nicht. Jedoch heißt dies nicht, dass aufgestellte Computer plus Jugendliche ein pädagogischer Selbstläufer seien und sich in diesem Zusammenhang daher keine pädagogischen Aufgaben mehr stellten. Die Pädagogik muss hier nur eher indirekt und unauffällig sein. Eine andere Szene, in der eine Vierzehnjährige den Computer nutzt, um sich im Chat „als junger Mann darzustellen mit langen Haaren und Waschbrettbauch" illustriert das. Entscheidend ist dabei, dass die Pädagogin, die uns die Geschichte erzählt hat, das Ganze mit Wohlwollen und diskret wahrnimmt. Sie kommentiert: *„Also finde ich schon irre, was die da, das muss sie sich ja ausdenken. Von daher denke ich schon, dass sie auch Fantasie dabei entwickelt und bei R. kommt dann noch hinzu, dass sie die Rechtschreibung übt. Das ist ihr nicht so bewusst, aber sie wird natürlich auch angemacht, wenn sie dann beim Chat ein Wort falsch geschrieben hat. Oder fragt mich, wie man das schreibt. Also, das merkt sie nicht, dass sie dabei lernt"* (KL2, MS).

Das aufmerksame (aber eben nicht aufpasserische) pädagogische Dabeisein gehört in diesen Momenten dazu: Diskrete Unterstützung, wenn nötig, Setzen von Regeln und Grenzen. Auch das partielle Sperren des Gebrauchs, etwa aus Gründen des Jugendschutzes, ist wichtig und sei es auch nur als Zaun, über den man klettern kann.

7.2 Praktische Kompetenzen

Jugendarbeit bietet auch Gelegenheitsstrukturen für die Aneignung vielfältiger praktischer Kompetenzen und kultureller Techniken, die ihren kindlichen und jugendlichen Nutzern nicht mehr von selbst zugänglich sind. Auch solche Kompetenzen (zum Beispiel handwerkliche Kompetenzen, Sprachkompetenzen, Naturerfahrung, Begegnung mit anderen kulturellen Milieus und vieles andere) werden nicht nur dann gefördert, wenn sie durch gezielte Maßnahmen unterstützt werden, sondern vor allem auch dann, wenn die vielfältigen Gelegenheiten, die sich im Alltag der Jugendarbeit ergeben, als solche wahrgenommen werden.

II. BILDUNGSGELEGENHEITEN UND BILDUNGSRÄUME

These

Jugendarbeit bietet auch jenseits der durch Angebote und Projekte geplanten Vermittlung von praktischen Erfahrungen und Kompetenzen unerwartete Gelegenheiten für jugendliche Selbstbildungsprozesse. Diese zu entdecken und sensibel zu fördern, ist eine Aufgabe der Mitarbeiterinnen.

Szene

Am Billardtisch stehen fünf Jungen und drei Mädchen. Sie sind mehr mit sich selbst beschäftigt als mit Billard spielen – ein Junge tippt im Scherz einem Mädchen mit dem Queue auf den Kopf, dieses wehrt sich, versucht ihn zu packen, während er losspringt und sich jagen lässt. Dann bekommt sie ihn zu packen, hält ihn und versucht ihm den Queue wegzunehmen. Im Gerangel zerbricht der Queue am mittleren Gewindestück und sie hören auf, beschuldigen sich gegenseitig und lachen dabei. Bereits am Tag zuvor ist der andere Queue zerbrochen. Nun versuchen sie zuerst mit dem abgebrochenen Vorderstück weiterzuspielen, was aber nicht klappt. Dann kommt einer der Jungen auf die Idee, die beiden Queues selbst in der Juz-Werkstatt zu reparieren. Den Queue vom Vortag lassen sie sich von T. (Mitarbeiter) aushändigen, der sie wegen des Raums an M. (sein Tätigkeitsbereich) weiter verweist. Sie bitten M. (Mitarbeiter), den Raum aufzuschließen und erklären ihm den Grund. Er zögert kurz, da es versicherungsrechtliche Probleme bei einem Unfall geben könnte und der Werkraum eigentlich nur für den Kinderbereich da ist, stimmt aber dann doch zu.

In der Werkstatt teilt sich die Gruppe spontan in zwei Kleingruppen auf – die eine Gruppe besteht aus zwei Mädchen und einem Jungen und die anderen sind ausschließlich Jungen, das dritte Mädchen sieht nur zu. Spontan ergibt sich ein Wettbewerb: Wer repariert am schnellsten den Queue, aber so, dass er auch funktioniert! In den jeweiligen Kleingruppen wird diskutiert, wie man das Problem gelöst bekommt, dann wird nochmals über die Werkbänke gerufen: „Wie macht ihr's?". Das unbeteiligte Mädchen hat in der Zwischenzeit den Ghettoblaster geholt und wieder sehr laut angemacht (der Pädagoge schließt zwischenzeitlich aufgrund der Lautstärke die Tür), und sitzt auf der Werkbank in der Rolle einer Schiedsrichterin, indem sie die jeweiligen „Ergebnisstände" der Gruppen durchsagt.

7. JUGENDARBEIT ALS ANEIGNUNGSORT FÜR KOMPETENZEN

Die mädchendominierte Gruppe entscheidet sich für die Lösung, das Gewinde zu erhalten, es ein Stück zu versetzten und neu zu kleben. Ein Mädchen fixiert den Stock auf der Werkbank, der Junge hält ebenfalls fest, während das dritte Mädchen sägt. Dann legen sie das Gewinde frei und überlegen gemeinsam, welchen Holzbohrer sie brauchen. Der Junge tippt auf einen, fragt eins der Mädchen: „Willst Du bohren?", sie lacht und meint: „Hab' noch nie gebohrt!", alle drei lachen und er sagt: „Ist ganz einfach" und zeigt ihr, wie man die Bohrmaschine hält und den Bohrer auswechselt. Sie versucht es und bohrt sehr konzentriert wirkend ein Loch in den Queue als Gewindefassung, während die beiden anderen wieder den Stock fixieren. Die reine Jungengruppe sägt das abgebrochene Mittelstück einfach ab und versucht die beiden Stockteile mit Hilfe eines Holzdübels neu zu verbinden und zu verleimen. Dies geht relativ schnell, jedoch sitzt das obere Stück schief. Wieder sägen und dübeln sie und der Queue wird wieder ein Stück kürzer.

Währenddessen ist die gemischtgeschlechtliche Gruppe wesentlich konzentrierter und genauer an der Arbeit – sie leimen das Gewindestück ein, während das Mädchen, welches bislang nur den Stock fixierte, den Feinschliff macht. Beide Gruppen sind nahezu zeitgleich fertig: Die Jungen mit einem wesentlich kürzeren und schiefen Stock, während die andere Gruppe ihren Gewinn mit lautem Gejohle feiert (KS1, MS).

Interpretation

Zunächst ist das Billardspiel Medium für ein Spiel der Geschlechter: Mädchen und Jungen necken sich und rangeln miteinander. Während dessen geht der Queue kaputt und sie versuchen, noch im Spiel, festzustellen, wer denn nun die Schuld hat. Nach einem erfolglosen Versuch, mit dem kaputten Vorderstück weiterzuspielen, suchen sie nach einer Lösung, und ein Junge schlägt die Reparatur beider Queues vor. Gemeinsam wollen sie die Ressourcen des Hauses, die Werkstatt, die im Kinderbereich liegt, nutzen. Der dafür verantwortliche Mitarbeiter zögert, zum einen, weil es versicherungstechnische Probleme gibt, und zum anderen, weil der Kollege dafür zuständig ist, denn die Werkstatt gehört zum Kinderbereich. Offensichtlich erkennt dieser aber die Chance der Selbsttätigkeit und des praktischen Kompetenzerwerbs für die Jugendlichen und öffnet den Raum. Zu betonen gilt, dass keiner der Pädagogen die Jugendlichen aufgefordert hat, den Schaden umgehend zu

beheben oder sonst einen Handlungsdruck ausgelöst hat. Vielleicht entsteht gerade deshalb diese Situation, die von den Jugendlichen nicht als Strafe, sondern als Selbstaufforderung zu einer mit Spaß verbunden Aktion gelesen werden kann.
Im Werkraum entwickelt sich ein Wettbewerb, der pädagogisch erwünschten Charakter hat, aber ohne pädagogisch arrangiert zu sein: Die Jugendlichen stellen sich eine Aufgabe, indem sie die Notwendigkeit, den Queue reparieren zu müssen (ansonsten können sie nicht weiter Billard spielen), in eine Aktion umwandeln, die sie gegenseitig anspornt und zur besten Problemlösung und Durchführung motiviert. Dass die Räumlichkeiten nicht nur für den Reparaturzweck genutzt werden, sondern vielmehr von den Jugendlichen markiert und angeeignet werden, zeigt das Verhalten des nicht an der direkten Reparatur beteiligten Mädchens: Sie sorgt für die richtige Stimmung, indem sie den Ghettoblaster holt. So sind die Jugendlichen nun auch akustisch mit ihrer Musik im Kinderbereich hörbar präsent (vgl. auch Kapitel 9.1). Zugleich unterstreicht das Verhalten des Mädchens den Charakter des Ganzen als Spiel, indem sie die Rolle einer Schiedsrichterin übernimmt.
Bemerkenswert sind hier zwei Ebenen an Bildungsgelegenheiten: Auf der einen Seite die Aneignung handwerklicher Kompetenzen, auf der anderen Seite die sozialen Komponenten der gemeinschaftlichen Aktivität. Aufgebrochen wird die Geschlechterstereotype, dass Mädchen handwerklich passiv und inkompetent seien und Handwerken eigentlich „Jungenarbeit" sei. Die Eigenaktivität der Mädchen und Jungen muss nicht pädagogisch flankiert werden, sondern wird in der Peergroup untereinander angeregt und aus jugendlicher Motivation hergestellt. Hier ist auch von Bedeutung, dass sich die Beteiligten, auch wenn es auf den ersten Blick „nur" pragmatische Gründe sind, für die kaputten Sachen selbst verantwortlich fühlen und die räumlich-sächlichen Ressourcen der Jugendarbeit kennen und nutzen: Dieser Raum für ein eigenverantwortliches und selbstständiges Tätigwerden im ganz praktischen Sinne ist vorhanden.
Auffällig ist auch die unterschiedliche Vorgehensweise der beiden Gruppen. Die Gruppe mit den beiden Mädchen erscheint in der Planung und Durchführung der Reparatur wesentlich gründlicher und zielsicherer als die reine Jungengruppe vorzugehen, was sich letztlich auch auszahlt: Sie tragen am Ende durch ihr handwerkliches Geschick einen Sieg davon. Obwohl offensichtlich wird, dass der einzige Junge in der Grup-

pe über die detaillierteren praktischen Vorkenntnisse verfügt, nutzt er dies nicht dazu, um sich vor den Mädchen zu profilieren. Er zeigt ihnen zwar sein handwerkliches Können, traut ihnen aber auch zugleich etwas zu. Es kommt es ihm darauf an, im Teamwork am Ende einen funktionsfähigen Queue hergestellt zu haben. Vielleicht erkennt er die Unsicherheit der Mädchen gegenüber den Werkzeugen oder die scheinbare Selbstverständlichkeit der Rollenaufteilung; jedenfalls hat das Mädchen Vertrauen in sich selbst und nimmt die Ermunterung des Jungen an, selbst zu bohren. Gerade die gemeinsame Entwicklung und Umsetzung der Reparaturstrategie, die engagierte Zusammenarbeit und der kontinuierliche Austausch führen zum Erfolg. Bemerkenswert ist auch hier, dass diese Vorgehensweise nicht pädagogisch gesteuert wird, sondern innerhalb der Gruppe entsteht. Die reine Jungengruppe hingegen entscheidet sich für eine schnellere und pragmatische, aber handwerklich wenig ausgereifte Variante, was ihnen letztendlich eine Niederlage einbringt. Es erscheint fast so, als habe der Wettbewerb für sie primär eine zeitsparende Ausrichtung: Der Schnellere gewinnt. Dabei nehmen sie sich aber nicht die Zeit, ihr Vorgehen zu planen und zu einer sinnvollen Strategie zu gelangen. Inwiefern diese unterschiedlichen Vorgehensweisen der beiden Gruppen in einem direkten Zusammenhang mit dem Geschlecht der Akteure stehen, kann an dieser Stelle offen bleiben.

Generalisierung

Die Vermittlung vielfältiger Kompetenzen ist eines der Grundziele offener Jugendarbeit und schöpft aus ihrem reichhaltigen Repertoire der Gruppenpädagogik. Jene Angebote mit zum Teil langer Tradition, haben meist mehr oder weniger projekthaften Charakter beziehungsweise finden sie in einem pädagogisch angeleiteten Setting statt. Angebote wie Holz-, Metall-, Töpferwerkstätten, Reparaturwerkstätten für Fahrräder oder Autos, kreative Orte wie Bastelräume, Fotolabors, Medienwerkstätten usw. finden sich in allen Einrichtungen und vielen Projekten. Darüber hinaus gibt es zahlreiche Möglichkeiten im sport- und erlebnispädagogischen Feld. Dass diese, die Jugendarbeit dominierenden Angebote, ihren Sinn haben, wenn sie sich auf die Interessen der Kinder und Jugendlichen beziehen und an diesen anknüpfen, möchten wir hier nicht in Frage stellen. Genau so wichtig erscheint uns allerdings, auf informelle Gelegenheiten hinzuweisen, wo eben so vielfältige praktische

II. BILDUNGSGELEGENHEITEN UND BILDUNGSRÄUME

Kompetenzen unter den Jugendlichen selbst vermittelt werden und diese die ihnen angebotenen Ressourcen auch ohne pädagogische Inszenierung nutzen.

Innerhalb der Sondierungsphase des Projekts besuchten wir einige Werk- und Bastelräume, die mehr als Abstellkammer denn als lebendiger Raum wirkten. Pädagoginnen initiieren oft Angebote, die an den Interessen der Jugendlichen anknüpfen und stehen dann doch alleine da. Oder aber es kommen nur wenige, und der Aufwand entspricht nicht mehr dem Nutzen. Jedoch gab es auch belebte Räume, in denen Kinder und Jugendliche tätig waren. Diese Aktivitäten waren jedoch interessenbezogen und ereignisgebunden: Jugendliche betätigten sich nicht „einfach so", sondern knüpften hier an ihren konkreten Bedürfnissen an und nicht an einem abstrakten pädagogischen Anliegen (wie beispielsweise „Jungen sollen auch kochen lernen"). Innerhalb dieses Rahmens konnten wir feststellen, dass, wo die Gestaltung anregend ist, einen Aufforderungscharakter besitzt und an unmittelbar konkrete eigene Interessen anknüpft, Jugendliche sich auch selbst mobilisieren und gegenseitig motivieren. Es bedarf somit nicht zwangsläufig einer pädagogischen Anleitung, damit sich die Jugendlichen betätigen. Es können auch ganz nebenbei Bildungs- und Lerngelegenheiten entstehen, welche für die Jugendlichen einen besonderen Stellenwert haben, was allerdings vor allem dann der Fall sein wird, wenn auch ein reichhaltiges Angebot, das sie nutzen können, zur Verfügung steht.

Eine Abgrenzung zwischen dem schulischen Lernen und pädagogisch intendierten Angeboten innerhalb der Jugendarbeit fasst ein Jugendlicher in folgende Worte: *„In der Schule, ja, da wird gelernt. Hier, ehrlich gesagt, wird einfach nur so die Freizeit gemacht, also hier kann man in der Freizeit was Sinnvolles machen, und in der Schule wird eben gelernt und natürlich auch, da gibt es ja die Pausen, wo man auch ein bisschen Freizeit hat, aber na ja, hier kann ich in diesen so genannten Pausen mehr machen. Ja, hier ist es ein bisschen, kann man sagen, anders verpackt. Da ist es, da wird hingesetzt und da muss man jetzt das und das immer so soundso in der Schule machen, und hier ist so eben, es wird irgendwie lustiger gemacht, und dadurch würde ich auch sagen, lerne ich mehr, weil wir da Spaß daran haben und dann gefällt es uns auch, und da wollen wir es eben lernen"* (KS1, 14 J.). Offensichtlich hat der Junge die Bildungsabsichten der Jugendarbeiterinnen schon längst entlarvt, stellt aber für sich fest, dass Freizeit haben und für sich etwas lernen sich nicht ausschließen müssen, wenn es Spaß macht und an seine Interessen anknüpft.

Wie diese Verzahnung zwischen pädagogischer Tätigkeit und jugendlichem Eigeninteresse aussehen kann, verdeutlicht folgende Szene: *„Der Anfang in den Tag ist wieder ein wenig lau. Genau genommen ist nichts los. S. (Sozialpädagogin) scheint von der Leere ein wenig genervt zu sein, will die Zeit allerdings dafür nutzen, etwas für das Sommerprogramm zu bauen ... Sie sucht im Lager außerhalb des Treffs in einer angrenzenden Garage einige Latten zusammen und geht mit diesen Latten quer durch den Jugendtreff in die Werkstatt. Die Werkstatttür lässt sie offen und fängt in der Werkstatt an, mit den Brettern etwas zu konstruieren. Ich sitze an der Theke und sehe ihr durch die offene Tür zu. Zwischenzeitlich tröpfeln immer wieder ein paar Jugendliche herein. Die meisten sitzen auf den Sofas, zwei spielen Billard, einer ist im Chat. Ich habe von dem Thekenplatz aus einen sehr guten Blickwinkel auf die Werkarbeiten von S. Dabei stelle ich fest, dass auch die Jugendlichen, die auf den Sofas sitzen, einen sehr guten Blick auf ihre Arbeit haben müssen. S. fängt an, die Latten auseinander zu sägen und anzubohren. Dies macht Werkstattlärm und ich sehe, wie die Jugendlichen ihre Hälse recken, um mitzubekommen, was S. da macht. Durch den Eingang des Jugendtreffs kommt ein Mädchen. Sie begrüßt die Anwesenden nacheinander und geht unter anderem auch zur Werkstatttür, um auch S. zu begrüßen. S. spricht sie an und fragt sie einige Sachen – leider bekomme ich wegen der über die Anlage dröhnenden Musik nichts Genaues vom Gespräch mit. Das Mädchen geht in die Werkstatt, setzt sich halb schräg auf die Werkbank und unterhält sich mit S., die allerdings mit dem Arbeiten nicht aufhört. Ich beobachte, wie sich im Laufe der Zeit das Mädchen immer mehr an der handwerklichen Arbeit von S. beteiligt: Zunächst hält sie eine Latte, dann hilft sie beim Anbohren und Festhalten der Holzkonstruktion, scheint, dies kann ich akustisch nach wie vor nicht verstehen, auch irgendwas dazu zu sagen und bastelt dann selbst herum. Nach etwa einer Viertelstunde geht sie raus und geht in das Sofazimmer. Kurz darauf ist S. fertig mit der Konstruktion"* (KL2, MS). Ganz beiläufig bekommt das Mädchen in dieser Szene Kontakt zu handwerklicher Tätigkeit: Nicht als pädagogisch geplante Aktion, sondern aus der Situation heraus gewinnt das Tun der Pädagogin das Interesse der Jugendlichen. Auch wenn ihre aktive Beteiligung nur eine kurze Zeit andauert, so kann man doch davon ausgehen, dass hier ein Er-

fahrungs- und Kompetenzzuwachs für das Mädchen stattgefunden hat. Es ist fraglich, ob sie ein spezielles handwerkliches Projekt ebenso zu einer Teilnahme hätte motivieren können.
Eine weitere beobachtete Facette war die der selbsttätigen Aneignung von Informationen über aktuelle Vorkommnisse. Die Szene war eine ebenfalls unscheinbare: *„Zwei Mitarbeiter und ich sitzen am Tisch vor dem Mitarbeiterbüro. In der Zeit sitzen zwei Jugendliche mit am Tisch und lesen gemeinsam die Tageszeitung. Dabei fällt mir erst jetzt auf, wie sehr diese Tageszeitung von den Jugendlichen genutzt wird – und in welchen Händen ich sie heute bereits schon gesehen habe. Gestern hatte ich ebenfalls kurz in die Tageszeitung reingesehen und mir ist dabei aufgefallen, dass einige Sachen ausgeschnitten waren. Nun konnte ich sehen, dass einer der Jugendlichen nach einer Schere fragt, um sich eine Stellenanzeige auszuschneiden"* (KL2, MS).
Innerhalb der Interviews und in beiläufigen Gespräche mit Mitarbeiterinnen überwog die Meinung, dass Jugendliche aus unteren Bildungsschichten sich nicht für Zeitungslektüre interessieren; eine Meinung, die wir durchaus nachvollziehen konnten. Jedoch konnten wir beobachten, dass Jugendliche in den Einrichtungen, wo sie Zugang zur örtlichen Tageszeitung hatten, diese auch zu nutzen wussten. Die Tagespresse als ein Medium für die eigentätige Aneignung der Jugendlichen wird hier und vielleicht auch anderswo unterschätzt. Pädagogen scheinen den Besucherinnen oftmals das Interesse am politischen oder lokalen Geschehen nicht zuzutrauen. Vielleicht signalisieren die Jugendlichen dieses Interesse nicht offensiv genug, als dass es für die pädagogischen Kräfte sichtbar wäre. Doch findet jedenfalls in diesem Beispiel eine Beschäftigung mit der Tagespresse durchaus statt, wenn die Jugendlichen den Zugang frei wählen und selber entscheiden können, wann sie dies tun.

7.3 Bewältigung von Alltagsproblemen

Wenn Jugendliche in einer Jugendeinrichtung erscheinen, waren sie zuvor (meist) in der Schule. Was als einfache Feststellung banal klingt, kommt aber spätestens dann in eine Schieflage, wenn es um das Verhältnis von Jugendarbeit und Schule geht: Jugendliche bringen ihre Schulprobleme, neben anderen Alltagsproblemen, in die Jugendarbeit hinein und stellen diese vor Herausforderungen, die sie nur begrenzt bewältigen kann. Sie kann sich aber auch nicht davon abgrenzen, kein kategorisches „Das gehört nicht hierher" setzen. Bildung aus der Perspektive der Jugendlichen betrachtet heißt, diese als Akteure zu betrachten, die an verschiedenen Orte gleichzeitig leben und eben nicht nur Nutzerinnen der Angebote der Jugendarbeit sind, sondern auch Schüler, Mädchen, Jungen, Migranten, Teil ihrer Peergroup usw. Daher wird Jugendarbeit durch ihre strukturelle Offenheit auch mit Fragen und Problemen aus anderen Teilen der jugendlichen Lebenswelt konfrontiert und muss sich dazu in Beziehung setzen – und zwar nicht nur im Sinne von Unterstützungsleistungen wie Hausaufgabenhilfe oder Ähnlichem, sondern als Antwort auf die jeweiligen, von außen geprägten Befindlichkeiten und Probleme, welche die Besucherinnen ihr zumuten.

These

Jugendarbeit bietet Gelegenheiten zur Bearbeitung von Fragen und Problemen, die sich außerhalb ihrer Sphäre abspielen. Bildungsfördernd kann Jugendarbeit dann sein, wenn durch engagierte, sensible Pädagoginnen Möglichkeiten geschaffen werden, dass Jugendliche diese Themen einbringen können.

Szene

Ich setze mich an den großen Tisch, neben mir sind die Stühle frei. Es kommen drei Mädchen, sehr modisch gekleidet, türkisch aussehend, um die 15 Jahre, dazu, setzten sich neben mich, sagen: „Hallo" und geben mir die Hand ... Der Sozialpädagoge M. hält sich ebenfalls dort auf, und eins der Mädchen spricht ihn direkt an und erzählt ihm in einem ziemlich affektierten Ton, dass sie eine Entschuldigung schreiben müsse, das hätte ihre Klassenlehrerin – „Die dumme Sau!" (und ihre beiden Freundinnen lachen) – ihr aufgebrummt. M. fragt nach, für was sie sich entschuldigen muss. Sie müsse eine schriftliche Entschuldigung abliefern, weil sie sich mit einem anderen Mädchen geprügelt hatte. M. fragt dann noch einmal genauer nach, was dort passiert sei, und sie erzählt, dass sie jetzt in einer schriftlichen Entschuldigung schreiben müsse, wieso sie das gemacht hat. M. hört ihr ernsthaft zu und sie sagt dann zu ihm in überdrehtem Ton: „Kannst du mir die nicht mal schreiben?" – „Ne, das musst du schon selber machen." (Dies sagt er mit einer sehr

ruhigen sachlichen Stimme, überhaupt nicht auf ihren Tonfall einsteigend.) – „Mann! Ich habe mich per Mund bei ihr entschuldigt, aber das hat nicht gereicht. Das hat jetzt die Klassenkonferenz entschieden." – „Ich kann mir das ja gerne angucken, was du geschrieben hast." – „Hilf mir doch bitte. Ich habe sie doch nur geschubst, nicht richtig geschlagen und jetzt muss ich so etwas schreiben. Wie schreibt man denn eine Entschuldigung?" – „Wieso du das gemacht hast, warum du das gemacht hast und dann musst du eben reinschreiben, dass es dir wirklich Leid tut. Eine Entschuldigung macht keinen Sinn, wenn es dir nicht Leid tut."
Die drei Mädchen, die am Tisch sitzen, lachen sich mittlerweile schon halb kaputt über das Gespräch, weil ihre Freundin flapsig ist und M. sehr ernst. Es geht ein paar Mal immer hin und her. Das Mädchen sagt immer wieder: „Schreib du das doch für mich." Er sagt: „Nein, dass musst du schon selbst schreiben und ich gucke darüber."
Plötzlich gibt es einen kurzen Themenwechsel ... Dann wird, als ob es diese Unterbrechung nicht gegeben hätte, das Gespräch mit dem Sozialpädagogen wieder aufgenommen. Das Mädchen spricht ihn an: „Ihr seid doch dafür da, dass ihr uns helft."
Er winkt wieder ab, sagt, dass er sie gerne unterstütze, aber nicht ihre Aufgaben übernähme. Sie will die Entschuldigung jetzt auf dem Computer schreiben, sieht, dass M. ihr aber nicht helfen will und ruft dafür die Praktikantin S. her. Sie bleibt dabei sitzen und fängt an zu schreien: „S., S.!" S. kommt und wird darauf angesprochen: „Kannst du mir helfen? Da ist doch ein Schild, wo drauf steht, wenn wir Hilfe brauchen, können wir zu euch kommen. Also musst du mir jetzt helfen. Ich habe so was nie gemacht – mich entschuldigt." – „Warum hast du sie geschlagen?" – „Weil sie meine Freundin beleidigt hat. Ich kann doch nur Entschuldigung hinschreiben." – „Das musst du in einem Satz formulieren. Du kannst dich ja in mehreren Sätzen dafür entschuldigen, was passiert ist." S. holt dem Mädchen ein Stück Papier und einen Stift, und sie fängt an, zu schreiben. Sie müht sich dabei sehr ab, schreibt langsam und krakelig und wird von ihren Freundinnen ständig unterbrochen, indem sie Witze machen und sich dabei halb kaputt lachen. Dann formuliert die eine Freundin ihr den Text weiter vor: „Entschuldigung, dass ich dich getreten habe, aber eigentlich wollte ich das nicht." S. soll wieder weiterhelfen. S. verweigert die Unterstützung, sagt, dass sie das schon selbst machen muss. Das Mädchen fragt S.: „Hast du dich denn noch nie gekloppt?" – „Nee." – „Eh, Alter krass."

Gemeinsam formulieren die Mädchen die Entschuldigung. Es kommt ein weiteres Mädchen dazu und sie formuliert weiter vor, wie sie sich entschuldigen soll. Sie sagt: „Ich habe das auch schon ein paar Mal gemacht." Zwischenzeitlich kommt die Sozialpädagogin S. zurück und spricht das Mädchen an, ob sie inzwischen mit ihrer Mutter zusammen das Konto eröffnet hat ... „Ich weiß." (Sie lacht und geht dabei in den Computerraum, um die Entschuldigung zu schreiben.) (KL2, MS)

Interpretation

Die Szene hat ihre Vorgeschichte in einem Akt von Gewalt in der Schule: Die Hauptprotagonistin muss eine Entschuldigung schreiben, da sie in der Schule ein anderes Mädchen geschlagen hat. Wir wollen jedoch bei unserer Interpretation nicht über die Nachhaltigkeit solcher pädagogischen Maßnahmen debattieren, sondern reflektieren, was diese „Auflage" von außen für das Mädchen bedeutet und welche Bildungsgelegenheiten sich daraus entwickeln können. Bei der Nachfrage seitens des Mitarbeiters kommt sie unter Zugzwang: Sie muss nicht nur den Akt des Schreibens einer Entschuldigung „erledigen"; die Hilfe besteht darin, ihr zu erläutern, dass ihr wohl auferlegt sei, sich ernsthaft mit ihrem Verhalten auseinander zu setzen. Ähnlich reagiert die Praktikantin. Durch diese von dem Mädchen als Widerspenstigkeit der Mitarbeiterinnen verstandene Haltung und die faktische Hilflosigkeit der anderen beiden Mädchen, die ihrer Freundin in diesem Kontext weder Formulierungsangebote, noch andere Hilfsmittel anbieten können, wird das Mädchen fast schon zu einem Perspektivwechsel genötigt: Um überhaupt weiter zu kommen, befragt sie ihr Umfeld nach Hilfsangeboten, die dann doch in die Richtung einer Lösung der Aufgabe führen und vielleicht auch Anstöße für das Mädchen sein können, praktisch zu verstehen, worum es hier geht.

Auf den ersten Blick scheint die anfängliche Situation paradox zu sein: Ihr ernsthaftes Anliegen gegenüber dem Pädagogen versucht das Mädchen zugleich mit einem flapsigen Tonfall zu kaschieren und tut so, als gehe es nur um etwas Lächerliches. Der Pädagoge dagegen erkundigt sich erst nach dem Hintergrund, und dies macht er ernsthaft, ohne auf den Sprachstil des Mädchens einzugehen. Die ernsthafte Anfrage seitens des Mädchens scheint auf spielerische Weise gestellt, M. aber behandelt die Situation so, als ob sie durchgängig ernsthaft gemeint sei. Aus der Perspektive der Mädchen unterscheidet er sich wohl nur unerheblich von der moralisch fordernden Art und Weise ihrer Lehrerin und der Klassenkonferenz. Jedoch scheint die erhebliche Differenz zwischen dem „Duz"-Pädagogen im Jugendhaus und der „Siez"-Pädagogin in der Schule zu sein, dass sie andere Fragen stellen darf: Ihre Art, nach Unterstützung zu bitten und zu fragen, ist zum einen vom Tonfall nahe an einer Respektlosigkeit gegenüber Erwachsenen; zum anderen formuliert sie ein echtes Anliegen, welches sie offenbar ohne empfundenen Gesichtsverlust, auch gegenüber ihren Freundinnen, nicht anders vermitteln kann. Der Pädagoge hält hier die Balance zwischen zuhören und antworten, Angebot und Autoritätsbewahrung – und fördert so die weitere Suchbewegung des Mädchens nach ihrem Weg, auf ihr Problem eine Lösung finden zu können.

Dies hilft dem Mädchen, ihre eigentliche Schwierigkeit zu thematisieren. Sie hat nicht nur sprachliche Schwierigkeiten, einen Text zu verfassen, den sie als Entschuldigungsschreiben einreichen kann. Für sie scheint es schon ein schwieriger Schritt zu sein, sich *überhaupt* zu entschuldigen. Umso mehr überrascht sie die Auskunft, dass die angeforderte Praktikantin S. sich noch nie entschuldigen musste, weil sie sich noch nie geschlagen hat.

Die Szene zeigt nochmals auf, was wir unter dem Primat des *pädagogischen Antwortens* verstehen: Es werden Grenzen des Helfens aufgezeigt, da es keine angemessene Antwort gewesen wäre, die Strafaufgabe stellvertretend zu lösen. Vielmehr wird das Mädchen herausgefordert, eigene Lösungsstrategien zu entwickeln, auch mit Hilfe ihrer Freundinnen, die schließlich zeigen, dass sie doch noch mehr können, als nur zu kichern. Ein entscheidender Aspekt ist hier auch, dass die Mitarbeiter dem Mädchen eben diese eigenständige Alternativensuche auch zutrauen beziehungsweise ihr diese zumuten. Die Pädagogen bieten lediglich eine Rahmung und Anregungen, welche das Mädchen zu einer Lösungssuche auffordern. Doch gerade in dieser pädagogischen Zurückhaltung liegt in dieser Szene das bildungsfördernde Element.

Generalisierung

Die Grenzen zwischen Jugendarbeit und Schulsozialarbeit werden in der täglichen Praxis der offenen Jugendarbeit gerade dann verwischt, wenn es sich um so genannte „marginalisierte Jugendliche" handelt. Welchen Handlungsrahmen Jugendarbeiter dabei haben, und was diesen von dem der Schule unterscheidet, beschreibt der in der obigen Szene auftretende Sozialpädagoge M. so: *"Dass sie sich auch in der Schule teilweise anders verhalten – kontrollierter, überlegter handeln. Und, wenn man das als Lernerfolg bezeichnen will, das finde ich immer so eine witzige Sache, also wir haben ja sicherlich auch einige Leute als Besucher, die Kontakt zu uns haben, Pädagogen hier oder auch beim Jugendamt mit Kollegen zu tun haben, wo man zumindest den Lernerfolg sehr schnell mitkriegt, sie wissen genau, wem sie was zu erzählen haben, um das zu bekommen, was sie wollen. Und das ist ja in gewisser Weise ja auch ein ‚Lernerfolg', irgendwo. Was nicht unbedingt zu einer Verhaltensänderung womöglich führt oder keiner manifesten Verhaltensänderung, aber sie wissen halt schon, worum es uns geht, was wir meinen, was sie für eine gedeihliche Entwicklung bräuchten und sie nehmen es zumindest auf. Ob sie es sich immer permanent zu Herzen nehmen, ist natürlich ein langer Weg. Also, es sind, denke ich, viele kleine Schritte"* (KL2, MS). In dieser Interviewpassage wird deutlich, dass die Frage nach Lern- beziehungsweise Bildungserfolgen eine große Spannbreite an Definitionen zulässt. Es sind „viele kleine Schritte", welche auch kleine Lernerfolge sichtbar machen. Anderseits weist der Mitarbeiter darauf hin, dass Jugendliche auch großes Geschick darin haben, Erfolge sozialen Lernens zu simulieren, „um das zu bekommen, was sie wollen" und diese Vermittlungsleistung jener Pädagogen, so ironisiert er ein wenig, sei auch „ein ‚Lernerfolg' irgendwo". Es muss sich jedenfalls nicht immer um hochgesteckte Bildungsziele handeln, sondern der entscheidende Punkt liegt oft im Detail. Zu beachten ist dabei immer auch der weitere Kontext.

Das um eine Lösung ihres Schulproblems ringende Mädchen in der oben geschilderten Szene war schwanger; dies erfuhren wir zu einem späteren Zeitpunkt unserer Beobachtungsphase. Die Schwangerschaft war gleichzeitig Ursache anderer Probleme: Die Probleme mit dem Kindsvater, mit der Mutter des Mädchens, Probleme mit der Einrichtung eines eigenen Bankkontos ... Auch im Vergleich zu anderen Szenen und Gesprächen, wo Jugendliche ihre Probleme und Anliegen formuliert haben, wurde deutlich, dass mit diesen Problemen oftmals andere Lebensprobleme zusammenhängen. Möglicherweise ist ein Problem des schulischen Umgangs damit, dass die Schule von diesen Schwierigkeiten nichts weiß. Diese Probleme werden aber auch innerhalb einer Jugendeinrichtung nur dann sichtbar, wenn durch aktive, offene Pädagoginnen diese Themen eingebracht werden können und eine Vertrauensbasis zwischen Besucherinnen und Mitarbeitern besteht. Die Jugendarbeit kann insofern auch Gelegenheitsstruktur für Lebensberatung sein. Wie dies konkret aussehen kann, schilderte uns eine Jugendarbeiterin, die uns in einer beiläufigen Erzählung darauf hinwies, dass „fruchtbare" Situationen nicht inszenierbar seien, wohl aber aus der Beobachtung kleiner Handlungen und deren Interpretation entstehen können. Dazu erzählte sie uns eine Geschichte: *„Am Vortag bemalte sie mit zwei Mädchen einen Stromkasten. Sie brauchten einige Zeit dazu, die Situation war aber ganz entspannt und alle drei plauderten ein wenig. Plötzlich, für S. völlig aus der Luft gegriffen und nicht vorher angekündigt, sagte das Mädchen: ‚Meine Mutter ist ja jetzt trocken'. Im ersten Moment verstand S. auch wegen der Unvermitteltheit der Situation den Sinn nicht und brauchte einen Moment, dieses Gesprächsangebot anzunehmen und darauf zu antworten. In einem vorsichtigen Gespräch erzählte das Mädchen von der Alkoholikerkarriere ihrer Mutter und wie sie damit umgeht. Sie kam auch von sich darauf zu sprechen, dass sie an einem Punkt ist, wo sie auch nicht genau weiß, wie sie weiter damit umgehen soll. S. gab zu, dass auch sie nicht so recht weiß, wie sie damit umgehen soll, machte ihr aber das Angebot, dass sie mit einer Freundin, die bei der Suchtberatung arbeitet, gleich sprechen könnte. Das Mädchen nahm dieses Angebot an. Diese Information gab sie auch an ihre Kollegin U. weiter, die dann am nächsten Tag bei einer anderen Gelegenheit mit dem Mädchen ins Gespräch kam. S. erzählte uns, dass sie von der Situation so beeindruckt war, gerade weil sie so unvermittelt und für sie ungeplant entstand"* (KL2, MS).

Kontrastierend zu dem sozialpädagogischen Klischee „Lass uns doch mal drüber reden ..." entsteht in diesem Beispiel der Gesprächsanlass aus der Situation heraus. Statt durch eine wohlgemeinte pädagogische Beratung gezielt zu intervenieren, ist die Mitarbeiterin zunächst von der Offenheit des Mädchens irritiert. Sie findet nicht gleich die richtigen Worte, jedoch gelingt ihr dann ein sensibles Antworten. Diese Reaktion trifft aus Sicht der Besucherin offensichtlich den richtigen Ton, denn sie fühlt sich von der Pädagogin weder bedrängt noch ausgehorcht, sondern nimmt ihr Angebot, sich mit der Suchtberatung in Verbindung zu setzen, gerne an. Möglich wird dieser für die Beteiligten positive Verlauf vor allem dadurch, dass das Mädchen das Problem, welches Teil ihrer

Lebenswirklichkeit ist, von sich aus thematisiert und die Pädagogin in der Lage ist, einfühlsam damit umzugehen.

8. Jugendarbeit als Ort der Erprobung von Verantwortungsübernahme und Ehrenamtlichkeit

Wie gezeigt, stellt das Einbringen eigener Interessen und das selbstbestimmte Übernehmen von Verantwortung für Tätigkeiten oder Bereiche zugleich immer eine Bildungsgelegenheit dar, wenn die Besucher selbst bestimmen, auf was sie sich einlassen wollen und wenn sie sich in ihren Fähigkeiten auf einem sicheren Terrain ausprobieren können. Mehr noch bedeutet die Option, sich selbsttätig Möglichkeiten der Verantwortungsübernahme anzueignen, für die Jugendlichen immer auch einen Schritt in Richtung selbstständiger Lebensgestaltung und der Erweiterung von Lebenskompetenzen. Die Spannbreite liegt zwischen einer punktuellen Beteiligung und einem länger verbindlichen Engagement, welches wir hier beispielhaft aufzuzeigen versuchen.

Eine ehrenamtliche Beteiligung Jugendlicher, verbunden mit Pflichten und Privilegien, ist oftmals sowohl in der offenen Jugendarbeit als auch in der Jugendverbandsarbeit mit dem Erwerb der Juleica (Jugendleiter-Card) verbunden. Die Jugendleiterausbildung qualifiziert die Heranwachsenden, durch die sie „offiziell" legitimiert werden, besondere Rechte für sich in Anspruch zu nehmen. Konkret ermöglicht sie einerseits zum Teil die Nutzung der Räumlichkeiten ohne die Anwesenheit des pädagogischen Personals. Anderseits gehen die Jugendlichen aber mit dem Erwerb der Juleica auch ein gewisses Maß an Verpflichtungen ein, ein Stück weit Verantwortung für das zu übernehmen, was in ihrem Jugendtreff geschieht. Innerhalb der Jugendverbandsarbeit hat die Qualifizierung von Ehrenamtlichen einen besonderen Stellenwert, ist sie doch aufgrund ihrer Strukturen auf das ehrenamtliche Engagement ihrer jugendlichen Mitglieder angewiesen. Die Jugendlichen gestalten hier in der Regel eigenverantwortlich ihre Treffen und Aktivitäten, ohne die Präsenz hauptamtlicher Pädagoginnen.

Als ein weiterer Aspekt bezüglich der Förderung informeller Bildungsprozesse kommt der Partizipation im kommunalen Raum besondere Relevanz zu. Gerade, wenn sich die Beteiligung der Jugendlichen nicht nur innerhalb des in sich geschlossenen Rahmens eines Jugendtreffs abspielt, sondern diese Grenzen zur kommunalen Öffentlichkeit geöffnet werden können, bietet sich den Besuchern die Möglichkeit einer aktiven Mitbestimmung und Mitgestaltung ihres Lebensortes, einer *Partizipation* im wörtlichen Sinne.

Aufgrund unseres Materials haben wir in den Unterkapiteln dieses Abschnitts zwischen Erprobung von *Eigeninitiative, Ehrenamtlichkeit* und *Partizipation* unterschieden. Während Letzteres auf eine kommunale Umwelt Bezug nimmt, beziehen sich die anderen beiden Aspekte auf den (beschränkten) Ort der Jugendarbeit selbst, obgleich die Übergänge fließend sein können. Als elementare Aufgabe von Jugendarbeit, junge Menschen zu einer selbstbestimmten Lebensführung und gesellschaftlicher Mitverantwortung hinzuführen und sie dazu anzuregen, ihren Lebensraum mit zu gestalten und mit zu bestimmen (vgl. KJHG § 11), ist sie zugleich Gelegenheitsstruktur für jugendliche Selbstbildungsprozesse.

8.1 OPTIONEN DER EIGENVERANTWORTLICHKEIT: WARUM DIE THEKE NICHT OFFEN IST

Nahezu jede Jugendeinrichtung verfügt über eine Theke/ein Café, deren Organisation je nach Struktur des Jugendtreffs unterschiedlich gehandhabt wird. Dieser Ort ist auch seit Jahren als Übungsort für Beteiligung und Verantwortungsübernahme deklariert, was manchmal gut und manchmal weniger gut funktioniert: Zum einen konnten wir Pädagogen beobachten, die Jugendliche wie zahlende Gäste bewirteten. Das Verhältnis „Jugendlicher – Pädagoge" erweckt so den Anschein einer missverstanden Auslegung der Dienstleistungsidee (Stichwort: Besucher als Kunden). Zum anderen gab es Thekendienste, die komplett in der Hand von Jugendlichen waren. Sie sind selber für die Abläufe verantwortlich, während die Mitarbeiterinnen nicht als „Versorgungsinstanz" definiert werden, sondern auf Anfrage unterstützen. Die Heranwachsenden sind in diesem Fall auf ihr eigenes Engagement, ihre Eigeninitiative und auf die Zuverlässigkeit und Verantwortungsbereitschaft des jugendlichen Thekendienstes angewiesen. Interessant waren für uns die Szenen, die zwischen diesen Polen lagen, wo die Theke zu einem Ort von verschiedenen Graden der Eigeninitiative und Eigenverantwortlichkeit Jugendlicher wurde.

II. BILDUNGSGELEGENHEITEN UND BILDUNGSRÄUME

These

Jugendarbeit ist ein Freizeitangebot, das zwar, wie andere (zum Beispiel kommerzielle) Freizeitangebote, auch passiv konsumierend genutzt werden kann, aber anders als diese vielfältige Gelegenheiten zur Eigeninitiative und zur Übernahme von Verantwortung bietet. Gerade dieser Aspekt ist zugleich immer als Gelegenheitsstruktur informeller Bildungsbewegungen anzusehen.

Szene

Im Café sitze ich wieder an der Theke, neben mir T. (der Pädagoge). Einer der türkischen Jungen, H., fragt, warum denn die Theke nicht offen ist. T. erklärt ihm, dass keiner der Jugendlichen die Theke machen will, also bleibt sie geschlossen, denn sie als Mitarbeiter sind nicht dafür da, Getränke auszuschenken. T. schlägt ihm vor, auch mal einen Thekendienst zu übernehmen, aber H. zögert und meint: „Ja, aber nicht heute." – „Dann gibt's halt auch nix!". Ein zirka 15-jähriges Mädchen bietet an, den Thekendienst zu übernehmen. T. zögert kurz, gibt aber dann grünes Licht, nachdem sie ihn daran erinnert, dass sie ihm das schon letzte Woche angeboten habe, er aber die Theke für die letzte halbe Stunde nicht aufhaben wollte. Sie bietet sich auch gleich an, immer montags und freitags die Theke zu übernehmen, dies sind die zwei Tage, an denen sie immer da ist und sie hätte wirklich Lust darauf. T. weist sie in die Theke kurz ein und einige freuen sich, dass sie endlich wieder Getränke kaufen können.
Zwischenzeitlich hat das Mädchen auf einem Stück Papier einen schriftlichen Vertrag aufgesetzt: Sie hat handschriftlich die kommenden Montage und Freitage mit Datum aufgeschrieben und schreibt dazu, dass sie an diesen Tagen Thekendienst macht, gezeichnet M. Sie übergibt T. dieses Blatt, der darüber schmunzelt. Er hängt es im Mitarbeiterbüro für alle sichtbar auf.
T. sitzt weiterhin an der Theke und fragt, ob sie sich nicht auch vorstellen könnte, in so eine Art Ehrenamtlichencrew zu kommen. Er erklärt ihr, dass er Interesse daran hat, dass das Haus auch außerhalb der regulären Öffnungszeiten genutzt wird, auch für private Partys und Veranstaltungen, die von einer ehrenamtlichen Crew in Kooperation mit dem Treff betreut werden. Sie ist sehr interessiert, auch von der Juleica

8. Jugendarbeit als Ort von Verantwortungsübernahme

Ausbildung hatte sie schon im Vorfeld etwas gehört und fände dies ebenfalls sehr interessant. Er fragt, ob sie als eine Art Testballon in der darauffolgenden Woche bei einer Party mithelfen will und sie, dadurch dass sie einige Leute kennt, hat auf das Experiment Lust. T. sagt nochmals explizit, dass sie aber vorher sich nochmals zusammensetzen, da sie nicht in eine Gastgeberrolle kommen soll, denn: „Du bist nicht die Verantwortliche, das sind die, die den Raum haben wollen" (KS1, MS).

Interpretation

Interessant erscheint uns die Szene in zweierlei Hinsicht: Zum einen als Angebot der Verantwortungsübernahme an die Jugendliche und zum anderen in Bezug auf das „Umsatteln" des Pädagogen von einem Jugendlichen auf eine andere und dabei das Nutzen der Chancen, die sich anbieten. Die Szene beginnt mit einem Versorgungsbedürfnis: Die Theke ist geschlossen und ein Besucher hätte gerne ein Getränk und spricht deshalb den Pädagogen an und hofft darauf, von ihm bedient zu werden. Der weist ihn zurück, indem er dem Jugendlichen klar macht, was hier seine Aufgaben und Arbeitsbereiche sind und was nicht. Die implizite Zurückweisung der Zumutung des Jugendlichen „Du hast mich hier als Mitarbeiter zu bedienen" enthält auch die unausgesprochene Botschaft des Pädagogen „Das wird hier erst attraktiv, wenn Du auch was dazu beiträgst, dass die Theke läuft". Der Pädagoge belässt es jedoch nicht bei der Zurückweisung des Versorgungsanspruches, sondern macht dem Jugendlichen den Vorschlag, selbst mit Verantwortung zu übernehmen, explizit für den Thekendienst. Der Jugendliche kalkuliert Kosten und Nutzen und verzichtet zugunsten seiner Flexibilität auf das Getränk. Der Pädagoge gibt nicht nach, sondern verdeutlicht nochmals die Konsequenz: Ohne eigenes Engagement gibt es hier keine Getränke. Das anwesende Mädchen steigt in das Gespräch ein und bietet ihre Hilfe an. Sie will die Theke gerne erobern, traut sich das auch zu und will aktiv werden. Jedoch wird hier eine implizite „pädagogische" Regel offensichtlich, nämlich, dass die Thekenöffnung eine gewisse Verbindlichkeit haben muss. Sie wird nicht nur kurz bei Bedarf geöffnet, um schnell und unkompliziert an Getränke zu kommen, sondern das Engagement muss eine gewisse Kontinuität aufweisen. Zugleich hat T. wohl die Befürchtung, dass die informelle Regel unter den Jugendlichen „Jungen schicken Mädchen vor, damit sie ne Cola bekommen" hier greift und will dies die Jungen zunächst spüren lassen. Der Pädagoge befindet sich in einem Zwickmühle: Geht er auf das Angebot des Mädchens ein, dessen Hintergrund ihm nicht ganz klar ist (macht sie das Angebot, weil sie dem Jungen als Mädchen gefallen will oder will den Thekendienst wirklich?) und verzichtet zugunsten dessen auf eine weitere mögliche Hinführung zur Übernahme von Verantwortung auf der Seite des Jungen? Der Mitarbeiter „sattelt" dann doch um und lässt sich auf das Angebot des Mädchens ein, das schon im Vorfeld Interesse an der Mitarbeit signalisiert hatte. Sie „beweist" ihr Engagement und ihre Verlässlichkeit sogar in schriftlicher Form, eine Art der Inszenierung ihres Angebotes, die den Pädagogen veranlasst, zu schmunzeln und seinerseits beim Spiel „wir machen jetzt einen Vertrag" mitzuspielen.

In einem zweiten Zug erweitert der Pädagoge daraufhin das Angebot zur Mitarbeit. Die symbolische Inszenierung von Verbindlichkeit interpretiert der Pädagoge als Bereitschaft für die Übernahme verantwortungsvoller Aufgaben, was ihn dazu bewegt, den Möglichkeitsrahmen noch ein Stück zu erweitern, dem Mädchen den Zugang zu einer formellen Rolle als Ehrenamtliche anzubieten. Mit dieser Angebotserweiterung zeigt er ihr auf, welche Nutzungsmöglichkeiten des Hauses noch denkbar wären. Hier kommt das Prinzip der Raumaneignung in erweiterter Form zum Tragen, denn eine selbstständige Nutzung der Räumlichkeiten bedeutet zugleich eine Erweiterung des Aktionsradius. Zugleich stellt der Pädagoge jedoch sicher, dass das Mädchen nicht ganz unvorbereitet diese Verantwortung übernimmt, indem er ihr eine Art Schnupperangebot anbietet und zugleich signalisiert, dass sie nicht in die Rolle der Aufpasserin für andere kommen soll, sondern diese ihre eigene Verantwortung haben.

Diese Szene kann verdeutlichen, dass kleine, auf den Ort der Jugendarbeit bezogene Dienste für Jugendliche nicht uninteressant sind: In der beschriebenen Szene haben Jugendliche in der Rolle des Thekendienstes eine klare Aufgabe, und zugleich kann die Theke ein attraktiver Kontaktort sein. Zudem kann es eine Startbahn für weitere Raumaneignungen sein, indem das Mädchen ihr Engagement als „Testballon" nutzt, um abwägen zu können, ob sie sich weitere Verantwortungsbereiche zutraut (und ihr diese zugetraut werden), bis hin zu einer Aneignung und eigenverantwortlichen Nutzung von Räumlichkeiten, auch ohne die Anwesenheit von hauptamtlichen Mitarbeiterinnen.

8. Jugendarbeit als Ort von Verantwortungsübernahme

Generalisierung

Verantwortungsübernahme, Selbstorganisation und das Erproben von Eigeninitiative und selbstständigem Handeln, verbunden auch immer mit der Möglichkeit des Scheiterns, können Jugendliche in der Jugendarbeit auf einem relativ sicheren Terrain einüben. Sie bietet als Erfahrungsraum den Heranwachsenden Chancen für die Entwicklung von Lebenskompetenzen und Lebensbewältigungsstrategien, indem sie die Wirksamkeit ihres Handelns erfahren können. Ein Jugendarbeiter beschrieb dieses Erfahrungsfeld als Zusammenhang der Förderung von Tugenden: *„Ziel ist für mich in der Kinder- und Jugendarbeit ganz einfach gesagt, Tugenden zu schaffen, Jugendliche zu fördern in ihrer Entwicklung und bei manchen gewisse Tugenden zu entwickeln, ja so was wie Verantwortung übernehmen, wie, ganz platt gesagt, manche müssen auch lernen, pünktlich zu sein, wenn man Besprechung hat oder sich an Regeln zu halten, die man aufstellt, aber es geht viel um diese Tugenden, ich benutze dieses Wort sehr gerne, es geht um Entwicklung und um Förderung dieser Entwicklung"* (KL1, MS).

Die Übernahme von Verantwortung, das heißt auch zuverlässig und verbindlich zu sein, ist für manche Jugendliche nicht primär lästig, sondern sie nehmen es als Ansporn wahr (vgl. hier den aufgesetzten „Vertrag" in der besprochenen Szene). Auch wenn Unzuverlässigkeit und Unverbindlichkeit oft als typische Merkmale der Adoleszenzphase gesehen werden und viele Jugendarbeiter ein Lied davon singen, haben wir viele Formen des selbstbestimmten Engagements beobachten können. Im Kontext der Bildungsdiskussion bedeuten sie Folgendes:

Erstens erscheinen uns Tätigkeitsbereiche, für welche Jugendliche in Option, freiwillig Verantwortung übernehmen, als solche schon mögliche Bildungsgelegenheiten. Dies kann beispielsweise in der Übernahme verschiedener kleiner Dienste (zum Beispiel Küche, Theke, Spieleausgabe, Musikanlage usw.), Zuständigkeit für die Konzipierung von Gruppenabenden, aber auch in der Organisation von Veranstaltungen geschehen. So konnten wir einige Male beobachten, dass der Thekendienst trotz Antipathie gegenüber einem „Kunden", dennoch nicht willkürlich mit ihm verfahren durfte beziehungsweise dies zu Konflikten führte, aus denen auch Lernimpulse entstanden. Erst recht gilt dies für Tätigkeiten, die den Hintergrund hatten, geschlechtertypische oder kulturgeprägte Tätigkeiten zu sein oder auch Versuche waren, entsprechende Grenzen zu überschreiten.

Zweitens sind Bildungsgelegenheiten zum Aspekt Eigeninitiative und Eigenverantwortlichkeit Jugendlicher meist unscheinbar, wie wir schon in der Szene zu unserer 1. Arbeitshypothese im 3. Kapitel zeigen konnten. Während Pädagoginnen oftmals die großen Sprünge erwarten (und dementsprechend frustriert sind, wenn es dann doch wieder schief geht), machen Jugendliche wesentlich kleinere Schritte. Eine Szene, die uns eine Pädagogin erzählte, veranschaulicht dies gut: Als sie mit Jugendlichen in die nächste Großstadt per Bahn fuhr, mussten Einzelne früher zusteigen. Für diese Jugendliche war es schon ein Abenteuer, sich überhaupt selbst am Automaten eine Bahnfahrkarte kaufen zu müssen. Was Pädagogen leisten können, ist kein „Blindenführerprinzip", wohl aber die sensible Begleitung, Jugendliche Schritt für Schritt an ein selbstbestimmtes Leben heranzuführen. Sie sollten ermutigt werden, mit zu bestimmen, mit zu entscheiden, sich zu trauen und auszuprobieren oder aber für konkrete Situationen die Verantwortung zu übernehmen.

Drittens möchten wir auf die Kultur der Förderung eigenverantwortlich tätiger Jugendlicher ohne formale Ehrenamtlichkeit verweisen, die einen maßgeblichen Teil der gesamten Verantwortungsstruktur einer Einrichtung, insbesondere der Jugendverbandsarbeit, ausmachen kann. Was Jugendliche motivieren kann, sich aus eigenem Antrieb heraus zu engagieren zeigt folgende Beobachtung:

„Ich (Beobachter) höre, dass eine Cafébesprechung ist: Beteiligt sind J., V. (zwei Besucherinnen) und von den Mitarbeitern M. Dieser erklärt mir im Vorfeld, dass die Betreuung dieser Gruppe seine Aufgabe sei. Die drei treffen sich im Mitarbeiterbüro, ich komme kurz darauf dazu, klopfe an, schaue rein und frage, ob ich dazu kommen darf. Die Mädchen haben nichts dagegen, M. auch nicht. Dann fragt M., was heute denn anliegt. – Nichts Besonderes. – Was war denn letzten Freitag so los? – So wie immer. – Gab es irgendwelchen Stress oder Probleme? – Nein. Dann macht M. die Kasse auf, zeigt den Mädchen die Abrechnung und sagt, wie viel Überschuss sie letzten Freitag gemacht haben. Ich frage kurz nach, was dies zu bedeuten hat und J. erklärt mir, dass sie das auf eigene Kasse machen würden. Dann besprechen die drei, was sie für kommenden Freitag noch einkaufen müssen: Einige Lebensmittel und Getränke sind ausgegangen, diese müssen nachgekauft werden, M. fragt, wie viel dieser Einkauf kosten würde und die Mädchen fangen laut an, sich irgendwelche Preise zuzurufen, kommen darauf, dass bei einem

Discounter das Ketchup günstiger ist als beim anderen, und sagen am Schluss, wie viel sie für den Einkauf benötigen – knapp zehn Euro. M. gibt ihnen 10 Euro aus der Kasse, verbucht dies im Abrechnungsheft. Danach besprechen sie, wann sie den Überschuss ausgezahlt haben möchten, wollen jedoch Entscheidungen auf später verlegen, da sie jetzt ja nur zu zweit sind und ihre anderen Kolleginnen noch mit dabei haben wollen" (KL2, MS).

Die Mädchen, welche das Café der Jugendeinrichtung betreiben, tun dies aus eigener Motivation heraus und arbeiten „auf eigene Kasse", können aber auch gemeinsam vom Überschuss profitieren. Nicht nur das letztgenannte, sondern schon die Möglichkeit, eigenverantwortlich mit Geld zu disponieren und darin ernst genommen zu werden, macht die Arbeit für die Mädchen attraktiv. Obwohl sie keine „offiziellen" Ehrenamtlichen in Form von Jugendleiterinnen sind, erhalten sie hier die Möglichkeit sich einzubringen und sich in eigenverantwortlichem Handeln auszuprobieren. Über ihre Beweggründe gibt eines der Mädchen in einem Interview Auskunft: *„Weil, ich war ja so schon immer freitags hier und dann saß ich eigentlich auch hier und dann hab ich mir das so angeguckt von den anderen und da habe ich mir gedacht, trage ich mich mal ein, weil wird sicherlich Spaß machen und es macht auch Spaß ... so mit den anderen zusammen zu arbeiten, im Team"* (KL2, MS). Als den ursprünglichen Beweggrund für ihr Engagement gibt das Mädchen den zu erwartenden Spaßfaktor an, und sie sei ja zu der Zeit sowieso immer im Jugendtreff. Auf weiteres Nachfragen des Interviewers bestätigt sie aber auch, dass sie durch ihre Mitarbeit im Café auch etwas für sich lernt: *„... wir müssen hier alles selber machen im Café. Und da lernt man auch teilweise aufzuräumen, weil wir ja selber aufräumen müssen, in der Küche sauber machen müssen wir auch. Und darum, ich finde das hilfreicher – also hier lernt man was, bei DJ da lernt man halt Musik machen und an der Theke, da verkaufst du halt so, da brauchst du nicht aufräumen und gar nichts. Und hier lernt man auch was dazu für das spätere Leben."*

Diese Passage lässt sich aus feministischer Perspektive zunächst natürlich kritisch betrachten, denn das Mädchen erfüllt hier offensichtlich die gängigen Geschlechterstereotypen: Sie sieht, pointiert gesagt, ihren „Job" als eine ideale Vorbereitung für ihre spätere (optionale) Tätigkeit als Hausfrau, denn sie lernt putzen und aufräumen. Doch definiert sie den selbst gewählten Cafédienst als Lern- und Erfahrungsfeld, da sie sich hier eigentätig Fertigkeiten aneignen kann, welche *sie* für *ihr* Leben als nützlich erachtet. Die Pädagogen nehmen hier eine eher begleitende denn leitende Funktion ein, das heißt, sie sind bei Beratungsbedarf zur Stelle, lassen die Mädchen aber ansonsten nach eigenem Ermessen organisieren und wirtschaften.

In dieser beschriebenen Szene wird eine Schnittstelle zwischen alltäglicher Eigeninitiative, jederzeit kündbarem Engagement Jugendlicher und „offizieller" Ehrenamtlichkeit, durch den Erwerb der „Juleica", offensichtlich. Den das Café betreibenden Mädchen kommen durch ihr Engagement bestimmte Rechte aber auch Pflichten zu, welche hier jedoch nicht durch den Erwerb der Jugendleiter-Card untermauert sind. Letzteren Teilaspekt beschreiben wir im folgenden Abschnitt.

8.2 Mitverantwortung und Ehrenamtlichkeit: Juleica

In der Jugendverbandsarbeit gehört das ehrenamtliche Engagement der Mitglieder zu ihren Grundpfeilern, nach dem historischen Prinzip „Jugend führt Jugend". Ohne eigenverantwortlich engagierte Jugendliche gäbe es folglich keine Jugendverbandsarbeit. Für die offene Jugendarbeit hingegen ist ehrenamtliche Tätigkeit keine strukturelle Voraussetzung. Es erscheint eher als erfreuliche Ausnahme, wenn sich in einer kommunalen Jugendeinrichtung eine Ehrenamtlichenkultur entwickelt, welche das Angebot in Teilen durch das freiwillige Engagement der Besucher mit trägt. Da ehrenamtliche Jugendliche in der kommunalen Jugendarbeit nicht zwingend notwendig sind (solange es ausreichend hauptamtlich Beschäftigte gibt), liegt es nahe zu vermuten, dass es spezifische Bedingungen dafür geben muss, dass sich die Besucherinnen aus eigenem Antrieb, und über den üblichen Thekendienst hinaus, engagieren. Die folgende Szene beschreibt eine solche bemerkenswerte Kultur des jugendlichen Ehrenamts in der offenen Jugendarbeit.

These

Eine formal anerkannte Art der Verantwortungsübernahme und des Engagements ist die Qualifizierung der Jugendlichen über die Ausbildung zum Jugendleiter. Der Erwerb der Juleica begründet für deren Inhaber besondere Rechte. Aus diesen erweiterten Optionen

8. Jugendarbeit als Ort von Verantwortungsübernahme

können für die Jugendlichen besondere Chancen für deren Selbstbildungsprozesse entstehen, wenn sich hieraus Möglichkeiten der eigenverantwortlichen Mitarbeit und Organisation ableiten.

Szene

Zwischendurch suche ich immer wieder das Büro auf, um mit den Mitarbeitern ins Gespräch zu kommen. Immer wieder sind einige der Jugendleiter im Büro (teils schon fertig mit der Ausbildung, teils brauchen sie noch Praxisstunden), welche mir bereitwillig über die Juleica-Ausbildung Auskunft geben. Ich lasse mich von zwei männlichen Jugendlichen über ihre Beweggründe für diese Ausbildung und deren Ablauf informieren. Es geht ihnen darum, Kompetenzen zu erwerben, Verantwortung zu übernehmen und einen offeneren Zugang zum Jugendzentrum zu bekommen. Einer der Jugendleiter veranstaltet am Samstag ein Improvisationskonzert, welches er komplett selber organisiert hat und zu diesem Zwecke auch die Schlüssel für das Jugendzentrum ausgehändigt bekommt. Am darauf folgenden Tag ist ein Karten-Turnier („Magic-Spiel"), welches ein anderer Jugendlicher organisiert, so dass die Schlüsselübergabe von einem Jugendlichen zum anderen stattfindet (KL1, SS).

Interpretation

Die hier beschriebenen Jugendlichen, die als *Jugendleiter* (Teilnehmer an entsprechenden Kursen und Inhaber der Juleica) bezeichnet werden, bewegen sich wie selbstverständlich im Büro der Einrichtung, als seien sie selbst den hauptamtlichen Pädagogen gleichgestellt: Als Voraussetzung für diesen Status wird ihre Ausbildung thematisiert. Ihr Auftreten innerhalb des Büros zeugt von einem hohen Selbstbewusstsein einerseits, andererseits von einer großen Anerkennung ihrer Arbeit, die ihnen von den Mitarbeitern entgegengebracht wird. Durch den Erwerb der Juleica verfügen die Jugendlichen über zertifizierte Kompetenzen, welche sie informell auch dazu berechtigen, die Büroräume in ähnlicher Art und Weise wie die Pädagoginnen zu nutzen. Im Gegensatz zu den anderen, „normalen" Hausbesuchern befinden sie sich in der Position, sich quasi als Mitarbeiter zu definieren, was ihnen ganz konkrete Rechte einräumt wie zum Beispiel, für besondere Gelegenheiten den Schlüssel der Jugendeinrichtung zu bekommen. Sehr detailliert können sie der Beobachterin benennen, wieso sie diese Art der Qualifikation erwerben. Sie thematisieren eigene Bildungsziele, die sie mit ihrem Status verbinden: Erwerb von Kompetenzen, Erprobung von Verantwortungsübernahme, aber auch ihr Privileg des „offeneren Zugangs" zur Einrichtung, ohne Präsenz der Hauptamtlichen. Sie nutzen als Ehrenamtliche diese Autonomie, um ihre eigenen Interessen in den Räumen der Einrichtung zu verwirklichen. Was dies bedeutet, ist in dieser Szene auf zumindest drei Ebenen knapp zu fassen:

Erstens mit Fokus auf den Aspekt der *Verantwortungsübernahme/ Selbstständigkeit*. Die Jugendleiterinnen können ihre eigenen Fähigkeiten vermehrt einbringen und zugleich ihre erworbenen Kompetenzen in der Praxis (hier ein Improvisationskonzert und Kartenspiel-Turnier) erproben. Sie können das, was sie in ihrer Jugendleiterausbildung gelernt haben, auf einer praktischen Ebene umsetzen. Dieser Erfahrungsraum wird ihnen von den Mitarbeitern der Jugendeinrichtung zugestanden, das heißt, die Umsetzung wird ihnen auch zugetraut.

Zweitens erobern diese Jugendlichen aus der Perspektive der *Raumaneignung* den Raum selbst, gestalten ihn insofern, als sie hier eigene Interessen und Themen einbringen können. Sie entscheiden selber, zu welchen Zwecken sie den Jugendtreff außerhalb der regulären Öffnungszeiten nutzen möchten, bringen selber Vorschläge ein und regeln die praktische Umsetzung ihrer Ideen (wenn notwendig mit Unterstützung der Pädagoginnen). Diese Selbstbestimmung geht so weit, dass die Räume auch ohne Pädagogen selbstständig genutzt werden können. Es findet im Vorfeld eine Absprache der Nutzer mit den Mitarbeitern statt, welche die Schlüsselübergabe von Jugendlichen zu Jugendlichen regelt.

Drittens haben diese ehrenamtlichen Jugendlichen mit Fokus auf den Aspekt der *Partizipation* die erweiterte Option, nicht nur „ihr Ding" zu machen, sondern auch einen Beitrag zum örtlichen Kulturleben zu leisten. Damit stellen sie sich (und die Einrichtung) auch in der Öffentlichkeit dar, denn die selbstorganisierten Veranstaltungen sind in der Regel für alle Interessierten frei zugänglich. Dies alles basiert auf dem freiwilligen Engagement der Jugendlichen in einem jugendkulturellen Milieu, welches das Überschreiten der Grenzen nach außen von sich aus sucht. Aktionen wie Konzerte, Spielabende etc., von Jugendlichen eigenständig organisiert, bereichern das freizeitkulturelle Angebot der Einrichtung in einem Ausmaß, welches die Mitarbeiterinnen aufgrund ihrer begrenzten Arbeitszeit alleine nicht bieten könnten.

Generalisierung

Die beschriebene Szene bietet ein Beispiel für das ehrenamtliche Engagement Jugendlicher in der offenen Jugendarbeit. Im Gegensatz dazu findet ehrenamtliches Engagement in Jugendverbandsarbeit unter anderen Bedingungen statt, welche wir hier nicht vertiefen können. Die Ausbildung zum Jugendleiter eröffnet den Jugendlichen die Gelegenheit, sich aktiv gestaltend einzubringen, für bestimmte Bereiche die Organisation und Verantwortung zu übernehmen und dadurch bestimmte Privilegien zu genießen. Sie sind in der Position von Quasi-Professionellen, zwischen „normalen" jugendlichen Nutzerinnen und hauptamtlichen Mitarbeitern. Das Verhältnis zwischen ehrenamtlichen Jugendlichen und Pädagoginnen beschreibt eine Mitarbeiterin wie folgt: *„Wir versuchen den Jugendlichen, die sich hier ehrenamtlich engagieren natürlich auch zu vermitteln, dass sie zum Team gehören, dass wir natürlich als Hauptamtliche noch mal so'n Kernteam bilden, aber dass wir sie schon als Mitarbeiter auch begreifen. Als ehrenamtliche Mitarbeiter natürlich, aber von daher versuchen wir auch so'n bisschen kollegiales Verhältnis aufzubauen, dass wir auch deren Meinung einholen bei bestimmten Sachen und regelmäßig gemeinsame Besprechungen haben, und wir versuchen das ehrenamtliche Engagement auch zu fördern. Dass wir einmal im Jahr ne große Feier machen für alle als Dankeschön dann auch, die wir organisieren mit Essen und Trinken für alle, kleine Weihnachtsgeschenke gibt's immer für alle, also ... und durch die Jugendleiterausbildung ist, denke ich, auch der entscheidende Anteil dabei, da kommt man sich natürlich auch nahe oder lernt man sich persönlich einfach viel besser kennen, weil das sind zwei Wochenenden, die man da zusammen verbringt, das schweißt dann ganz anders zusammen, wenn man irgendwie zusammen Sachen gelernt hat oder mit denen für die Abschlussprüfung gelernt hat, wenn man einfach auch abends zusammen Sachen unternommen hat"* (KL1, SS).

Die Pädagogin beschreibt hier ein ganz spezifisches Verhältnis zwischen den Hauptamtlichen und den ehrenamtlichen Jugendlichen: Es besteht zu ihnen eine engere Beziehung und ein persönlicherer Kontakt als zu den anderen Besucherinnen. Die enge Zusammenarbeit schafft

II. BILDUNGSGELEGENHEITEN UND BILDUNGSRÄUME

ein besonderes Vertrauensverhältnis untereinander und den Ehrenamtlichen kommen durch ihr Engagement bestimmte Rechte zu. Sie verfügen über spezifische Kompetenzen, welche ihnen erweiterte Nutzungsrechte bezüglich der Jugendeinrichtung zugestehen. Diese Privilegien bieten den Jugendlichen einen erweiterten Erfahrungsraum, in welchem sie sich in ihren Fähigkeiten ausprobieren können. Sie sind dabei jedoch nicht komplett auf sich selber gestellt, sondern können bei Bedarf jederzeit auf die Sicherheit der Unterstützung durch die Hauptamtlichen zurückgreifen. Auch in diesem Sinne bietet die Jugendarbeit den Heranwachsenden hier einen Proberaum, in welchem sie für Situationen im „realen" Leben üben können.

Zur Ehrenamtlichkeit äußert sich weiterhin ein Jugendarbeiter wie folgt: *„... ehrenamtliche Arbeit ist uns total wichtig, es passt wieder in die ‚Tugenden'; die kriegen von uns ja noch ne Ausbildung und dürfen ... ausgebildet Sachen machen und wir fördern damit Selbstständigkeit und Verantwortungsübernahme, ihre Zuverlässigkeit und wir geben ihnen ja damit ganz viel, auch ganz viel Vorschusslorbeeren, so die Anfangsprojekte, wenn sie dann hier anfangen, so 'n Schlüssel für den Saal oder für die Alarmanlage, für die Einrichtung, für Werte, wenn so 'n 16-Jähriger sich dann so den Schlüssel hier holt, der merkt schon, dass er da einfach was kriegt"* (KL1, SS).

Interessant erscheint uns hier die Verbindung des Momentes der Raumaneignung mit dem der Anerkennung. Denn der Pädagoge bietet den Jugendlichen einerseits ganz konkret die Option, die Räumlichkeiten für sich zu erschließen und sie sich partiell „zu eigen" zu machen. Wenn aber der Jugendliche „merkt ..., dass er da einfach was kriegt", dann handelt es sich auch um die Anerkennung, die damit verbunden ist.

Einschränkend ist allerdings festzuhalten, dass dieses Angebot der eigenständigen Raumnutzung, innerhalb unserer Beobachtung, die sich auf offene Jugendarbeit konzentrierte, relativ selten vorkam. Es setzt ein hohes Maß an Vertrauen seitens der Mitarbeiter in die Jugendlichen und auch entsprechende Spielräume seitens des Trägers voraus. Dennoch kann diese Interviewpassage zeigen, dass die verbreitete Sorge, alleingelassen würden die Jugendlichen *„die Bude abfackeln"* (Äußerung eines anderen Mitarbeiters) nicht immer begründet ist. Zwar scheinen sowohl die Sozialisationsbedingungen und Lebenskontexte der jugendlichen Besucher als auch die bürokratischen Rahmenbedingungen, die der offenen Jugendarbeit oft auferlegt sind, solche institutionalisierten

8. Jugendarbeit als Ort von Verantwortungsübernahme

Formen von Ehrenamtlichkeit allenfalls als Ausnahme, aber nicht als Regel zuzulassen. Auch mag es in den meisten Fällen schwer denkbar sein, den Besuchern eine eigenständige Schlüsselgewalt zu übertragen und sie unbeaufsichtigt in den Räumen agieren zu lassen; zu groß erscheint oft das Risiko, die Heranwachsenden könnten dieses Vertrauen missbrauchen, „Scherereien" machen und die Mitarbeiter hierdurch in Schwierigkeiten bringen. Dennoch scheint uns dieses „Gefahrenpotential" sowohl in den Köpfen vieler Mitarbeiterinnen als auch in denen auf übergeordneten Instanzen allzu fest verankert zu sein. Ein bildungsförderliches Zutrauen in die Jugendlichen könnte damit auch oft im Keim erstickt werden.

Wir maßen uns nicht an, allgemeine Regeln benennen zu können, wie das zu verhindern wäre. Wir haben ehrenamtliche Mitverantwortung in diesem Umfang auch in keiner anderen Einrichtung, die wir untersuchten, gefunden. Wichtig scheint uns aber festzuhalten, dass es in diesem Fall keineswegs ideale Bedingungen waren, die zu dieser Entwicklung führten, sondern eher glückliche Umstände und die produktive Nutzung einer schwierigen Übergangszeit: Der Standort der Einrichtung musste über eineinhalb Jahre lang wegen eines Abrisses und Neubaus geschlossen bleiben, während das Angebot in einem etwas abseits gelegenen Ausweichquartier weiter lief. Dies führte einerseits zu einer Reduktion des Besucherstamms auf eine kleinere, aber besonders motivierte Gruppe. Dies gab andererseits den Pädagoginnen die Gelegenheit, diese Jugendlichen intensiv in die pädagogische Planung der neuen Einrichtung einzubeziehen und sie damit zugleich zur Jugendleiter-Ausbildung zu motivieren. Dies führte wiederum dazu, dass sich diese Jugendlichen nach der Neueröffnung als Mitträger der Einrichtung identifizieren und dies auch den neuen (und zum Teil wiederkommenden alten) Besuchern als solche glaubwürdig vermitteln können. Es ist „ihr" Jugendtreff, welchen sie mit geplant und dessen Aufbau sie mit begleitet haben, sie durften mitbestimmen und teilweise mit gestalten (vgl. auch Kapitel 8.3).

Diese Entwicklung ist einerseits als sehr positiv zu betrachten, denn sie führte zu einer Identifikation einer Gruppe von Jugendlichen mit der Einrichtung, was sie zu einem außerordentlichen Engagement anregte. Doch zeigte sich in unseren Beobachtungen auch ein eher fragwürdiger Effekt der Entwicklungen: Was ist mit den Jugendlichen, welche in der Umbauzeit den Jugendtreff nicht nutzten? Bei näherer Betrachtung drängte sich ein Verdacht auf, dass sich unter den Besuchern eine Art

"Zwei-Klassen-Gesellschaft" gebildet hatte: Einerseits die privilegierten (zumeist deutschen) Ehrenamtlichen, andererseits die "normalen" (zumeist nicht-deutschen) Jugendlichen. Unter Berücksichtigung dieser entstandenen Effekte und der damit verbundenen Hierarchisierung kann demnach eine grundsätzlich wünschenswerte Beteiligung und ein ehrenamtliches Engagement auch zu einer Verfestigung von ohnehin schon bestehenden Ungleichheiten führen.

Die beschriebenen Rahmenbedingungen für die Entstehung eines beispielhaften ehrenamtlichen, jugendlichen Engagements und damit verbundener Verantwortungsübernahme sind weder übertragbar noch zu pädagogischen Zwecken herstellbar. Übertragbar scheint uns aber der Gedanke, dass gerade schwierige Umbruchzeiten in den Einrichtungen (etwa Baumaßnahmen oder auch Generationenwechsel der Stammbesucher und selbst durch nicht mehr bewältigbare Konflikte erzwungene Schließungen) immer auch neue Chancen eröffnen, eine intensivere eigenverantwortliche Beteiligung der Besucher zu erreichen, um diese mit speziellen, verantwortungsvollen Aufgaben (wie zum Beispiel der Organisation von Veranstaltungen) zu betrauen. Im günstigsten Falle wird es möglich, dass die professionellen Jugendarbeiter einen Teil ihrer pädagogischen Unterstützung in den Kompetenzbereich der ehrenamtlichen Jugendlichen verlagern. Die Förderung der Ehrenamtlichenkultur durch die Pädagoginnen kann einerseits den positiven Effekt mit sich bringen, dass die Professionellen in ihrer Arbeit ein Stück weit entlastet werden. Andererseits entstehen aber gleichzeitig auch erweiterte Chancen der Förderung jugendlicher Selbstbildung, sowohl für die Ehrenamtlichen selber als auch für die anderen Jugendlichen.

Jedoch konnten wir auch beobachten, dass die Ehrenamtlichenposition mit Fokus auf das Verhältnis "Jugendarbeiter – Jugendliche" nicht völlig unproblematisch ist und auf anderer Ebene Konflikte verursachen kann, wie zum Beispiel in der Gültigkeit von Regeln für *alle* Besucherinnen einer Jugendeinrichtung und in der Gefahr der selbst auferlegten Überforderung oder der Kompetenzüberschreitung durch die ehrenamtlichen Jugendlichen. Zu dieser Problematik hier eine weitere Interviewpassage: „ ... *Manche suchen sie (die Verantwortung; Anm. d. Verf.) und da muss ich eher gucken, dass es in realistischen Maßen bleibt, die schreien immer hier, aber kriegen sozusagen manche Sachen einfach nicht mehr gebacken, die müssen dann lernen, ihre eigenen Grenzen kennen zu lernen, wie weit sie und sagen, nein, das mache ich jetzt nicht*

mehr und andere sind sehr scheu und schüchtern, da muss man eher gucken und sie motivieren und anregen, doch mal was zu probieren. Das sind dann meist Gespräche über Ängste, über die Ängste, warum sie's nicht tun oder warum sie sich das nicht trauen, wo es nicht geklappt hat oder was passieren könnte, wenn sie's jetzt tun, sich mal auszumalen, was wäre denn, wenn es jetzt nicht klappt ..." (KL1, SS).
Der interviewte Pädagoge benennt hier ganz explizit ein Problemfeld, welches das ehrenamtliche Engagement innerhalb einer Jugendeinrichtung mit sich bringen kann: Einerseits die Gefahr, dass sich die Jugendlichen durch Übereifer selber überfordern, da sie ihre eigenen Grenze der Belastbarkeit nicht einschätzen können, andererseits die Gefahr, dass leisere Stimmen in der Motivation der selbstbewussteren Jugendlichen untergehen. Die pädagogische Kunst liegt hier in dem sensiblen Wahrnehmen und dem geschickten Ausbalancieren solcher auftretender Spannungsfelder.

8.3 PARTIZIPATION: JUZ-RUNDE – BETEILIGUNG UND MITGESTALTUNG

Es sei an dieser Stelle vorweggenommen, dass wir vergleichsweise wenig Beobachtungen anstellen konnten, welche eine Partizipation Jugendlicher im engen Sinne beschreibt, nämlich eine die räumlichen Grenzen der Jugendeinrichtungen überschreitende Beteiligung der Besucherinnen. Die von uns beobachteten Partizipationsangebote bezogen sich zumeist auf die internen Strukturen der Jugendtreffs, welche die Jugendlichen mitgestalten und mitbestimmen können. Doch auch diese Optionen des Sich-Einbringens und der Beteiligung sind entscheidend für die Selbstbildungsprozesse der Heranwachsenden, denn sie stellen ein Lernfeld dar, in welchem die Jugendlichen die Vertretung einer eigenen Meinung und eigener Interessen erproben können.

These

Mitverantwortung und Mitgestaltung kann sich auch auf das Verhältnis der Jugendlichen und der Jugendarbeit zu ihrer kommunalen Umwelt beziehen. Wenn es gelingt, Jugendliche in die Planungsaufgaben von Jugendarbeit, in die Auseinandersetzung mit der lokalen Öffentlichkeit, in das örtliche Kulturleben einzubeziehen und wenn diese Umwelt die Beiträge und Eigeninteresse der Jugendlichen als Teil der Bürgerschaft auch anerkennt, dann handelt es sich nicht nur um Prävention, nicht nur um aktive Kommunalpolitik, sondern auch um politische Bildung.

Szene

Zur JUZ-Runde kommen die Jugendlichen und Pädagogen zusammen, um Vorschläge, Anregungen und Kritik der Jugendlichen zu thematisieren. Diese Runde soll eigentlich wöchentlich stattfinden, was aber aus organisatorischen Gründen häufig nicht möglich ist, so dass das Treffen meist im zweiwöchigen Rhythmus läuft. Gegen 19.00 Uhr sind an diesem Abend nicht mehr so viele Jugendliche im Haus, die Teilnahme an der Runde ist freiwillig. (NB: Alle anderen Räume sind nach wie vor offen und frei zugänglich.) Die Gruppe besteht aus zwölf männlichen Jugendlichen, überwiegend türkischer Abstammung, und einem Mädchen. Der Geräuschpegel ist am Anfang immens, so dass es schwierig ist, die Tagesordnungspunkte festzulegen. Auch im weiteren Verlauf kostet es, obwohl der Geräuschpegel sinkt, jeden Einzelnen Mühe, die anderen ausreden und zu Wort kommen zu lassen. Die Tagesordnungspunkte selbst sollten die Jugendlichen komplett allein festlegen, jedoch haben beide Mitarbeiter auch Punkte, die sie zur Sprache bringen wollen und bringen diese ein. Protokoll führt ein Jugendleiter.

Das Treffen beginnt mit einer Vorstellungsrunde, damit die neue Praktikantin die Namen kennen lernt. Als nächster Tagesordnungspunkt wird von einem Mitarbeiter der raue Umgangston in Bezug auf den Küchendienst thematisiert, was eine heiße Diskussion hervorruft. Die Jugendlichen finden ihren Umgang legitim, da der Küchendienst selber oft unfreundlich sei.

Von Seiten der Jugendlichen wird bezüglich der Küche ein größeres Angebot an Pizzasorten eingefordert (mit entsprechenden Vorschlägen), da es sich vorwiegend um türkische Jugendliche handelt, welche kein Schweinefleisch essen. Es wird von den Pädagogen zugesichert, sich darum zu kümmern; auch wird der Vorschlag gemacht, doch eigene Pizzen mitzubringen, die dann in der Küche zubereitet werden.

Ein weiterer Tagesordnungspunkt dreht sich um die Wandverschönerung im Innenbereich des Jugendzentrums, eine Innovation, für die sie gemeinsam kämpfen mussten: Die Auflage des Architekten, dass die Innenräume auch in Bezug auf die farbliche Gestaltung nicht verändert werden dürfen, musste hier sehr zäh nachverhandelt werden. Die Pädagogen erzählen, dass die Wände zum Sprayen freigegeben sind, worüber sie sich freuen. Sie regen die Jugendlichen dazu an, Entwürfe fertigzustellen und einen fähigen Sprayer aufzutreiben, der dieses Projekt umsetzen kann. Die Idee stößt bei den Jugendlichen auf große Zustimmung und es wird lange darüber diskutiert. Es findet sich allerdings spontan niemand, der diese Aufgabe übernehmen könnte. Die Pädagogen machen den Vorschlag, dass Entwürfe eingereicht werden können, die dann in der nächsten JUZ- Runde angeschaut und diskutiert werden können. Es kommen noch weitere kleinere Tagesordnungspunkte „auf den Tisch" (Musikanlage, Boxraum, Mitternachtssport etc.), die aber relativ schnell abgehandelt sind (KL1, SS).

Interpretation

Die Szene beschreibt eine Partizipationsmöglichkeit innerhalb der offenen Jugendarbeit, bei der Jugendliche sich aktiv in Entscheidungen und Veränderungen der Einrichtung einbringen können. Die Jugendlichen werden nicht bloß durch die Pädagogen aktiviert, in der Runde mitzumachen, sondern sie nehmen von sich aus daran teil. Sie hätten durchaus die Möglichkeit, sich in der Zeit irgendwo anders aufzuhalten (was einige Jugendliche auch tun), denn das Haus ist geräumig genug, um sich der JUZ- Runde zu entziehen. Die Heranwachsenden haben offensichtlich Spaß und Interesse an der Runde. Auch bietet die beschriebene Situation Gelegenheit, Gesprächs- und Streitkultur unter den Jugendlichen zu fördern. Zugleich ist das für sie auch eine Herausforderung: Der anfänglich beschriebene Geräuschpegel senkt sich erst, nachdem den Teilnehmern klar geworden ist, dass so eine Kommunikation nicht funktionieren kann, und die Jugendlichen sind allmählich konzentrierter bei der Sache, äußern Wünsche und Kritik. Die Pädagoginnen sichern hierbei die geeigneten Rahmenbedingungen und das Erprobungsfeld für die Teilnehmer, indem sie zwar weitestgehend die Moderation übernehmen, den Jugendlichen dabei jedoch einen maximalen Artikulationsraum zugestehen. Die Beobachterin notierte allerdings im Anschluss an die Runde: *„Ein Potential, welches meiner Meinung nach in der heutigen Runde nicht ganz ausgeschöpft wurde, da nicht immer konsequent von den Pädagogen darauf geachtet wurde, dass jeder ausreden und seine Meinung äußern konnte, was allerdings bei einer solchen Gruppe*

in ihrer Zusammensetzung bestimmt nicht immer einfach ist" (KL1, SS).
Vor allem der Anfang ist störrisch und anstrengend: Es läuft nicht sofort ohne Komplikationen ab, denn die Teilnehmerinnen müssen auf andere achten, sie ausreden lassen und Meinungen, Kritik und Wünsche anderer akzeptieren. Diese Runde bedeutet für beide – Jugendliche wie Jugendarbeiterinnen – anstrengende Arbeit. Beide Parteien muten sich selbst und gegenseitig diese Anstrengungen zu. Diese führen aber für beide Seiten zu konkret fassbaren Ergebnissen. Ein weiterer Aspekt ist die Frage, wer eigentlich über was zu entscheiden hat. In dieser Runde, hier verstanden als Erprobungsraum des demokratischen Umgangs, nehmen die Jugendlichen sich selbst und ihre Meinung ernst, wobei die anwesenden Pädagoginnen keine Status bedingte Vormachtstellung für sich beanspruchen. Da hier keine Hierarchisierung in Form von wichtigen gegenüber weniger wichtigen Anliegen vorgenommen wird und allen Themen eine gleiche Wertigkeit zukommt, erscheint die Mischung der Anliegen und Gesprächsanlässe bunt zusammengewürfelt und zunächst beliebig: Der Umgangston wird nicht durch die Pädagogen, sondern gegenseitig unter den Jugendlichen thematisiert. Versorgungswünsche werden diskutiert; sportive Möglichkeiten innerhalb des Jugendraums werden angeregt. Auch um die dekorative Ausgestaltung der relativ neu eröffneten Räumlichkeit geht es, die zunächst wegen Vorbehalten des Architekten kaum möglich war.
Gerade dieser letzte Tagesordnungspunkt ist ein Hinweis auf den Unterschied zwischen interner *Verantwortungsübernahme/Eigeninitiative* und *Partizipation*, da hier die einrichtungsinternen Grenzen überschritten werden müssen und gemeinsames Engagement sowohl innerhalb der Einrichtung als auch in der Öffentlichkeit stattfindet: Um intern ihren Raum so gestalten zu können, wie sie möchten, mussten die Jugendlichen extern – mit Unterstützung der Pädagoginnen – Überzeugungsarbeit leisten. Partizipation ist also nicht als weitere Spielwiese für Jugendliche zu verstehen, sondern als ein Feld anzusehen, welches vor im Umfeld liegende (überwindbare) Schwierigkeiten stellt, an denen sich alle Beteiligten abarbeiten müssen.

8. Jugendarbeit als Ort von Verantwortungsübernahme

Generalisierung

Das bildungspolitische Mandat von Jugendarbeit ist besonders deutlich auf partizipative Zielsetzungen hin gerichtet: Sie soll Gelegenheiten zur Erfahrung von Teilhabe (und dadurch auch Demokratie) bieten, auf dem Prinzip der Freiwilligkeit basieren, an den Interessen der Jugendlichen anknüpfen, die Jugendlichen zu gesellschaftlicher Mitverantwortung und Beteiligung anregen und zur Selbstbestimmung und Eigenverantwortlichkeit befähigen. Der faktische Stellenwert von Partizipation, verstanden als das Sich-Einbringen der Jugendlichen in einem Wechselverhältnis zwischen zum einen der Gestaltung der Räume, dem Mitbestimmen bei Entscheidungen innerhalb des Jugendtreffs und zum anderen der Beteiligung an der kommunalen Öffentlichkeit, wird diesen Ansprüchen nicht immer gerecht. Umso mehr sind die beschriebenen Partizipationsmöglichkeiten aus folgenden Gründen wichtige informelle Bildungsgelegenheiten:

Beteiligung innerhalb der Jugendarbeit kann für die Jugendlichen bedeuten, dass sie *erstens* die Möglichkeit haben und nutzen, sich sowohl in institutionalisierten Zusammentreffen oder regelmäßigen Gesprächsrunden als auch im informellen Umgang im Alltag einer Jugendeinrichtung im Rahmen ihres eigenen Interesses zu artikulieren. Eine Pädagogin äußert sich in einem Interview zu der oben beschriebenen JUZ-Runde folgendermaßen: *„Also, was ich hier wichtig finde ist zum Beispiel die JUZ-Runde, die ja nicht immer stattfindet, aber, wenn wir sie alle zwei Wochen durchführen, wo wir alle mal an einen Tisch holen, um auch das Gemeinschaftsgefühl zu stärken, dass alle merken, wir sind alle gemeinsam Nutzer des Hauses und können alle gemeinsam das Haus gestalten letztendlich, wo wir dann auch sagen, das ist euer Haus und ihr könnt eure Ideen hier einbringen, was jetzt die Gestaltung der Räume angeht, der Wände, was zum Teil auch Öffnungszeiten angeht, jetzt für den Computerraum, da wurde ja auch auf Wunsch der Jugendlichen die Zeit ein bisschen verändert oder was bestimmte Angebote angeht ... das ich das ganz wichtig finde, den Jugendlichen das zu vermitteln, dass sie hier Möglichkeiten haben sich einzubringen und das zu gestalten. Und daraus ergibt sich natürlich auch ein stärkeres Gemeinschaftsgefühl und das versuchen wir ja schon aufzubrechen, dieses ..., dass wirklich nur die Gruppen nebeneinander existieren, sondern da ist dann auch der Raum, wo sie miteinander ins Gespräch kommen können"* (KL1, SS).

Die Pädagogin betont in der Interviewpassage die Stärkung des „Gemeinschaftsgefühls", welches für sie einen besonderen Stellenwert hat. Die JUZ- Runde eröffnet die Möglichkeit, unterschiedliche Gruppen innerhalb des Jugendzentrums an einen Tisch zu bringen, so dass ein Austausch stattfinden kann, welcher sonst von allein nicht zustande käme. Denn in dem Jugendtreff (wie mutmaßlich in jedem anderen) existieren unterschiedliche Gruppen und Cliquen, welche nur wenig miteinander zu tun haben, außer dem, dass sie das Haus gemeinsam nutzen. Das Treffen in dieser semi-offiziellen Runde ermöglicht, diese unterschiedlichen Gruppen ein Stück weit aneinander heranzuführen und auch gemeinsame Interessen und Belange sichtbar und verhandelbar zu machen. Dies zielt auch auf die Einübung demokratischer Strukturen und Prozesse, verstanden als Form des Zusammenlebens, welche die Heranwachsenden hier erfahren können. Diese Struktur sollte, neben solchen Treffen, auch als eine in der täglichen Arbeit präsente Aufgabe verstanden werden und hinsichtlich der Vernetzungen nach außen mit anderen Institutionen gelten. Dies bedeutet, dass die Jugendlichen die Möglichkeit eines Einblicks in die Arbeit der Mitarbeiter erhalten sollten, welche die räumlichen Grenzen der Jugendeinrichtung überschreitet. Eine Jugendarbeiterin beschreibt, in welcher Form sie den Teil ihrer Arbeit, den sie außerhalb des Jugendtreffs ausübt, für die Besucher transparent machen und dadurch Jugendlichen ebenfalls Partizipationsmöglichkeiten bieten kann: *„(Ich) habe gesagt, ich muss jetzt kurz zur Sitzung vom Präventionsrat und F. (ein Jugendlicher) hat gefragt, ob er mitkommen könnte, das war jetzt sein voller Ernst, er wollte da mit hin zu der Sitzung und dann habe ich ihn mitgenommen und hab ihm auf der Fahrt über den Präventionsrat was erzählt und was der macht, was für Arbeitsgruppen es gibt, wer da alles mitarbeitet und so weiter und das sind auch so kleine Momente ... Auch wenn ich am Rechner sitze und Protokoll schreibe und dann kommt jemand rein, finde ich's schon ganz gut, dem zu erklären, was und warum ich das mache, was sich daraus für Projekte ergeben, eben den Bezug einfach darzustellen zwischen den Verwaltungstätigkeiten, Gremienarbeit, was für die Jugendlichen erstmal schwer durchschaubar ist"* (KL1, SS).

Zum *Zweiten* kann Partizipation bedeuten, dass Jugendliche durch und in Projekte(n) öffentliche Aufmerksamkeit und Interesse auf sich ziehen, indem sie sich beispielsweise am lokalen Kulturleben beteiligen und Veranstaltungen wie Konzerte, Kinoabende eigenverantwortlich

8. Jugendarbeit als Ort von Verantwortungsübernahme

durchführen und diese die örtliche Kultur mit prägen und anerkannt werden (vgl. Szene 8.2 Ehrenamtlichkeit). Dieser Aspekt soll an dieser Stelle nicht erneut vertieft werden.

Drittens beinhaltet Partizipation die Möglichkeit, Jugendliche direkt an der Gestaltung und Planung (bei Um- oder Neubau) ihres Treffpunktes (Verbandsräume oder Jugendtreffs) mitwirken zu lassen. Zwei der besuchten Einrichtungen befanden sich gerade in einer Neu- bzw. Wiedereröffnungsphase und die Mitarbeiterinnen konnten hier von den Möglichkeiten der Beteiligung von Jugendlichen berichten. Diesen Prozess beschreibt ein Pädagoge in einem Fall sehr detailliert: *„Die Ursprünge gehen zurück auf 1997, da hat der Stadtjugendring eine Jugendwerkstatt initiiert und auch nicht selbst durchgeführt, sondern hat auch Moderatoren eingekauft, die das durchgeführt haben: eine Zukunftswerkstatt zum Neubau des Jugendzentrums. Das heißt, damals hat man diesen Anfangspunkt gesetzt und gesagt, wir möchten die Jugendlichen beteiligen bei diesem ganzen Prozess. Dann wurde ein runder Tisch gegründet, runder Tisch Neubau Jugendzentrum, in dem Jugendliche, aber auch Vereine waren, die damals auch das mit genutzt haben, auch teilweise Nutzer verschiedener ehrenamtlicher Initiativen waren dabei usw., damit man sozusagen von allen Nutzern des Hauses mindestens eine Meinung immer hatte in diesem Plan ... also die trafen sich dann immer wieder und haben einen Plan erstellt, wie wäre denn das ideale Jugendzentrum. Am Anfang waren insgesamt 50 Räume skizziert, also 50 Möglichkeiten, die es geben muss. Man musste immer gucken, den Jugendlichen zu zeigen, das wäre ideal, wenn nicht gucken wir mal, wie wir es umsetzen können. Aber sie waren eben die ganze Zeit dabei, das heißt, man hat sich immer wieder zusammengesetzt, Arbeitsgruppen gebildet, man hat geguckt, wie können wir Räume doppelt, dreifach, fünffach nutzen oder müssen manche Sachen wirklich dabei sein oder kann man das woanders machen, kann man Sachen abgeben, aber in der Regel ging es immer darum zu kürzen ... So, und dann gab's irgendwann ein Konzept immer noch mit den Jugendlichen und den verschiedenen Vertretern und das wurde im Rat verabschiedet und ging in die Planung und es wurden Ausschreibungen gemacht und, und und ..."* (KL1, MS). Das Jugendzentrum wurde konzeptionell von den Nutzerinnen mit entwickelt und geplant, so dass sich vermuten lässt, dass es im Endeffekt als ein jugendgerechtes Gebäude fertig gestellt wurde, welches den Besuchern Identifikationsmöglichkeiten bietet. Aus Interviews mit den Jugendlichen erfuhren wir jedoch, dass nur ein geringer Teil der Besucherinnen diese Partizipationsmöglichkeit nutzten beziehungsweise die am Planungsprozess beteiligten Jugendlichen mittlerweile das Jugendzentrum nicht mehr besuchen, weil sie aufgrund ihres Alters inzwischen nicht mehr in den Adressatenkreis fallen.

Einen weiteren interessanten Aspekt sprach der Pädagoge im Verlauf des Interviews an: Er berichtete von der Vernetzungsstruktur zu Verbänden und Vereinen, welche konzeptionell in den Neubau integriert wurde: *„Also das Gebäude ist im Grunde von der Jugendpflege genutzt und von Vereinen und vom Stadtjugendring. Das ist auch im Konzept immer gewollt gewesen, dass verbandliche Jugendarbeit auch hier im Hause stattfindet. Wir haben zwar einen räumlich getrennten eigenen Bereich, der aber jederzeit zu öffnen ist. Das finde ich eine wichtige Nutzung, die ungewöhnlich ist, wenn ich andere Jugendzentren angucke, die aber auch ihre Vorteile hat, viele kurze Wege so zum DRK oder zum CVJM oder gerade zum Stadtjugendring das ist hier auch geschichtlich begründet ... Die Vereine haben halt auch den Schlüssel und können in relativ viele Räume rein ... Dann sehe ich bei dem Gebäude Möglichkeiten, dass andere soziale Einrichtungen es nutzen können. Da war's immer wichtig, etwas zu fördern, was wir in den verschiedenen Facetten anbieten: Wir leihen und wir stellen zur Verfügung, wir haben einen Bus, den wir verleihen, wir haben Gerätschaften, Spiele, Zelte, Bauwagen, die wir verleihen und wir verleihen unser Gebäude sozusagen. Andere Einrichtungen können sagen, wir möchten ne Veranstaltung im Saal machen, dann tagt hier der Kreisjugendring oder ein Sportverein macht hier ne Vereinsparty ... bis hin zu diesem Bereich der Ehrenamtlichen, die das auch nutzen"* (KL1, MS).

Eine solch konzeptionell geplante und gewollte Vernetzung mit anderen Organisationen der (verbandlichen) Jugendarbeit ist nach unseren Beobachtungen jedoch eher die Ausnahme als die Regel. Doch können in diesem Beispiel die Strukturen von ansässigen Verbänden und Vereinen für die Besucher des Jugendzentrums transparent werden, so dass diese hausinterne Schnittstelle weitere Einbindungsgelegenheiten für die Jugendlichen bieten kann.

9. Jugendarbeit als Ort ästhetischer Selbstinszenierung

Als ästhetisch gestaltbarer Ort wird Jugendarbeit jenseits der expliziten Angebote häufig vernachlässigt. Meistens wird damit die Gestaltung der Räume assoziiert. Diese sind häufig der pädagogischen Vorstellung von jugendlichem Geschmack angepasst, im Versuch, einen Spagat zwischen jugendnahem Design, funktionaler Robustheit und Kostenminimierung zu machen. Überspitzt gesagt sind die Ergebnisse dann ausrangierte Wohnlandschaften oder Matratzengruften vor knallig bunt gestrichenen Wänden oder kratz- und stoßfeste Möbel, denen keine Nutzung etwas anhaben kann. Als ästhetisch anregendes Bildungsgelände kann das Raumangebot allerdings nur dann funktionieren, wenn es Aufforderungscharakter zur Gestaltung und ästhetischen Eingriffen durch die Jugendlichen hat. Wir konzentrieren uns hier zunächst darauf, jenseits von pädagogischer Raumgestaltung und aktivierenden Kreativangeboten weitere Perspektiven der ästhetischen Gestaltung durch die Jugendlichen aufzuzeigen.

Es geht uns neben den visuellen Gestaltungsmöglichkeiten wie Wandgestaltung, Mobiliar usf., auch um flüchtige Aneignungsformen, wie die der akustischen Besetzung von Räumen. Jugendliche tun dies vor allem, indem sie ihre Musik hören (oder sich damit auseinander setzen, welche Musik nun gehört werden darf). Auch bestimmte Lautstärken können akustische Inszenierungen sein, mit denen Jugendliche Räume für kurze Zeit für sich markieren und für andere schwer zugänglich machen.

Dies führt uns zu einem weiteren, dem für uns bedeutsamsten Aspekt: Ort ästhetischer Gestaltung ist Jugendarbeit vor allem dann, wenn sie ermöglicht, dass Jugendliche ihre spielerischen Erfindungen mit einbringen können, indem sich Jugendliche selbst als *„ad hoc Performance-Künstler"* betätigen. Auch in den Szenen der vorangegangenen Kapiteln haben sich Jugendliche immer wieder als Inszenierende ihrer selbst präsentiert. Wichtig ist uns auch hier wieder, dass Jugendliche eben nicht nur in der Beziehung zueinander und im Erweitern ihres Handlungsrahmens aktiv und suchend sind, sondern auch sich selbst wahrnehmen, spüren und darstellen wollen. Dies wollen wir unter dem Aspekt der *Körpererfahrung* zusammenfassen.

II. BILDUNGSGELEGENHEITEN UND BILDUNGSRÄUME

Beim Thema *ästhetische Inszenierungen und Arrangements innerhalb von Jugendarbeit* blicken wir demnach zum einen auf die kulturelle Eigenproduktivität im Sinne von Eigenaktivitäten der Jugendlichen, die wir als Selbstinszenierungen und in einem künstlerischen Sinne der Performances bezeichnen. Dabei findet häufig eine spielerische Auseinandersetzung mit ernsten Themen statt, die oftmals nicht klar und konkret fassbar, sondern viel mehr in ihrer Diffusität in Handlungen dargestellt werden. Zum anderen gibt es natürlich vielfältige Aktivitäten von Pädagogen, die ästhetische Gestaltungsvorschläge als Angebote mit einbringen. Darunter werden kreative Workshops und andere, von Pädagogen inszenierte Angebote subsumiert, was uns vor allem unter dem Aspekt des *pädagogischen Umgangs mit den Inszenierungsideen Jugendlicher* interessiert. Anhand des Beobachtungsmaterials stellten wir fest, dass Jugendliche sich zum einen selbst „kreativ nutzbares" Material wie Alltagsgegenstände, Farben, Zeitungen etc. suchen und zum anderen (auch medial) vermittelte Angebote für sich ummodeln. Bildungsgelegenheiten können diese Momente sein, wenn Pädagogen den Aufforderungscharakter dieses Materials für Jugendliche erkennen und für ihre Arbeit nutzen.

9.1 ÄSTHETISCHE RAUMANEIGNUNG

Die Tatsache, dass Jugendarbeit wesentlich auch Möglichkeiten informeller Bildung durch das Angebot ästhetisch gestaltbarer und für die eigenen Zwecke nutzbarer Räume bietet, ist aus der Literatur seit langem bekannt (vgl. Kapitel 1.3). Daher wollen wir nicht nochmals diesen Diskurs ausbreiten, sondern auf einzelne, weniger beachtete Aspekte hinweisen. Zunächst geht es uns um Beispiele, die zeigen, dass sich „ästhetische Gestaltung" nicht auf das beschränkt, was Pädagogen als „ästhetisch schön", „interessant" oder „kreativ" wahrnehmen. Vielmehr gilt es, die ästhetische Praxis Jugendlicher auch dort wahrzunehmen, wo sie sich für pädagogische Augen und Ohren nicht so erfreulich präsentiert. Die ästhetische Praxis in Gänze, das heißt nicht nur erwünschte Ausschnitte, sollte in den Blick genommen werden.

9. JUGENDARBEIT ALS ORT ÄSTHETISCHER SELBSTINSZENIERUNG

These

Jugendarbeit bietet durch die Gestaltung ihrer Räume vielfältige Bildungsgelegenheiten, wenn sie in der Lage ist, genau zu beobachten, wie Jugendliche ihre Auftritte und Abgänge in der Einrichtung gestalten, wie sich im Raum die Geschlechter begegnen, wie Räume und Nutzungsrechte verteilt werden und natürlich auch, wie Jugendliche die ästhetische Gestaltung der Räume mit prägen und welche Chancen sie dazu bekommen.

Szene

Im Cafébereich ist, außer an der Playstation, nichts los. Dafür sitzen im funktional eingerichteten Eingangsbereich (wo ich mich auch dazusetze) am Billardtisch sechs deutsche und polnische Jungen (zwischen 15 und 17 Jahre alt, hauptsächlich Realschüler) und unterhalten sich über das bevorstehende Saufgelage. Drei Mädchen im gleichen Alter spielen Billard. Im Hintergrund läuft der Ghettoblaster und spielt partytaugliche Popmusik. Es ist zwischenzeitlich 18 Uhr und sie versichern sich gegenseitig immer wieder, dass sie jetzt los sollten, rufen schon mal bei einem Kumpel an, um ihn an eine Gartenlaube zu bestellen, wo sie sich offensichtlich zum Saufen treffen – ausschließlich junge Männer. Zwei weitere Jungen kommen hinzu und holen sich, wie die anderen vorher, aus dem Café Stühle. Nun ist es im Eingangsbereich etwas eng. Einer erzählt, dass er schon eine Flasche zusammen mit seinem Kumpel vorhin ausgesoffen hat „und ich zieh und zieh und da kommt nix mehr und ich dachte, Mensch das ist Scheiße mit dem Plastikding da drin, und guck, aber da war die Flasche schon leer." Alle lachen über die gelungene Pointe. Die drei Mädchen reagieren überhaupt nicht, spielen weiter. Jeder erzählt, was er gekauft hat und es kommt eine beachtliche Menge zusammen: Als Grundlage dient jedem ein Sixpack Bier, der dann mit harten Sachen aufgestockt wird, um richtig gut besoffen zu werden. Gegen 18.45 Uhr macht einer wieder Druck, da er nun los will, einige andere auch, einer, der zwischenzeitlich gegen ein Mädchen Billard spielt sagt: „Ihr fangt aber nicht ohne mich an!". Ein anderer sagt: „Ich mach heute Weltmeistersaufen gegen mich!" und alle grölen. Einer, der nicht viel gesagt hatte wird von einem anderen gefragt: „Trinkst du auch mit?" – „Ich hab aber nix geholt." – „Kannst trotzdem

mitkommen." Eine weitere halbe Stunde später brechen tatsächlich die Jungen auf, einer muss nochmals schnell heim, um sich eine „Grundlage anzufuttern". Die drei Mädchen bleiben da.
Im Anschluss fragen drei junge Türken die Mädchen, ob sie Lust auf Billard haben. Sie belegen den Billardtisch zusammen mit den Mädchen und spielen in Zweiergruppen gegeneinander. Zunächst legt einer eine CD in den Ghettoblaster ein und dreht auf. Zu hören ist Sido (vom Berliner HipHop Label Aggro Berlin), der durch sexistische Texte, auf Deutsch gerapt, bekannt ist (Refrainfragment „Ich fick dich in den Arsch und in den Mund"). Die Musik empfinde ich als aggressiv und zornig, auch die Lautstärke sägt an meinen Nerven und ich habe das Gefühl, weggescheucht zu werden. Das Spiel scheint nicht im Mittelpunkt zu stehen: Mehr sind die Mädchen damit beschäftigt, die Musik immer wieder leiser zu machen, die Jungen immer wieder lauter – dabei grinsen sie sich immer wieder an. Der Pädagoge T. kommt nach einiger Zeit hin und sagt: „Könnt ihr mal leiser machen?", sie drehen es minimal leiser, T. dreht ganz leise und grinst: „Oh, so is' schön!", sie grinsen und machen wieder lauter, aber nur auf halber Strecke (KS1, MS).

Interpretation

Wir haben als Szene bewusst keine groß inszenierte und pädagogisch erwünschte ästhetische Aneignung und Gestaltung von Räumen ausgewählt, um den Blick gerade auf die kleinen, alltäglichen, für Pädagoginnen vielleicht auch problematischen Raumaneignungen zu lenken. Als Auftrittsort wird von den Jugendlichen hier der Eingangsbereich eines Jugendtreffs, zwischen dem Café und der Eingangstüre, ausgesucht. Baulich gesehen ist es ein „toter" Übergangsort[33] zwischen draußen und den „eigentlichen" Jugendräumen: Dennoch scheint das Café für die Jugendlichen in diesem Moment nicht attraktiv zu sein, zum einen, weil hier vielleicht die pädagogische Kontrolle höher ist; zum anderen haben sie im Eingangsbereich den besseren Überblick darüber, wer kommt und wer wo hingeht. Dem Anschein nach wollen sie sowieso bald weg,

---

33 Anhand unserer fotografischen Dokumentation wurde gerade dieser Kontrast innerhalb der Interpretationswerkstatt von Seiten der Beteiligten herausgearbeitet: Das Café wirkte gemütlich und einladend, während der Vorraum funktional und eher steril wirkte.

9. JUGENDARBEIT ALS ORT ÄSTHETISCHER SELBSTINSZENIERUNG

und außerdem ist schlicht und ergreifend im Café nichts los. In diesem vordergründig ästhetisch reizlosen Zwischenraum sind sie nicht wirklich drinnen, aber auch nicht ganz draußen. Um den Eingangsbereich für sich attraktiver zu gestalten, arrangieren sie diesen „Unraum" für ihre aktuellen Bedürfnisse um, holen sich einige Stühle aus dem Cafébereich und hören über den Ghettoblaster ihre eigene Musik. Ähnlich geht die Gruppe der türkischen Jugendlichen vor. Jedoch unterscheiden sich die beiden, zeitlich aufeinander folgenden Szenen in der Ausgestaltung, dem Umarrangieren, der Gewichtung einzelner Inszenierungselemente (wie Musik etc.) und der Nutzung des gesamten Settings.

Differenzen werden sichtbar, wenn man die Art der Inszenierung und Raumbesetzung innerhalb der beobachteten Szene betrachtet: Die deutschen und polnischen Jungen markieren den Raum durch einen klassisch männlich-pubertären Habitus. Sie reden laut und dominant über ihr anstehendes Trinkgelage und inszenieren so ein abendliches Ritual ihrer Peergroup. Zugleich buhlen sie um die Aufmerksamkeit und Zuwendung der Mädchen, nutzen diese aber mehr als Kulisse für ihre Selbstdarstellung. Das Schwanken zwischen drinnen und draußen wird besonders deutlich, indem sie permanent thematisieren, auf dem Sprung zu sein – und dann doch länger sitzen bleiben als geplant. Fast erscheint diese inszenierte Unentschlossenheit wie das Entrée des Trinkrituals. Zugleich versuchen sie, die anwesenden Mädchen zu beeindrucken, indem sie ihnen deutlich zu machen versuchen, dass sie alle echte Kerle sind, die richtig was abkönnen. Von der Art der Selbstinszenierung ist die Performance ähnlich wie die Inszenierung der drei Mädchen in Kapitel 5.1. Jedoch scheint diese Art der Inszenierung von Männlichkeit die Mädchen, die als stilles, aber nicht unbeteiligtes Publikum präsent sind, nicht zu beeindrucken: Sie reagieren, indem sie eben nicht darauf reagieren, abweisend. Die Jungen scheint das wenig zu kümmern. Es ist eine laute, aber auch für den Beobachter gut verträgliche Runde: Die Auswahl der Musik dient als weiterer ästhetischer Teil der Selbstinszenierung einer Truppe, die gut drauf ist. Sie soll die Partystimmung schon ein wenig anheizen. Die Anwesenheit des Beobachters scheint sie nicht weiter zu stören, vielmehr ist er Teil des Publikums.

Die türkischstämmigen Jungen besetzten den Raum vergleichsweise wesentlich körperbetonter und direkter: Der Raum wird sowohl über das ästhetische Mittel der (sehr lauten) Musik markiert, als auch durch einen eher spielerischen als plump-anmachenden Umgang sowohl untereinander als auch gegenüber dem hinzukommenden Pädagogen. Anstelle einer eigenen Kommunikation lassen sie die Musik für sich sprechen: Gegenüber den Mädchen inszenieren sie, was für eine Art Kerle sie sein wollen, nämlich reife Männer, die ihnen – auch sexuell – etwas zu bieten haben. Gegenüber den anderen Besuchern machen sie sich mit der lauten Musik ebenfalls bemerkbar, markieren und provozieren gleichzeitig durch die Anstößigkeit der Texte.

Zugleich machen sie es dem Beobachter schwer, sich längere Zeit dort aufzuhalten. Er fühlt sich in dem von ihnen gewählten Arrangement unwohl und deplatziert. Die Jugendlichen schaffen sich eine eigene Intimsphäre, indem sie den unerwünschten Erwachsenen durch eine Art Feuerwand von lauter und textlich provokant-anstößiger Musik abhalten. Die Mädchen lassen sich zwar auf das Spiel ein, greifen aber ein: Auch ihnen ist die Musik zu laut. Sie machen sie leiser, bis sie von den Jungen wieder lauter gemacht wird. Beide Gruppen lassen sich so auf einen spielerischen Machtkampf um eine subjektiv angemessene Musiklautstärke ein. Später kommt der Pädagoge hinzu, der auch die Interessen der anderen Jugendlichen im Haus vertreten soll: Er lässt sich auf ihr Leise-Laut-Spiel ein, indem er diesen Ball auffängt und, nach erfolgloser Aufforderung, die Grenzen seiner Toleranz aufzeigt und die Musik sehr leise dreht. Diese Art der Antwort des Pädagogen, ein Grinsen und die Freude über die Ruhe, ist kein explizites „pädagogisches" Programm im Sinne einer Zurechtweisung oder expliziten Verweises auf Hausregeln. Sie verweist auf gegenseitige Rücksichtnahme, nicht auf Zensur. Dies scheint die Jugendlichen anzusprechen und sie scheinen zu verstehen, was er ihnen vermitteln will. Ihre Reaktion darauf, ebenfalls zu grinsen und die Musik auf halber Strecke wieder lauter zu machen, ist Antwort und Anerkennung des Kompromissvorschlags zugleich.

Generalisierung

Die Bedeutungen des Sozialraums und dessen Aneignungsmöglichkeiten für Bildungsprozesse haben Autoren wie Lothar Böhnisch und Richard Münchmeier oder Ulrich Deinet bereits ausführlich thematisiert (vgl. Böhnisch/Münchmeier 1987, 1990 und Deinet 2004; vgl. Kapitel 1.3). Als wichtige Ergänzung verwies wiederum Stephan Sting (2004) auf die Verschränkung zwischen Aneignung und Peergroup-Geselligkeit im Rahmen individueller und kollektiver Selbstbildungspro-

9. JUGENDARBEIT ALS ORT ÄSTHETISCHER SELBSTINSZENIERUNG

zesse. Wir versuchen hier nicht, den Begriff der Raumaneignung im Fachdiskurs weiter zu entfalten, sondern ihn quasi „wörtlich" zu nehmen und auf den konkreten Ort der Jugendarbeit zu beziehen. Jugendarbeit als Teil der jugendlichen Lebenswelt kann Bildungsgelegenheiten bieten, wenn für sie die Möglichkeit des ästhetischen Selbstausdrucks von Jugendlichen in den jeweiligen Räumlichkeiten im Vordergrund steht. Ein Jugendarbeiter erzählte in einem Interview, dass es sein Hauptanliegen sei, den Jugendlichen immer wieder deutlich und klar zu vermitteln, dass die Räumlichkeiten ihre und nicht seine seien, die sie als Darstellungsort verschieden nutzen könnten, aber auch ein Stück weit Verantwortung dafür übernehmen müssten. Die verschiedenen Facetten der Gestaltung und Verantwortungsübernahme zu erkennen und Jugendlichen die Chance einer Eigenregie zu geben, birgt vielfältige Bildungsgelegenheiten. Dies geschieht jedoch nicht „inhaltslos", sondern ist an jugendliche Themen, die ästhetisch inszeniert werden, gekoppelt. Folgende Aspekte sind uns dabei wichtig.

Erstens: Haben Jugendliche die Möglichkeit, die Arrangements auszuwählen und mit zu gestalten, in denen sie sich aufhalten möchten, und prägen sie das Gesicht des Ortes mit? Im Detail geschieht dies durch eigenständige Auswahl oder Umarrangierung des vorhandenen Mobiliars, die Gestaltung der Wände und anderen Zeichensetzungen. Ein Jugendarbeiter schilderte uns eindrücklich, dass er als Einrichtungsleiter immer versuche, alle Räumlichkeiten in Bewegung zu halten: Alle Raumfunktionen seien nur auf das momentane Bedürfnis ausgerichtet – wenn das Internetcafé sich als zu klein erweise, werde es mit einem anderen Raum getauscht.[34] *„Nicht einmal mein Büro ist vor solchen Umzügen sicher (lacht)"* (KL3, MS). In den Interviews mit den Jugendlichen wurde deutlich, dass das Bedürfnis sowohl nach der allgemein an-

---

[34] Zwischenzeitlich konnten wir erfahren, dass in dieser Einrichtung der Mädchenraum, ein gemütliches Zimmer, mit großer Wohnlandschaft, Zimmerpflanzen etc., der über einige Monate als Rückzugsraum genutzt wurde, sukzessive seine Gestalt verändert hatte: Anfänglich durften generell keine Jungen mit in den Raum hinein, während unserer Beobachtungsphase durften Jungen auf Einladung mit hinein, danach kamen Mädchen, die wegen des flauschigen Teppichbodens u.a. Kampfsportübungen machten. Inzwischen ist das Mobiliar stark ausgedünnt, um Platz gewinnen zu können, und ein offener Kreis an Mädchen trifft sich mehrmals die Woche, um Kampfsportübungen machen zu können.

erkannten Auftrittsbühne, als auch nach Nischen und Ecken als Rückzugsräume besonders stark ist. Nicht zufällig ist in unseren Beispielen die öffentliche Bühne der Jugendarbeit primär von Jungen besetzt. Schon vor knapp 30 Jahren hat Götz Aly auf die jungenzentrierten „offenen Beschäftigungsangebote" – Tischtennis Kicker und Billard – verwiesen und dabei festgestellt, dass Mädchen am wenigsten damit anfangen können (vgl. Aly 1977, 8). Diese Angebote bestimmen heute immer noch den Standard der offenen Jugendarbeit, jedoch mit dem Unterschied, dass sich auch Mädchen diese Angebote sehr wohl aneignen, allerdings in einer anderen Art und Weise als Jungen. Denn sie nutzen diese eher an speziellen Mädchentagen, wenn keine Jungen präsent sind. Der Zugang zu Billardtisch, Kicker etc. erscheint für die jugendlichen Besucherinnen während der gemischtgeschlechtlichen Öffnungszeiten vergleichsweise erschwert. Dies könnte auch dazu führen, dass sich die weiblichen Jugendlichen auf die Aneignung solcher Betätigungsfelder während der speziell für sie initiierten Angebote beschränken, da sie zu „normalen" Treffzeiten überwiegend von den männlichen Besucher besetzt werden (vgl. Schmidt 2004).

Zweiter Fokus ist die Frage, wie diese Besetzung der Räumlichkeiten als ästhetische Inszenierung selbst ausgestaltet wird: Es geschieht nicht nur durch bleibende optische Zeichen und Symbole wie Poster oder Graffitis, sondern auch durch akustische Präsenz und die Art und Weise der Kommunikation. Auffällig ist die zentrale Rolle der Musik als Ausdrucks- und Abgrenzungsmedium nach außen und als Differenzierung innerhalb der Gruppe. Die Bedeutung von Musik als relevantes Element von Zugehörigkeit und Differenz ist von der Sozialpädagogik noch nicht ausreichend erfasst und wird in der fachlichen Diskussion eher nur als eine jugendtypische Ausdrucksform unter vielen dargestellt.

Der dritte Fokus bezieht sich auf die Ebene der tatsächlichen Nutzung der Räumlichkeiten: Wer hat welche Nutzungsrechte, wie werden diese transparent und ausgehandelt? Wie und wo begegnen sich Jugendliche verschiedenen Geschlechts, Alters und Ethnien? Und: Zu welchem Zweck werden die Räumlichkeiten neben der „offiziellen" Funktionszuteilung noch genutzt? In der Literatur ist seit langem die Forderung der autonomen Raumnutzung durch die Jugendlichen programmatisch, bei der es um Schlüsselbesitz und Verfügung über die Räume auch ohne pädagogisches Personal geht: Bei den Jugendverbänden ist dies, da oftmals die Räumlichkeiten eigenständig von den Jugendgruppen betreut werden

9. JUGENDARBEIT ALS ORT ÄSTHETISCHER SELBSTINSZENIERUNG

und sie dafür die Verantwortung für einen Raum übertragen bekommen, eine Selbstverständlichkeit, während die Träger offener Jugendarbeit dies eher als Notwendigkeit bei fehlendem Personal akzeptieren, in Sorge um das Risiko der Zerstörung der Räumlichkeiten. Wie sich diese zeitweise Autonomie über Jugendräume als bildungsfördernd erweisen kann, führten wir bereits in Kapitel 8.2 aus. Hier wollen wir nur deutlich machen, dass sich Raumaneignung durch Jugendliche keineswegs auf das schlüsselberechtigte Verfügen über Räume beschränkt, sondern, weit unterhalb dieser Schwelle, in vielfältigen Formen ständig stattfindet.

9.2 ZWISCHEN ANGEBOT UND VERÄNDERUNG: SELBSTINSZENIERUNG UND PERFORMANCE

Wenn sich Jugendliche buchstäblich „alles" als Bildungsgegenstand aneignen können, dann nutzen sie auch andere Personen und sich selbst für körperlich-ästhetische Bildungserfahrungen: Sie inszenieren innerhalb des Alltags ihre kleinen Auftritte, stellen sich dar und beziehen andere in diese Spiele mit ein. Diese Darstellungen ihrer selbst finden beispielsweise in Momenten des Tanzens oder von Begrüßungs- und Verabschiedungsritualen statt. Bezeichnend ist, dass diese Momente als Handlungen sowohl Elemente von Selbstausdruck, das heißt Individuation, als auch von Angleichung, das heißt Integration, haben.

These

Jugendarbeit kann als Raum ästhetischer (Selbst)Darstellung von Jugendlichen besetzt werden, wenn sie Platz für Inszenierungsmöglichkeiten offen lässt und diese von Jugendlichen mit ihrem kulturellen Repertoire unterschiedlich genutzt werden können.

Szene

Ich sitze im OT-Bereich an der Theke und sehe mich um. Zwischen mir und dem Mitarbeiter H. steht ein leerer Hocker. Ein männlicher Jugendlicher, groß und schlaksig, kommt auf uns zu und sagt: „Hallo!", ich schüttele ihm die Hand. Er stellt sich als einer der vier DJs des Hauses vor. Er fragt H., ob er ein bisschen Disco machen dürfe, das heißt, ob er Musik im Discoraum, der neben dem OT-Bereich liegt und ebenfalls immer geöffnet ist, auflegen darf. H. erlaubt es ihm und ich gehe beiden hinterher in den mit Neonlicht beleuchteten Discoraum. H. schließt dem Jungen die DJ Kabine auf und der Junge fängt an, nachdem er alle Geräte angeschaltet hat, Musik aufzulegen. Es kommen sofort einige Jugendliche, sowohl Mädchen als auch Jungen, in den Disco-Raum, stehen zum Teil herum, manche wippen zur Musik und zwei Jungen fangen an, in der Mitte der Tanzfläche Breakdance zu tanzen: Während einer am Rand steht und „normal" zur Musik tanzt, tanzt der andere in der Mitte der Fläche verschiedene Figuren. Sie wechseln sich ab, beobachten sich genau. Vor allem U., der der bessere Tänzer von beiden ist, wird auch von den herumstehenden und wippenden Jugendlichen genau beobachtet. Am Rande tanzen die Mädchen „normal" weiter, klatschen zur Musik. Irgendwann macht der DJ die Neonröhren-Beleuchtung aus und schaltet die Discolichtanlage an. Die Jugendlichen fangen an unter Strobo-Licht ihre Tanzperformance zu machen. Es kommt ein dritter männlicher Jugendlicher hinzu, der mit tanzt. Sie zeigen sich gegenseitig Figuren, tanzen miteinander, indem sie gestisch aufeinander Bezug nehmen: Das eine Mal „zieht" der eine den anderen, der ein imaginäres Seil um den Bauch gebunden hatte, zu sich heran. Das andere Mal sieht es aus wie eine japanische Kampfszene, da alle drei zusammen (oder soll ich sagen: gegeneinander?) tanzen, sie sich drehen, Lufttritte machen, Flic Flac schlagen. Das Stroboskoplicht verstärkt diese Effekte ungemein – Tanzfiguren, die bereits vorher schon getanzt wurden, erscheinen jetzt noch intensiver. Sie mühen sich da wirklich sehr ab, zeigen sich gegenseitig Tanzschritte ... Die anderen stehen nach wie vor außen herum, zum Teil sich ein bisschen bewegend, aber zum anderen auch den Tanzenden einfach nur zuguckend. Manche machen einen zarten Einstieg, werden kurz mit umtanzt, ziehen sich aber schnell wieder von der „Showfläche" zurück. Dann geht das Licht plötzlich an – nach ungefähr zehn Minuten – und die Disco-Beleuchtung wird ausgeschalten, während die Musik unvermindert weiterläuft. Der DJ macht das, weil H. sagt, dass die Lichtanlage und die Disco nur Freitag geöffnet sind und unter der Woche eben die Discoanlage nicht benutzt werden dürfe. Relativ schnell hören die meisten auf zu tanzen, nachdem sie nicht mehr das Disco-Feeling hatten, verlieren scheinbar die Lust zu tanzen. Auch ich fühle mich – nach diesem Kontrast – eher unwohl, ein gewisses Flair ging durch das Neonlicht verloren (KL2, MS).

9. JUGENDARBEIT ALS ORT ÄSTHETISCHER SELBSTINSZENIERUNG

Interpretation

Die beschriebene Szene könnte man zunächst unter dem Aspekt der Aushandlung von Regeln betrachten, nämlich wer bestimmen darf, was Disco und wann Disco ist. Wir konzentrieren uns hier jedoch auf eine andere Bildungsgelegenheit Jugendlicher, denn die Szene weist zugleich auf körperbezogene ästhetische Erfahrungen und Inszenierung der Körperlichkeit Jugendlicher hin.

Die Szene beginnt mit der Vorstellung eines männlichen Jugendlichen, der sich selbst als einer der Haus-DJs einführt, sich damit typisiert und seine Stellung angibt. Seine Frage an den Pädagogen als „Hausherrn" als Entscheidungsinstanz ist beiläufig: Er fragt, ob er ein „bisschen Disco" machen darf. Im Grunde genommen spielt die Frage mit einer Absurdität; „was ein bisschen Disco ist", konnte keine der interpretierenden Personen unserer Methodenwerkstatt definieren. Ob der Jugendliche zu Übungszwecken für die tatsächliche Disco auflegen oder einen Sondertermin für die Disco wollte, die nach Informationen des Beobachters immer am Wochenende stattfindet, ist uns nicht bekannt.

Gleich nach dem Beginn der Musik kommen Jugendliche dazu und nutzen dieses spontane Angebot. Dass diese Initiierung des DJs, die auch potentielle Konkurrenz zu pädagogischen Angeboten ist, auch für andere einen hohen Unterhaltungswert hat, zeigt der schnelle Zulauf durch die Besucher. Offensichtlich benötigen die Dazugekommenen eine Anwärmzeit, um ins Tanzen einzusteigen. Indem sie zunächst nur herumstehen, verdeutlichen sie eine Erwartungshaltung – sie erwarten ein Ereignis, wissen, dass jetzt in der „ein bisschen Disco" etwas passiert. Zwei Jugendliche fangen an zu tanzen, während die außen herumstehenden Jugendlichen anfangen zu klatschen und innerhalb dieser Anfangssituation ihre aktive Zuschauerrolle inszenieren. Die Herumstehenden beobachten genau, was die beiden Tänzer tun: Diese wechseln sich zuerst ab, stellen sich dar und zeigen den Zuschauern abwechselnd, was sie können. Auffällig ist hierbei, dass die Jungen eine eher exzentrische Ausdrucksweise haben, während die Mädchen am Rande des Geschehens „normal" (wie immer dies auch gedeutet werden kann), tanzen. Ganz durchdrungen werden kann die Bedeutungsstruktur hinsichtlich des offensichtlichen Bezugs zur Breakdancekultur nicht: Klar ist, dass es vordefinierte Formen gibt, also ein Minimum an Standards oder Basics, um auf dieser Grundlage gemeinsam improvisieren zu können.

Improvisation bedeutet in diesem Moment, dass es einen gemeinsamen Bezug gibt, innerhalb dessen die Beteiligten Eigenkreationen darstellen können. Die spielerischen Kampfszenen entwickeln sich zu einem sich steigernden Wettkampf, einem *Battle*: Die Jungen wollen sich gegenseitig überbieten, zeigen, welche Gelenkigkeit und Körperkraft sie besitzen, zugleich geben sie ihrer Kreativität körperlichen Ausdruck. Andererseits kommunizieren sie körperlich miteinander, indem sie sich, wie bei einem Improvisationstheater, beobachten und spontan auf die Bewegungen des anderen reagieren. Die Bewegungen sind jedoch teilweise fast schon clownesk und humoristisch – insgesamt erscheint die ganze Szene wie eine kulturelle Bricolage. Nach einer Art Aufwärmtanzen scheinen die Tänzer expressiv-präsent und zugleich kontemplativ zu tanzen. Sie füllen die Tanzfläche als zentralen Punkt für sich aus, während Zuschauer- und Tänzerrollen sich abwechseln und sich gegenseitig durchdringen. Die Szene wirkt, aus der Zuschauersicht des Beobachters, wie ein lebendiges Bild.

Die Szene bekommt eine Eigendynamik. Zum passenden Setting gehört ebenfalls die visuelle Umgestaltung des Raums, indem die monotone Neonbeleuchtung zugunsten der Discobeleuchtung abgeschaltet wird – so wird der Raum selbst auch dem übrigen Alltagsbetrieb gegenüber optisch abgesetzt. Das Strobo-Licht (Licht mit Blitzeffekt) unterstreicht das Tanzen. Die Frage weiterhin ist, was denn nun ein „bisschen Disco" ist: Nur laute Musik, zu der man tanzen kann, oder zusätzlich das richtige Setting mit ausgeschalteter Tageslichtbeleuchtung und angeschalteter Discobeleuchtung? Abgebrochen wird das „bisschen Disco" durch den Pädagogen, der auf die allgemein verbindlichen Discoregeln verweist. Die Jugendlichen protestieren nicht, sondern akzeptieren den Abbruch. Der Pädagoge H. ist die Autorität im Haus, sie wird nicht angezweifelt.

Generalisierung

Jugendliche bringen in die Jugendarbeit jugendkulturelle Themen und Tätigkeiten ein: Sie versuchen, den prinzipiell offen definierbaren, aber mit gewissen Grenzen versehenen Raum der Jugendarbeit für sich kulturell zu besetzen, indem sie sich den Raum aneignen und ihn umgestalten. Kulturelle Besetzungen, die sich, wie in der oben beschriebenen Szene, stark auf eine körperliche Präsenz der Akteure beziehen, kann

9. Jugendarbeit als Ort ästhetischer Selbstinszenierung

man aus dem Blickwinkel einer künstlerischen Performance betrachten. Der aus der bildenden Kunst entliehene Begriff grenzt sich vom Theaterbegriff insofern ab, als er von einer Selbstdarstellung und deren Variationen ausgeht. Jugendliche stellen eben nicht andere schauspielerisch dar, wie es für das Theater charakteristisch ist. Vielmehr kann ihr Handeln als Akt der (Selbst)Darstellung durch die körperliche Präsenz vor Publikum im ambivalenten Zusammenspiel von Wahrnehmung, Bewegung und Sprache (vgl. Schramm 1996) verstanden werden. Bislang werden diese Performances innerhalb der Jugendarbeit kaum wahrgenommen und nicht als Selbstbildungsbewegungen interpretiert. Erstens bezieht sich der Schwerpunkt sozial- und kulturpädagogischer Methoden zur Anregung ästhetischer Tätigkeiten auf von Pädagogen veranstaltete, pädagogisch klar gerahmte Angebote. Zweitens werden solche Aktivitäten in nicht-künstlerischer Rahmung oft nicht als bildungsfördernde, sondern als präventive Angebote[35] gelesen. Jedoch haben die Theorien der Jugendästhetik und der Jugendkulturarbeit vielfach darauf hingewiesen (vgl. Baacke 1999, Ferchhoff 1995), dass jugendlicher Selbstausdruck und die Bewältigung von Entwicklungsaufgaben nicht nur unter normativen, sondern auch unter ästhetischen Perspektiven betrachtet werden sollte. Jugendliche zeigen das, was sie bewegt, in Gesten, Handlungen, subkulturellen Praktiken, ästhetischer Gestaltung der eigenen Person und drücken sich häufig nicht in sprachlich präzisen Begriffen aus. Performances sind kein theatralisches so-Tun-als-ob, sondern konkrete, aber häufig verdichtete und formal ausgestaltete Handlungen, die nicht auf Bedeutung verweisen, sondern Bedeutung konkret in einem Moment inszenieren.

So ähnlich, wie in der geschilderten Szene, verlief eine andere Performance, die wir beobachten konnten: *„Ich stehe an der Theke und unterhalte mich mit U., ... der hinter der Theke gerade seinen Dienst macht. Wir trinken beide Cola und er erzählt mir von seinen Geschwistern. Während dessen kommt P., ein guter Kumpel von U., wohl im gleichen*

---

35 Ein Beispiel dazu aus unserer Beobachtung ist folgende Szene: Drei männliche Jugendliche sitzen im Cafébereich am Tisch und zeichnen auf Papier Tags (graffititypische Schriftzüge). Dies bemerkt der Pädagoge und unterbindet dies, indem er das Papier wegnimmt. Dem Beobachter gegenüber erklärt er, dass er das Gefahrenpotential einer späteren Straftat unterbinden will. Dabei verliert er den Blick für den ästhetischen Ausdruck der Jugendlichen.

II. BILDUNGSGELEGENHEITEN UND BILDUNGSRÄUME

Alter, aber zwei Köpfe größer als U. und schlaksig, an den Tresen, stellt sich neben mich. Ich sage: ‚Hi!', schlage in seine Hand ein und er lässt sich eine Cola geben und sagt: ‚Na, und?'. Ich setze gerade an, den Faden gegenüber U. wieder aufzunehmen, als P. mit dem Zeigefinger Richtung Theke zeigt, hin auf die dort stehende Anlage, U. verblüfft ansieht und sagt: ‚Das Lied!', U. sich schnell umdreht, ein wenig lauter macht, während P. neben mir stehend plötzlich angefangen hat zu tanzen, Hip Hop mäßig, dann auf seinen Händen herumwirbelt ... Einige Besucher, die in der Sofaecke nebenan sitzen, sehen zu und klatschen, die Pädagogin S. läuft durch den Raum und grinst mich an. Nach dem Lied, beide sind richtig aus der Puste, schlägt U. bei P. ein, beide nippen an ihrer Cola und P. dreht sich zu mir, grinst mich an und sagt nochmals ‚Na, und?'. Ich kann mir das Grinsen nicht verkneifen ... U. nimmt den Faden von vorhin wieder auf und erzählt weiter von seinen Geschwistern" (KL2, MS). In einer anschließenden Kommentierung beschreibt der Beobachter, wie sehr ihn diese für ihn völlig unerwartete Situation[36] irritiert hat: *„Ich selbst bin verblüfft, wollte ich doch gerade etwas sagen und stehe nun zwischen zwei Jugendlichen, die wie wild tanzen. Durch dieses Gefühl der Irritation weiß ich vor allem nicht, was gerade passiert und wo ich zuerst hinsehen soll."*

Auch in dieser Szene werden drei Aspekte deutlich: Ausgehend davon, dass Performance mit einer Form von Präsenz arbeitet, die direkt und im Sinne einer Szene nicht überschaubar ist, ist „Verkörperung" (Janecke 2004, 30) ein notwendiger Teil der Darstellung. Dies gibt weitere Hinweise auf die Anschlussfähigkeit für körperlich-leibliche Bildungsanteile einer informellen Bildung: *Erstens*, die Aufmerksamkeit ist auf das wie und nicht auf das, was getan wird gerichtet; *zweitens* bleibt die die räumliche Festlegung und zeitliche Rahmung offen, da der Verlauf und das Ende der Performance von der Möglichkeit einer Durchdringung von Performer und beteiligten Zuschauern mit bestimmt wird; *drittens* erscheint die Außenperspektive des Tätigseins als „lebendes Bild, in dem der Künstler selbst eine zentrale Stelle einnimmt" (Jappe 1993, 10). Gerade als „lebendes Bild" nehmen die Jugendlichen sich gegenseitig wahr, im Zusammenspiel von Körper und Bewegung.

---

36 Der Beobachter fühlte sich an die Experimente zur Erschütterung der Alltagswahrnehmung von Harold Garfinkel erinnert, vgl. Garfinkel 1973.

9. JUGENDARBEIT ALS ORT ÄSTHETISCHER SELBSTINSZENIERUNG

Welche Bedeutung ästhetische Ausdrucksformen wie das Tanzen als körperlicher Ausdruck und nonverbales Miteinander-Kommunizieren hat, kann anhand eines Interviews mit einem Mädchen, welches ebenfalls beim Tanzen beobachtet wurde, rekonstruiert werden. Wir stellten die Frage, ob sie sich mit ihren Tanzpartnern abspricht, da nach den Beobachtungsprotokollen das zusammen-Tanzen für den Beobachter choreographisch genau abgestimmt zu sein schien. Darauf antwortete sie *„Ne, wir tanzen einfach drauf los. Einfach so."* Wichtig zu sein scheint das aufeinander-abgestimmt-Sein, mit dem eigenen Körper umgehen können, ohne darüber explizit reden zu müssen. Auf die Frage, was der Unterschied zwischen dem Tanzen zu Hause und im Jugendzentrum ist sagte sie: *„Weil, zu Hause, da ist das bei mir so, weiß nicht, da habe ich immer so ein komisches Gefühl, weil hier da fühle ich mich irgendwie freier. Da kann ich irgendwie, also habe ich zumindest das Gefühl ... da fühle ich mich richtig befreit, da lasse ich dann alles aus mir raus. Und zu Hause ist das so, da tanze ich ein paar Minuten und dann habe ich keine Lust mehr."*

Den Aspekt der Korporalität, der mit der Formulierung „aus mir raus" angesprochen wird, greift Willems mehrfach auf (1998 und 2003); hier gilt besonders zu berücksichtigen, dass die Fokussierung auf die eigene Körperlichkeit und Leiblichkeit und das starke Oszillieren zwischen Fremd- und Selbstwahrnehmung, zum konstitutiven Element der Adoleszenzphase gehört. Welche Bildungsgelegenheiten Jugendarbeit hierbei fördern kann, ist durch den Vergleich des interviewten Mädchens offensichtlich: Im Gegensatz zu anderen Orten fühlt sie sich im Jugendzentrum freier. Hier hat sie die Möglichkeit, auch einen körperlichen Ausdruck ihrer selbst zu finden. Dies führt uns zugleich zum nächsten Abschnitt.

9.3 KÖRPER-ÄSTHETIK

Die Inszenierung und Darstellung des eigenen Körpers hat zwei Seiten: zum einen als innerpsychischer Prozess der Selbstbefassung und zum anderen als Darstellung nach außen. Körper-Bildung ist immer auch Selbstbildung: Gerade innerhalb der Adoleszenz beobachten Jugendliche genau sich selbst und ihre körperlichen Veränderungen mit ambivalenten Gefühlen und versuchen zugleich, sich in Beziehung zu anderen zu setzen.[37] Sie versuchen, mit diesen Veränderungen und Unsicherheiten umzugehen und diese auszudrücken. Aber eben nicht auf einer direkten sprachlichen Ebene, indem sie klar beschreiben, was ihnen auffällt, sie irritiert oder freut, sondern, indem sie mit sich und ihrer (geschlechtlichen) Identität spielen. Wie sie diese Auseinandersetzung mit ihrem Körper auf eine ästhetische Weise thematisieren, exzentrische Standpunkte finden, um sich selbst betrachten und beschreiben zu können, versuchen wir in drei Facetten zu beschreiben: Zunächst geht es um *Körperbeherrschung*, wo der Umgang mit dem eigenen Körper und die Lust daran thematisiert wird; dann um *Körperphantasien* und abschließend um die *Inszenierungen des eigenen Körpers*.

These

Die Ambivalenz zwischen dem Körper-Haben einerseits und dem damit Umgehen-Müssen andererseits verstärkt sich in der Adoleszenz. Jene Auseinandersetzung findet auch in der Jugendarbeit in der realen oder fiktionalen ästhetischen Bearbeitung des Körpers statt.

Szene 1: Körperbeherrschung

Hinter der Theke steht U., der Breakdancer. Ich wandere mit meinem Blick und halte etwas irritiert bei ihm an: Vor der Theke ist nichts los und er scheint auch auf keine Personen in irgendeiner Art und Weise Bezug zu nehmen. Und trotzdem: Er steht am rechten Ende hinter der Theke und geht auf das linke Ende zu. Dabei ist sein Blick nach vorne gerichtet. Bei jedem Schritt, den er von rechts nach links geht, wird er ein Stückchen kleiner, so als ob er eine Treppe hinter der Theke in den Keller hinabgehen würde. Am linken Ende ist er nun ganz verschwunden. Einige Sekunden später taucht er, allmählich immer größer werdend, wieder auf, ich sehe, dass er eine Colaflasche in der Hand hält. Am rechten Ende des Tresens angekommen, wieder zu seiner vollen

---

37 Versuche, dies zu beschreiben, finden sich in Sarah Diehl (Hg.): Brüste kriegen. Berlin 2004 wieder. Die Herausgeberin lud Frauen aus verschiedenen Berufsbereichen ein, zum Erleben ihrer Adoleszenz eine Geschichte, einen Essay etc. zu schreiben.

9. Jugendarbeit als Ort ästhetischer Selbstinszenierung

Größe gelangt, dreht er sich dann zur Theke hin, öffnet die Flasche Cola und trinkt daraus. Dabei verzieht er keine Miene. Es sieht unglaublich komisch aus, aber es hat anscheinend kaum einer bemerkt (KL2, MS).

Interpretation

Die Szene spielt sich zwar an einem exponierten Ort ab, der Theke der Jugendeinrichtung, jedoch bleibt sie nahezu unbemerkt. Faktisch ist kein Publikum da, welches die Aktion des Jungen bestaunen oder beklatschen könnte, bestenfalls kann man von einem imaginären Publikum sprechen. Die Darstellung seiner selbst ist trotzdem eine Zurschaustellung: Er arbeitet an seinem Image und an dessen Glaubwürdigkeit.[38] So lässt die Szene mindestens zwei Perspektiven der Interpretation zu: Einerseits könnte man annehmen, dass der Jugendliche diese Aktion nur als eine besondere Art von Übung macht, um diese zu einem späteren Zeitpunkt vor einem tatsächlichen Publikum perfekt darbieten zu können. Andererseits könnte die Aktion als kreative und aktive Form der Gestaltung der eigenen Freizeit gesehen werden, als eine Art Selbstunterhaltung des Jugendlichen.

Deutlich wird, dass der Jugendliche sich in Bezug zu seinem Körper setzt: Er probiert ihn aus und erlebt ihn dadurch als Gegenstand und Medium für seine Ideen. Auffällig ist ein Umgang mit dem Körper, der sich gegenüber einem „klassischen" Umgang mit Körper abgrenzt: Als typisch für Jungen anzusehen wäre die „Verhärtung" des Körpers anzusehen,[39] während der Junge in der Szene ihn flexibilisiert. Auch hat er offensichtlich Spaß an diesen pantomimischen Einlagen – die beschriebene Ausdruckslosigkeit seines Gesichts und die Coolness ist nicht als Hinweis auf Teilnahmslosigkeit oder Langeweile zu lesen, sondern gehört als Teil des komischen Gesamtbilds im Stil der Darstellungen von

---

38 Die Evidenz der Wahrung von Glaubwürdigkeit gerade in unbeobachteten Situationen hat Erwing Goffman (1983) in „Wir alle spielen Theater. Die Selbstdarstellung im Alltag" beschrieben; literarisch ist dieses Thema in Max Frischs „Mein Name sei Gantenbein" mit dem Verhalten eines glaubwürdigen Blinden beschrieben worden.

39 In einigen Jugendeinrichtungen konnten wir die Beliebtheit der Kraftsporträume gerade bei Jungen beobachten. Ein Jugendzentrum hat dazu sogar eine eigene ABM-Kraft im Team, die ausschließlich für den Kraftsportraum zuständig ist.

Buster Keaton dazu. Zugleich scheint der Jugendliche zu wissen, dass sein Körper auch Ort für eine erfahrbare Begrenztheit ist, wenn man die beobachtete Szene primär als Übungsszene für einen anderen Auftritt interpretieren will. Den tatsächlichen Grund für seine Inszenierung werden wir nicht nennen können, da wir auch deren Bedeutung für seine Bildungsbewegung nicht abschließend rekonstruieren können. Jedoch lässt sich sein Umgang mit seinem Körper – eben das, was hier beobachtbar ist – als eine subversive Art von Kreativität bezeichnen, auf die das pädagogische Personal, wenn es die Aktionen überhaupt wahrnimmt, zwar genießen kann, aber keinen Zugriff hat.

Szene 2: Körperphantasien

Vor dem Mitarbeiterbüro setze ich mich zu zwei Jungen, die die Bravo lesen: Beide sehen aus wie zwölf, vor der Pubertät stehend, dunkelhäutig, etwas ungepflegt gekleidet. Sie blättern beide in Bravoausgaben und zeigen sich andauernd Fotos. Einer der Jungen ist anscheinend von Eminem sehr begeistert und zeigt dem anderen mit viel „Boah, ey" was für eine luxuriöse Villa Eminem besitzt, was für ein Auto usw. Der Junge hat ein aufgeklebtes oder -gemaltes Tribal auf seinem dünnen Arm, es sieht merkwürdig verrutscht aus. Später stellt sich dann heraus, dass dieser Junge sich aus der Bravo das neue Eminem-Tribal auf den Arm geklebt hatte. Der andere ist sehr beeindruckt, sie sprechen beide über die „Qualität" der Villa und Autos, können es aber kaum sprachlich fassen, was sie da sehen und was sie daran so beeindruckt: Meist sprechen sie in Halbsätzen und Äußerungen, die ihre Beeindruckung vermitteln sollen, miteinander. Jedoch erstaunt mich, wie sie innerhalb ihres Gesprächs immer wieder auf biographische Szenen aus Eminems Leben zurückgreifen, sich Passagen gegenseitig erzählen, einer der beiden sagt dann – anscheinend nicht mehr auf Eminem bezogen: „ Ganz schön Scheiße gemacht ..." und der andere lacht wissend auf, dabei haben sie intensiven Augenkontakt. Es scheint um etwas zu gehen, was ich nicht verstehe, irgendwie ist einer bei irgendwas erwischt worden. Der andere zeigt wiederum seinem Freund andere Fotos aus seiner Bravo-Ausgabe: Bravo-Stars, von denen ich noch nie was gehört habe, sie reißen diese Leute kurz an, scheinen aber schnell Bescheid zu wissen, was der andere denkt und meint, während ich kaum was mitbekomme. Sie scherzen gemeinsam ein bisschen, indem einer, als sie ein Daniel Küblböck Foto sehen, darauf zeigt und dann den andern bezichtigt, dass der doch

9. JUGENDARBEIT ALS ORT ÄSTHETISCHER SELBSTINSZENIERUNG

genauso aussehe wie Daniel Küblböck. Der zeigt sich empört, schimpft über das Aussehen, was er an hat und „die Haare".
Zwischenzeitlich setzt sich der Zivi zu uns, mit dem ich mich unterhalte. Irgendwann landen sie wieder bei Daniel Küblböck und der Junge fragt mich, ob ich einen Stift habe. Ich sage spontan: „Ja!", fange an, in meiner Tasche zu kramen. Der Zivi schreitet sofort ein und sagt, dass das nicht ihre eigenen Bravos sind und sie die Bravo nicht bemalen dürfen. Sie wollen aber Küblböck ausmalen. Die beiden Jungen gucken uns beide keck an und scheinen nun darauf zu warten, wer von uns beiden was macht. Sie fangen an zu grinsen, als sie mein Zögern bemerken und ich sage: „Na, was der Chef sagt gilt!". Einer der beiden grinst mich an und sagt: „Dann muss ich eben es anders machen.", nimmt einen der Löffel, die auf dem Tisch liegen und kratzt mit dem Stielende des Löffels auf dem Gesicht von D.K. herum. Wir sagen nichts. Jedoch hört er, bevor das Papier durchreißt, damit auf (KL2, MS).

Interpretation

Die beiden Jungen in der Szene wissen, wer sie sein möchten und wer nicht: Selbst noch vor der Pubertät stehend haben sie über eine Jugendzeitschrift verschiedene Typen von Männern vor Augen – auf der einen Seite Eminem, ein tougher, weißhäutiger Rapper mit viel Street Credibility, der allerdings durch sein machistisches und untolerantes Auftreten polarisiert; auf der anderen Seite Küblböck, ein von den Medien hochgepuschter Softie, der durch seine Schrillheit und sexuelle Indifferenz populär wurde – beide in ihrer Art das, was man stereotyp unter Außenseiter, die es geschafft haben, versteht. Wenn wir den Fokus der Interpretation auf die Phantasien richten, die die beiden Jungen mit den beiden Stars in ihrer Körpergestaltung verbinden, so fällt auf, dass sie im Spiegel des anderen sich selbst und ihre Wunschvorstellungen artikulieren.
Einer der beiden Jungen hat sich mimetisch seinem Idol angenähert, indem er ein über die Jugendzeitschrift verfügbar gemachtes Symbol, das Tribal Eminems, in Form eines aufklebbaren Tattoos, auf dem Arm trägt. Indem er dies tut, signalisiert er durch dieses auf dem Körper getragene Zeichen, was er sein will: groß, stark und maskulin. Gebrochen wird dieses Bild darin, dass das Tribal auf dem Arm des Jungen merkwürdig aussieht, es scheint wie ein zu großes Kleidungsstück zu sein, in welches er noch nicht hineinpasst. Über die Bewunderung der Insignien

der Macht (schnelle Autos, Villa, viel Geld) verbunden mit dem gegenseitigen Hinweisen darauf, wie es einer von „unten" geschafft hat, an diese Statussymbole zu kommen, setzen sie sich selbst mit ihren Biographien dazu in Bezug. Im Gespräch zwischen den beiden Jungen werden die beiden Stars als polare Typen von Männlichkeitsbildern, als Blaupausen für ihre eigenen Erlebnisse und Phantasien genutzt. Ob sie damit auch die Erfahrung „Ganz schön Scheiße gemacht" zu haben verarbeiten, ist nicht ganz klar.

Um sich in scherzhafter Form gegenseitig zu vermitteln und zu vergewissern, was sie als Männer nicht sein wollen, verweisen sie immer wieder auf Küblböck: Optisch wirkt er als Antityp – Brille tragend, versehen mit einer hohen, sich überschlagenden Sprech- und Singstimme, manchmal gekleidet wie ein Mädchen, geschminkt, sich in Interviews zu seiner Bisexualität bekennend. An der Figur des (für sie) Antibildes eines Mannes arbeiten sie sich, selbst noch kindlich wirkend, ab: Der eine, der bezichtigt wird, wie Küblböck auszusehen, empfindet dies, auch wenn es scherzhaft gemeint war, als eine Beleidigung. Er vermittelt seinem Freund mit seinen Hinweisen sein Bild des Mannes – nicht dieses Aussehen, nicht diese Frisur, nicht diese Klamotten. Äußerlich nicht im Geringsten dem einen oder anderen ähnlich, vermitteln sie sich jedoch gegenseitig, wie sie gerne in Zukunft aussehen und ihren Körper gestalten wollen – und sind sich, wie in ihrem Umgang miteinander deutlich wird, auch im Klaren, dass dies noch ein langer Weg sein wird. Die Szene schließt damit, dass die Jungen den für sie verweichlichten Männertypus, personifiziert durch Küblböck, symbolisch eliminieren wollen: Sie versuchen ihn aus der Darstellung auszulöschen, indem sie sein Gesicht schwärzen wollen. Dies gelingt nicht, da die Aushändigung eines Stifts des Beobachters vom Jugendhauspersonal unterbunden wird. Daher nehmen sie die Schwärzung dann auch nur noch symbolisch vor, indem sie mit einem anderen Gegenstand das Gesicht auskratzen. Aufmerksame pädagogische Begleitung dieser Jugendlichen, die über den Schutz von Eigentum des Jugendtreffs hinausgeht, ist sicher wünschenswert. Ästhetische Bildung an Bildern von Eminem und Küblböck mag pädagogisch wenig befriedigend sein. Es ist aber diejenige Art der Selbstbildung, die für die beiden im gegebenen Moment im Zentrum der Aufmerksamkeit steht. Darauf die Wahrnehmung zu richten scheint uns wichtig.

9. Jugendarbeit als Ort ästhetischer Selbstinszenierung

Szene 3: Inszenierungen des eigenen Körpers

[Zwei Mädchen, S. und R., 13 und 15 Jahre alt, die dem Beobachter erlaubten, ihnen beim Chatten zuzusehen, geben sich im Chat jeweils als Jungen aus.] *R. schreibt wieder, nun etwas über die Schamlippen der Freundin. Jene beschreibt sie recht ausführlich in ihrer Anatomie und dass die Freundin im Intimbereich rasiert ist, dreht sich dann zu mir und fragt: „Du, muss das eigentlich generell sein?" – „Was?"- „Mit dem rasieren?" Trotz meiner Verunsicherung sage ich: „Ne, ich glaub, dass das ein Modeding ist." – „Meine Freundinnen rasieren sich alle." – „Ich hab das in der Bravo auch schon bemerkt, dass das zwischenzeitlich so üblich ist, aber ich hab da immer so das Gefühl, als ob das wieder Kinder wären." R. guckt mich an und sagt: „Ja, ich find auch, das sieht wirklich so aus." S. scheint sich dafür nicht zu interessieren, haut R. auf den Arm und kommandiert: „Los schreib jetzt weiter!" R. liest und schreibt als Anhang zur letzten Zeile, dass sie (als virtueller Mann) ja von der ständigen Lust der Freundin überfordert ist und auch nicht immer Lust auf Sex hat. Ich selbst fühle mich irgendwie unwohl in dieser Situation und frage beide, was für Leute das sind, mit denen sie reden, S., die Jüngere sagt: „Das ist doch witzig!" und R. sagt: „Wir verarschen uns doch bloß gegenseitig!" und sie erzählt mir zur Identität einiger User etwas. Dann erzählt S. nochmals was über die User und ihre Erfahrungen, um was es da geht und was sie schreiben. Während S. mir etwas erzählt, wird immer weiter geschrieben, spontan auf neu Geschriebenes verwiesen (nun geht es um Intimpiercings) und gelacht. R. fragt, ob ich eins habe? Nein. R. lacht und sagt: „Ich hab' Piercings!" und zeigt mir ihre zwei: Augenbraue und Zunge. „Die anderen zwanzig zeig ich dir nicht!" – beide lachen sich wieder halb kaputt* (KL2, MS).

Interpretation

Die beiden Mädchen setzen sich über den Chat mit anderen im Internet zugleich mit sich selbst auseinander. Das Mädchen R. stellt auf Distanz eine für sie relevante Frage: Indem sie über das Konstrukt, ein Junge zu sein, der eine intim rasierte Freundin hat, in einem Internetchat die Frage stellt, was andere User von Intimrasuren halten, eröffnet sie ein Spiel mit ihrem Körper. Mehrere Facetten sind für die Betrachtung als Moment ästhetischer Selbstbildung interessant: R. als Hauptprotagonistin stellt sich *erstens* selbst als Mann vor, indem sie eine Rollenübernahme vornimmt und sich so damit auseinander setzt, was Jungen von Mädchen erwarten könnten. Dabei imitiert sie die in der Realität abgeschauten Handlungen und Interaktionsweisen von Männern. Sie führt „ihre Freundin" mit dem Stolz eines Trophäensammlers ein, der seine neueste Errungenschaft als Objekt oder Ware beschreibt und deren intime Stellen wie die Schamgegend nüchtern einer anonymen Öffentlichkeit zur Schau stellt. Im Spiegel des anderen versucht sie für sich die Frage „Wie gestalten andere Jugendliche ihre Körper und wie kann ich meinen eigenen Körper gestalten?" zu beantworten. Dies manifestiert sich an der Frage der Intimrasur und Häufigkeit des Geschlechtsverkehrs: Zunächst stellt sie die Frage in den virtuellen Raum, was andere aus ihrer Peergroup von Intimrasuren halten. Gleichzeitig bezieht sie den Beobachter als realen Erwachsenen in diese Fragestellung mit ein, der die Norm der Intimrasur zweifach relativiert und eine Offenheit im Umgang mit dem Thema zeigt. Dabei stellt sich heraus, dass durch das Wissen, dass ihre Freundinnen sich (angeblich) rasieren, für sie ein Gruppendruck entsteht: Sie muss sich innerhalb dieser Fragestellung positionieren.

Die Thematisierung jener Körperlichkeit findet jedoch *zweitens* in einem virtuell-körperlich beziehungsweise fiktiv-körperlichen Raum des Internetchats statt, das heißt Körperlichkeit wird als Thema in einem körperlosen Raum verhandelt. Was diese virtuellen Körperinszenierungsmöglichkeiten für die Mädchen bedeuten können, lässt sich in diesem Rahmen nur mutmaßen. Sicher ist dabei allerdings, dass innerhalb einer Face-to-Face Kommunikation, also „in voller Symptomfülle" (Alfred Schütz), jene intimen Fragen so nicht gestellt würden. Die Auseinandersetzung mit ihrem Körper, die Inszenierung und Gestaltung des Äußeren, ist ein Ort des Spiels und des Ausprobierens: Das Mädchen R. macht sich ihre geschlechtliche Identität damit verfügbar, dass sie, gerade weil sie in einem körperlosen Raum agiert, so tun kann, als ob sie ein Mann wäre. Aus dem Beobachtungsmaterial geht hervor, dass sie andere Internetuserinnen schon damit täuschen konnte und für einen echten Mann gehalten wurde. Innerhalb der Konstruktion ihrer virtuellen Identität spielt sie mit Stereotypen und probiert neue Handlungsmuster aus. Eine Übertragung dieser virtuell hergestellten Identität in ihre reale Identität lässt sich an diesem Ausschnitt nicht rekonstruieren, jedoch gibt es andere empirische Beispiele von Internetuserinnen, die im virtuellen Chat sich und ihren Körper erst auf die Reaktionen der

Community getestet haben und allmählich ihre virtuell konstruierte Identität in einer realen vollziehen.[40]

Drittens wird der spielerische Charakter nochmals hervorgehoben, als der Beobachter beide Mädchen nach den anderen Usern fragt: Sie betonen, dass sie sich gegenseitig nicht ernst nehmen, „sich gegenseitig verarschen", was darauf schließen lässt, dass sie zum einen davon ausgehen, dass es eine Übereinkunft darüber gibt, dass nicht alles, was sie hier von sich behaupten, ganz ernst zu nehmen ist; und zum anderen, dass sie von einer Community, also von Gleichgesinnten ausgehen. Die Mädchen verweigern sich einer Ernsthaftigkeit, sondern bestehen auf einer „So tun als ob"-Situation, einem Spiel mit dennoch ernsthaftem Charakter. Denn sicher setzen sie sich auch mit ernsthaftem Meinungsdruck über die Frage auseinander, was ein Mädchen tun muss, um als Frau Anerkennung zu finden. Die Frage nach den Piercings ist zudem ein direktes Umschlagen in die reale Körperlichkeit und zeigt, durch den Verweis, dass da noch weitere Piercings sind, die sich aber fremden Blicken entziehen, wiederum die Grenze auf.

Generalisierung

Innerhalb der Phase der Adoleszenz sind Jugendliche zwischen extremen Gefühlszuständen hin- und hergerissen. Achim Schröder und Ulrike Leonhardt verweisen darauf, dass „aufgrund der inneren Umwälzungen und der damit verknüpften Verunsicherungen ... auch die Phantasietätigkeit eine besondere Rolle" spielt (Schröder/Leonhardt 1998, 35). Jene Phantasien können Orte der Zuflucht und Orte der ästhetischen Auseinandersetzung mit sich selbst und der Umwelt sein. Die Auseinandersetzung mit dem Körper als Ort verschiedener Ausdrucksformen lässt sich in verschiedene Facetten aufgliedern: Wie die Shell-Studie 1997 beschreibt, sind es neben der sprachlichen auch körperbezogene Ausdrucksformen (wie Kleidungsstile, Tanzstile, Frisuren und Tattoos etc.), ereignishafte Ausdrucksformen (Events wie Love Parade und Ra-

---

40 Christiane Funken beschreibt in ihrem Text „Körper Online?!" (In: Hahn, Kornelia/Meuser, Michael [Hrsg.]: Körperrepräsentation. Die Ordnung des Sozialen und der Körper. Konstanz 2002) eine Userin, die sich im Chat als rothaarig, verrückt bezeichnet und sich sukzessiv in der Realität ihrer virtuellen Konstruktion annähert.

ves), raumbezogene Ausdrucksformen (Accessoires, Musik und Poster) und objektbezogene Ausdrucksformen (Scratchen, Graffiti) (vgl. Shell-Studie 1997, 363). Diese sagen aber noch nichts über die Bedeutung von Ausdrucksformen für körperbezogene Bildungsbewegungen aus: Dass Körper bearbeitet werden, indem sie geschmückt, trainiert, geformt und präsentiert werden, hat auch eine unhintergehbare Kehrseite. Die ständige Präsenz ihres Körpers heißt auch, dass Jugendliche ihn nicht verstecken, bestenfalls nur tarnen können. Wir vermuten, dass gerade diese Ambivalenz zur Herausforderung für Selbstbildung wird: In der Szene zu dem Aspekt der Körperphantasien tritt dies deutlich hervor. Durch ihre Wunschvorstellungen, wie die beiden präpubertären Jungen gerne aussehen wollen, werden sie gleichzeitig auf ihre tatsächliche Körperlichkeit zurückgeworfen. Dies kann man unter dem Aspekt einer Differenz zwischen Leib und Körper betrachten: Jene analytische Differenzierung zwischen *Körper haben*, der von außen wahrnehmbare, sicht- und tastbare Körper als Gegenständlichkeit und Medium, und *Leib sein*, im Sinne einer leiblich-affektiven Erfahrung, (vgl. Gugutzer 2002, 124f.) ist für die Interpretation dieser Szenen hilfreich: Innerhalb der Adoleszenz scheint der normale und ungehinderte Lebensvollzug als Verschränkung zwischen dem Spüren des Leibs und des Körper-Habens, immer wieder auf dem Prüfstand zu sein.

Als Bildungsbewegung konnten wir anhand des Materials Bezüge zwischen Sinneseindrücken und Bewegung feststellen. Das Tätigsein in den Szenen stellt immer auch einen Körperbezug dar und insbesondere ästhetische Momente wie Musik hören und/oder dazu tanzen, das Ausprobieren, was möglich ist oder wäre, ermöglichen das Sich-Spüren als Ganzes. Dass der Umgang mit der eigenen Geschlechtlichkeit als Thema immer wieder in den Mittelpunkt gerät ist nicht verwunderlich, da sich die tatsächlichen Veränderungen des Körpers und die leiblich-affektive Umwälzung darin kristallisieren.[41] Jedoch steht auch die gesamte Identitätsentwicklung in der Spannung zwischen dem „von-außen-etwas-Sehen-Können" und dem inneren Spüren.

---

41 Bereits Gesa Lindemann (1992) verweist darauf, dass die Stabilität der binären Geschlechterordnung nicht nur eine Konstruktion ist, die her- und damit dargestellt wird, sondern dass das leibliche Empfinden des Einzelnen, eins der beiden Geschlechter zu sein, ebenfalls entscheidend ist. Dass dies als „empfundene Eigenanfrage" in der Adoleszenz zur Disposition steht, ist außer Frage.

9. Jugendarbeit als Ort ästhetischer Selbstinszenierung

Die Frage nach Bildungsgelegenheiten ist demnach also auch eine Frage danach, welche leiblich-körperliche Bildungserfahrungen Jugendliche in den verschiedenen Feldern der Jugendarbeit machen. Was trägt Jugendarbeit dazu bei, Gelegenheiten zur Selbstbildung bei Jugendlichen – hier: in ihrer Selbstwahrnehmung und -beobachtung ihres Körper-Habens und Leib-Seins – zu fördern, auch im Sinne einer Selbstauffassungsarbeit? Vor allem aber ist unsere Frage: Wie fähig ist Jugendarbeit, solche körperbezogenen Auseinandersetzungen Jugendlicher mit sich selbst so genau wahrzunehmen, dass sie sich sensibel antwortend dazu ins Verhältnis setzen kann?

9.4 Pädagogischer Umgang mit den Inszenierungsideen Jugendlicher

Pädagogischer Umgang mit den Inszenierungsideen Jugendlicher kann zweierlei heißen: Es kann *erstens* bedeuten, dass Pädagogen Jugendliche dabei unterstützen, ihre eigenen Ideen in den Rahmen eines kulturpädagogischen Angebots (zum Beispiel die Produktion eines Theaterstücks oder Films) einzubringen, oder sogar selber solche Produktionen in Eigenregie übernehmen. Es kann *zweitens* bedeuten, dass Pädagogen Ideen Jugendlicher für eine Inszenierung aufgreifen und ihrerseits Ideen entwickeln, wie diese mit gegebenen Mitteln realisiert werden können. Die folgenden Szenen, beide aus Interviews mit zwei Mitarbeiterinnen verschiedener Einrichtungen, zeigen exemplarisch beide Möglichkeiten.

These

> Pädagogen können durch Angebote ästhetischer Gestaltungsmöglichkeiten eigene Ideen und Gestaltungsfähigkeiten Jugendlicher herausfordern und damit deren eigene kreativen Fähigkeiten anregen. Oder sie können diese Ziele verfolgen, indem sie die Jugendlichen bei der Umsetzung ihrer Ideen unterstützen. Letzteres scheint besonders schwer zu fallen, weil die Ideen von Jugendlichen meist nicht dem Geschmack von Pädagogen entsprechen.

II. BILDUNGSGELEGENHEITEN UND BILDUNGSRÄUME

Szene 1

Pädagogin K.: „Mit meiner Mädchengruppe bin ich jetzt halt so weit, dass ich die gerade auf den Weg in die Selbstständigkeit entlasse, also wir haben ja Filme gedreht und den nächsten Film, den drehen sie jetzt dann komplett alleine. Da bin ich auch nicht mehr anwesend beim Drehen – also nur noch im Haus, aber nicht mehr unbedingt dabei, weil sie stellten dann irgendwann auch fest, dass sie jetzt auch groß sind und ich nicht ständig dazwischen quatschen muss – so aber, es ist auch immer wichtig, dass man da 'n Plan hat, was man mit ihnen macht, wobei jetzt hier im normalen Geschäft man ganz viele tolle Pläne haben kann und das interessiert gar keinen" (KS1, MS).

Szene 2

Pädagogin S.: „Also, wir haben schon mal ein großes Mitgestaltungsprojekt versucht hier – ach, das haben wir schon mehrmals – also in verschiedenen Formen haben wir es halt auch schon versucht und jedes Mal war es so, dass sie noch nicht mal Wünsche formulieren konnten. Bei zwei Formen die wir ausprobiert haben, hat das irgendwie nicht hingehauen. Oder wenn es so war, also wenn sie wirklich was formuliert haben, dann auch wirklich so abstrakt, dass man ihnen leider diese Wünsche überhaupt nicht erfüllen – oder wir uns dazu nicht in der Lage gesehen haben, diese Wünsche zu erfüllen. Also Big Brother wollten sie halt hier machen – finde ich total witzig die Idee eigentlich, aber das waren halt so Dinge, wo wir gesagt haben, wir machen das nicht. Und dann kommt nichts mehr. Weil dieser tolle Wunsch, den sie nun hatten, nicht erfüllt wurde, dann hast du erstmal wieder ne Generation mundtot gemacht" (KL2, MS).

Interpretation

Im ersten Interviewausschnitt berichtet die Mitarbeiterin über die Effekte eines offenbar sehr gelungenen Mädchenprojektes, aus dem mehrere Filme entstanden sind, unter anderem, wie wir im Kontext erfuhren, einer über eine frühe, ungewollte Schwangerschaft. Die Mitarbeiterin schildert, dass die Mädchen der Projektgruppe inzwischen so viel gelernt haben, dass sie den nächsten Film auch ohne sie machen können und sie nur noch „*im Haus*", also im Bedarfsfall abrufbar da sein muss. Sie stellt dies als *Faktum und als Wunsch der Mädchengruppe* dar, da diese das „ständig-dazwischen-Quatschen" der Pädagogin nicht mehr haben wolle. Vielleicht ist das auch nur das Wunschbild einer emanzipatorisch gesinnten Pädagogin, die stolz darauf ist, sich ein Stück weit überflüssig gemacht zu haben. Schon im Nachsatz drückt sie ihr Wissen aus, dass weitere pädagogische Angebote *(„dass man da n Plan hat, was man mit ihnen macht")* keineswegs überflüssig geworden sind. Sie weiß auch, dass ein so erfolgreiches Projekt eher ein Glücksfall ist und, dass im *„normalen Geschäft"* man *„noch so viele tolle Pläne"* haben kann und doch damit ins Leere läuft.

Der zweite Ausschnitt aus dem Interview mit einer Mitarbeiterin ist schwieriger zu interpretieren. Sie scheint vorauszusetzen, dass Mitgestaltungsprojekte für das Team etwas Wichtiges seien, und sie spricht sowohl von einem großen Versuch, als auch von *„zwei Formen, die wir ausprobiert haben"*, die aber „nicht hingehauen" haben. Auf die Versuche und „verschiedenen Formen" geht sie nicht weiter ein, sieht allerdings die Gründe für das Scheitern bei den Jugendlichen: Diese könnten einerseits trotz Aufforderung *„noch nicht mal Wünsche formulieren"*. Und andererseits seien ihre Wünsche so *„abstrakt"*, dass die Pädagogen leider nicht in der Lage seien, ihnen diese Wünsche zu erfüllen. Die beiden Aussagen widersprechen sich und die zweite Erklärung für das Scheitern widerspricht auch dem danach folgenden Beispiel. Denn die Jugendlichen haben offenbar einen sehr konkreten Vorschlag gemacht: *„Also Big Brother wollten sie hier halt machen"*. Obwohl die Pädagogin gestehen muss, dass sie der Idee etwas abgewinnen konnte, sie sogar *„total witzig"* fand, beschloss das Team *„wir machen das nicht"*. Eine Begründung dafür wird nicht gegeben.

Dies ist umso merkwürdiger, als aus anderen Passagen des Interviews hervorgeht, dass einer der genannten Versuche darin bestand, die Fernsehsendung „Deutschland sucht den Superstar" in der Jugendeinrichtung nachzuspielen. Dies war äußerst erfolgreich: Die ganze Veranstaltung wurde mit ihren Vorentscheidungen mit erheblichem Aufwand in Szene gesetzt und hatte sogar ein Tonstudio für echte Aufnahmen als Hauptpreis für sich gewinnen können. Nach diesem Erfolg wollten die Jugendlichen *Big Brother* im Haus inszenieren. Wieso das Team den ersten Vorschlag unterstützte, aber den zweiten ablehnte, wird nicht klar. Die Mitarbeiterin beschreibt aber genau die bedauerlichen Folgen dieser Verweigerung: *„Und dann kommt nichts mehr ... dann hast du* *erstmal wieder ne Generation mundtot gemacht"*. Das klingt, als wollte sie sagen: Wir haben hier eine große Bildungsgelegenheit verpasst (vgl. das folgende Kapitel). Aber sie macht keinerlei Andeutung, wie das hätte verhindert werden können oder ob das Team darüber überhaupt nachgedacht hat. Dies hat uns auch deshalb erstaunt, weil es sich nach unserem Eindruck ansonsten um ein hoch kompetentes und zu sehr differenzierter Selbstreflexion fähiges Team handelt.

Generalisierung

Die erste Interviewpassage steht für einen pädagogischen Umgang mit jugendlichem Kreativitätspotential, wie er gewöhnlich im Mittelpunkt der Literatur zur ästhetischen Jugendbildung thematisiert wird und auch in der offenen Jugendarbeit eine große Rolle spielt: Künstlerische und/ oder mediale Angebote, deren primärer Zweck nicht die Herstellung von Kunstwerken ist, sondern die handwerkliche und schöpferische Betätigung und Befähigung Jugendlicher selbst. Wir haben diesen Typ ästhetischer Bildung nicht deshalb weitgehend ausgeklammert, weil wir ihn für unwichtig halten, sondern, im Gegenteil, weil dieser Aspekt, von Töpferangeboten bis zu Theaterprojekten und Aktionskunst, so vielfältige Formen hat, dass dies darzustellen unseren Rahmen gesprengt und von unserem besonderen Fokus abgelenkt hätte. Darauf hinzuweisen scheint uns dennoch wichtig.

Die zweite Passage erscheint uns als für unsere Zugangsweise wichtiger, obwohl wir dabei nur von mehr oder weniger misslungenen Versuchen reden können. Das Beispiel ähnelt in einer bestimmten Hinsicht denen, die schon in der Diskussionsübersicht der Einleitung erwähnt wurden. Es sind Beispiele, in denen an pädagogisch unerwünschte Aktivitäten Jugendlicher angeknüpft wird – an Kloschmierereien, Saufen, Drogenkonsum (vgl. Sturzenhecker 2002; Sting/Stockmann 2004), um daraus mittels ästhetischer Umgestaltung Bildungsgelegenheiten zu entwickeln. Im hier berichteten Fall scheint das pädagogisch Unerwünschte die Ästhetik des jugendlichen Vorschlags selbst zu sein: Nämlich die offenkundige Faszination der Jugendlichen durch Fernsehsendungen, welche die Pädagogen vermutlich weniger schätzen. Sie scheinen zu befürchten, dass die von solchen Medien geprägten Klischees in den Köpfen der Jugendlichen erst recht bestärkt werden.

Ist es aber nicht eine sehr treffende Ahnung der Pädagogin, wenn sie die Idee, solche Klischees selbst in der Jugendeinrichtung nachzuspielen

9. JUGENDARBEIT ALS ORT ÄSTHETISCHER SELBSTINSZENIERUNG

„total witzig" nennt? Was hindert sie, es wenigstens zu versuchen? Die vermutlich sehr großen Schwierigkeiten einer praktischen Umsetzung dieser Idee rechtfertigt nach unserer Meinung ebenfalls in keiner Weise die brüske Ablehnung des Vorschlags. Denn gerade auch am Scheitern eines solchen Projektes, an der Erfahrung, es trotz vereinter Anstrengungen von Pädagogen und Jugendlichen nicht verwirklichen zu können, hätten vermutlich beide Seiten viel lernen und trotzdem eine Menge Spaß haben können. Auch wir können nicht sagen, wie es im konkreten Fall hätte anders laufen können. Wir glauben aber, an dem Beispiel immerhin erkennen zu können, dass es sich lohnt, auch über solche scheinbar ungeeigneten Gelegenheiten der Unterstützung genauer nachzudenken und sie noch aufmerksamer wahrzunehmen. Das resignierte *„erstmal wieder ne Generation mundtot gemacht"* kann jedenfalls nicht das letzte Wort gewesen sein.

10. Verpasste Gelegenheiten?

Wir waren lange unsicher, ob wir ein Kapitel zum Thema der verpassten Gelegenheiten für die Förderung informeller Bildungsprozesse einfügen sollten. Es könnte den Eindruck erwecken, als ob wir als Besserwisser Mitarbeiterinnen ihre Fehler oder blinde Flecken vorhalten wollten. Denn was für unbelastete Außenbeobachter leicht zu fordern sein mag, kann im Alltagsgeschäft sehr mühselig oder kaum bewältigbar sein: Sich immer wieder mit denselben nervenden Problemen herumzuschlagen und gleichzeitig nach eigenen blinden Flecken und Verbesserungsmöglichkeiten Ausschau zu halten. Dennoch schien es uns immer wieder, als lägen Bildungsgelegenheiten unmittelbar auf der Hand, ohne dass die Mitarbeiterinnen sie als solche wahrnehmen und nutzen konnten. Wir haben deshalb aus unserem Material drei Szenen gewählt, die uns für Verhaltensweisen von Jugendarbeitern beispielhaft zu sein scheinen, in welchen trotz guter Absichten verhindert wird, dass auftauchende Chancen zur Unterstützung informeller Bildungsprozesse genutzt werden. Die erste Szene zeigt, wie schlichte Nicht-Wahrnehmung offenkundiger Chancen der Unterstützung die Gelegenheiten zur Förderung ungenutzt lässt. Die zweite Szene zeigt, wie eindimensionale und die Wahrnehmung des Handelns Jugendlicher verkürzende Reaktionen dazu führen können, dass Chancen verbaut werden. Die dritte Szene zeigt, dass manchmal gerade der Übereifer, Jugendlichen etwas beibringen zu wollen, dazu führen kann, dass Gelegenheiten der selbstbestimmten Aneignung durch Jugendliche verloren gehen.

10.1 Verpasste Gelegenheiten durch Nicht-Wahrnehmung

Szene

Ich komme zusammen mit A. (Mitarbeiterin) vom Einkaufen zurück und sehe, dass B. (Mitarbeiter) und die Jugendlichen gerade das Scrabble Spiel zusammenpacken. Ich sage, dass ich das schade finde, da ich gerne noch eine Runde mitgespielt hätte. Zwei Jugendliche haben auch

10. Verpasste Gelegenheiten?

Lust, nochmals zu spielen, B. gesellt sich hinzu. Neben mir sitzt M., ein 12-jähriger, leicht verwahrlost wirkender (ein bisschen müffelnde und verschmutzte Kleidung), stark rauchender und auch großschnäuziger Junge; gegenüber sitzt B., neben ihm, mir gegenüber, J., ein eher unauffälliger 12- oder 13-Jähriger. Ich darf anfangen und M. neben mir will mir helfen. Zunächst lehne ich ab, weil er unablässig quasselt und mit mir Buchstaben tauschen will, ich lege ein kurzes Wort. Alle schauen erwartungsvoll und man gibt mir zu verstehen, dass es eine Regel ist, so viele Wörter zu legen, wie man kann. Ich lege ein weiteres. Schnell wird klar, dass das Spiel ungewöhnlich ist: Einige im Gang stehende Jugendliche geben Tipps, es ist kaum Ruhe da, um sich zu konzentrieren. Auch gibt es gleich nach einigen Zügen einen Wechsel, M. hat keine Lust mehr, beteiligt sich aber immer noch sporadisch am Spiel. U. (offenbar Klassenkamerad von M.) kommt statt M. dazu und mir fällt auf, dass beide Jugendlichen Schwierigkeiten mit der Rechtschreibung haben. U. scheint mitspielen zu wollen, kommt aber nicht voran. Ich unterstütze U. neben mir, indem ich ihm Hinweise und Tipps gebe und sehe dabei, dass ihm manche Wörter neu und nicht bekannt sind. Diese erkläre ich ihm, wir schlagen gemeinsam im Wörterbuch nach und er erklärt den anderen, was das Wort heißt (z. B. Yen, Dan, Öre, Quai). Es fällt ihm immer wieder schwer, das Wort im Alphabet zu finden, zum Beispiel sucht er das Kürzel „Lg." (für Luftgrenze) und fängt beim Buchstaben „W" an rückwärts zu blättern. Nach einer Weile hat der den Buchstaben „L" gefunden und war sich sicher, dass er „Lg." nach „Li" gesehen hat (ich schlug vorher etwas unter „Lo" nach – auf der selben Seite wie „Li"), B. sagt nur: „Denk doch mal nach!" und U. verbeißt sich auf der Seite. Ich sage ihm, dass ich auch immer wieder das Alphabet durcheinander bringe und dass ich mir damit helfe, einfach das Alphabet leise vor mich hinzusagen. Das macht auch U. und findet „Lg." auch an der richtigen Stelle. Später fragt er bei zwei Wörtern nochmals nach, was sie bedeuten. (NB: Mir fällt erst später auf, dass B. mir diese ABC-Probleme schon im Vorfeld im Kontext „Wie sind die Jugendlichen drauf ..." erzählt hatte: Sie suchen ein Wort im Wörterbuch, aber wissen nicht, wie sie es suchen sollen und blättern wahllos darin herum. Wohl deshalb fiel mir im Kontext der Situation B's Standardsatz „Denk doch mal nach!" unangenehm auf, da es meines Erachtens keine positive Hilfe für eine eigene Suchstrategie ist, sondern Jugendliche dann eher auf ihre vermeintlich offensichtliche Beschränktheit verwiesen werden.)

II. BILDUNGSGELEGENHEITEN UND BILDUNGSRÄUME

Plötzlich kommt M. wieder zurück und flüstert U. ins Ohr: „Gib mir ne Kippe" (durch die Enge höre ich es trotzdem und mühelos), U. zögert, sieht uns erst an, dann inszeniert er die Zigarettenübergabe wie ein Drogendeal im Park, alles in „slow motion", so dass jede Geste und Mimik genau zu studieren ist: Er greift in seine Innentasche, fingert eine Zigarette heraus, hält sie in der hohlen Hand, macht damit eine ausladende Geste und übergibt sie mit einem angedeuteten Handschlag A., der ebenso virtuos die Zigarette aufnimmt und sie mit einer gekonnten Geste hinter das Ohr gleiten lässt – alles filmreif und alles vor den Augen von Mitarbeiter B., dem Jugendlichen J. und mir als Zuseher und einigen Zaungästen inszeniert.

Am Ende des Spiels hat U. noch fünf Buchstaben übrig, wir puzzeln gemeinsam daran herum, was man damit noch legen könnte und ihm fällt auf, dass er ein ganzes russisches Wort damit legen kann. Er zeigt mir das Wort und erklärt mir die Bedeutung. Ich sage ihm, dass ich kein Russisch kann und sage, dass es ja ganz schön toll ist, dass er sogar zweisprachig Scrabble spielen könnte, was ich nicht kann. Auf meine Frage, warum wir denn dann nicht russisch-deutsches Scrabble spielen, sagen einige, die interessiert zugesehen haben, gleich: „Das dürfen wir ja nicht! Das kann ja keiner nachkontrollieren." Spontan habe ich es nicht verstanden, weil mir nicht ganz klar war, wer denn was nachkontrollieren soll. B. steht, obwohl er jetzt dran ist, auf und geht kommentarlos weg, zunächst in den Küchenteil. Dort holt er einen Schnellhefter, sieht da rein und geht ganz raus. Wir drei warten auf ihn, damit das Spiel weitergehen kann, einige Minuten, dann kehrt er von draußen wieder zurück und geht aber an uns vorbei wieder in den Küchenteil und fängt mit dem Abwasch an. Ich gehe zu ihm hin und sage: „Wir warten auf dich, du bist dran." – „Kein Bock." Verärgert über sein blödes Verhalten gehe ich zurück an den Tisch und sage, dass wir ohne ihn weiter spielen. U. gewinnt mit unser aller Unterstützung mit einem Punkt Vorsprung (KL1, MS).

Interpretation

Es handelt sich um eine Situation, in welcher der teilnehmende Beobachter durch sein Interesse an einem Spiel fast wie von selbst in eine die mangelnde Lesekompetenz der Jugendlichen spielerisch fördernde Rolle gerät, während der Mitarbeiter B. diese Gelegenheit offenbar gar nicht wahrnimmt. Das Scrabble-Spiel, an dem sich der Beobachter, der Mitarbeiter und zwei Jugendliche beteiligen, wird zunächst von allen Beteiligten als reine Freizeitbeschäftigung verstanden. Dem Beobachter fällt bei einem der mitspielenden Jugendlichen auf, dass er den Eindruck eines „leicht verwahrlosten", „stark rauchenden" „großschnäuzigen" Zwölfjährigen mache. Diese Beschreibung dient nicht, wie im Folgenden deutlich wird, dazu, den Jugendlichen als „abweichend" zu charakterisieren, sondern lenkt die Aufmerksamkeit auf den Tatbestand, dass es ungewöhnlich ist, einen solchen Jugendlichen am Scrabble-Spiel beteiligt zu sehen, anders als bei dem „unauffälligen" J. Diese Bedeutung wird in der zweiten Wahrnehmung des teilnehmenden Beobachters konkretisiert, der bemerkt, dass „das Spiel ungewöhnlich ist". Genauer gesagt: Er nimmt darin Elemente wahr, die bei einem normalen Freizeit-Spiel als ziemlich störend empfunden würden: Der Jugendliche (oder das Kind?) M. beherrscht offenbar nicht die Grundregeln des Spiels und des Spielens überhaupt: Er „quasselt" dem Mitspieler in seinen Spielzug hinein, tauscht regelwidrig Spielsteine, hat mittendrin keine Lust mehr, überlässt den Platz seinem Kumpel, mischt sich aber trotzdem weiter ein; und außerdem stehen noch andere Jugendliche am Rande des Geschehens und „geben Tipps". Auch zeigt sich schnell, dass weder M. noch sein Kumpel U. über die Voraussetzung des Scrabble-Spiels – hinreichende Rechtschreibkenntnisse – verfügen. Selbst die ad hoc eingeführte Zusatzregel, die erlaubt, ein Wörterbuch zu Hilfe zu nehmen, hilft nicht weiter, da die schlichte Operation, das auswendig gelernte Alphabet zu benützen, um alphabetisch geordnete Stichworte zu finden, nicht beherrscht wird.

Der entscheidende Punkt ist nun, dass der Beobachter, der sich in seiner Rolle als Mitspieler zunächst auch gestört fühlt, die Situation umzuinterpretieren beginnt: Er deutet das, was am Spiel „ungewöhnlich" ist, nicht mehr als Störung, sondern als Bildungsgelegenheit. Und zwar nicht so, dass er das Spiel zum Lernspiel erklärt, sondern so, dass er sich seinerseits aktiv daran beteiligt, die Regeln des Spiels zu modifizieren, aber ohne die Rolle des Mitspielers zu verlassen. Er scheint die Regelverletzungen der Jugendlichen zu imitieren: Auch er gibt Tipps, erklärt unbekannte Wörter, bringt das Wörterbuch als Hilfsmittel ein und stellt sich mit dem anscheinend lernblockierten U. auf eine Stufe, indem er sagt, auch er bringe das Alphabet manchmal durcheinander; er nennt auch den Trick, mit dem er sich dann behilft. Die Jugendlichen spielen das Doppelspiel (weitermachen mit Scrabble und Sprachkompetenz mit

Hilfe von Scrabble einüben) mit, gehen dafür ein stillschweigendes Arbeitsbündnis mit dem Beobachter ein. Dies gelingt vermutlich gerade deshalb, weil sie nicht auf eine neue Situationsdefinition („jetzt wird hier nicht mehr gespielt, sondern gelernt") umschalten müssen, sondern selbst unter Kontrolle behalten, was sie lernen wollen. Der einzige, der die Transformation des Spiels in eine Lerngelegenheit überhaupt nicht mitzubekommen scheint, ist der hauptamtliche Mitarbeiter B. Er beteiligt sich in keiner Weise an der zweiten Spielebene des Beobachters, sondern bleibt auf der Ebene des Mitspielers in einem Gesellschaftsspiel, der, durch die schwache Leistung seines Mitspielers genervt, diesen scheinbar ermuntert mit „Denk doch mal nach!". Dass dies in einem solchen Kontext keine wirkliche Unterstützung sein kann, entgeht ihm völlig. Dies wird umso unverständlicher, als B. die Schwierigkeiten der Jugendlichen offensichtlich kennt.

Die folgende Szene einer zwischen den zwölf- bis 13-jährigen Jungen vorgeführten „Zigarettenübergabe" ereignet sich während des Spiels in „slow motion" und „filmreif" vor den Augen der pädagogischen Beobachter und offenkundig in provozierender Absicht. Scheinbar gibt es keinen inhaltlichen Zusammenhang zu den Vorgängen beim Scrabble-Spiel. Wenn aber der Pädagoge B. von uns richtig beschrieben wurde als einer, der eine offenkundige Gelegenheit für seine Arbeit gar nicht mitbekam, dann wird auch die Interpretation plausibel, dass er hier von diesen Kids als hilflos vorgeführt werden soll. Diese wissen natürlich, dass er angesichts ihrer Altersklasse verpflichtet wäre, zu intervenieren; und sie können seine Nicht-Reaktion nur als Schwäche deuten. Uns scheint klar, dass er nicht deshalb die Provokation übersieht, weil er sie souverän ins Leere laufen lassen will, sondern weil er Angst hat, zu reagieren und sich mit seiner Reaktion lächerlich zu machen. Gerade dadurch aber wird er in seiner Rolle als verantwortlicher Pädagoge gedemütigt – auch wenn die Demütigung nicht explizit ausgesprochen wird.

In der folgenden Schlussszene fährt der Beobachter mit seinem Spiel auf zwei Ebenen fort. Als U. (offenbar ein Aussiedlerkind) ein russisches Wort einfällt, das einen erfolgreichen Abschluss des Spiels ermöglichen würde, greift der Beobachter das auf, indem er (a) stillschweigend die Regeländerung vornimmt, auch russische Wörter seien gültig und (b) den Jugendlichen darauf hinweist, dass man „zweisprachig Scrabble spielen" als besondere Kompetenz verstehen könne. Dies veranlasst einen anderen Jugendlichen zu dem Einwand: „Das dürfen wir ja nicht!

10. VERPASSTE GELEGENHEITEN?

Das kann ja keiner nachkontrollieren!" Die Äußerung ist wohl so zu verstehen, dass die Pädagogen der Einrichtung die Regel aufgestellt haben, es dürfe hier kein Russisch gesprochen werden. Was – vielleicht – als integrationsfördernde Regel gemeint war, wird von diesen Jugendlichen als bloßes Kontrollinteresse der Pädagogen wahrgenommen. Eine Verständigung über den Sinn einer solchen Regel scheint nicht möglich und der Versuch dazu nicht stattzufinden. Jedenfalls macht der Pädagoge B. jetzt vollends den Eindruck, eingeschnappt zu sein, möglicherweise auch, weil der Beobachter zu erkennen gibt, dass er selbst den Sinn dieser Regel nicht versteht. B. verlässt jetzt auch die Rolle des einfachen Mitspielers in einem Gesellschaftsspiel. Er bricht diese Rolle unvermittelt ab, indem er so tut, als habe er Wichtigeres zu tun, hinterlässt aber eher den Eindruck eines beleidigten kleinen Jungen, der „nicht mehr mitspielt". Die Übrigen spielen das Doppelspiel, das U. am Ende ein zwar unverdientes, aber vermutlich hilfreiches Erfolgserlebnis verschafft, „mit unser aller Unterstützung", zu Ende.

10.2 VERPASSTE GELEGENHEITEN DURCH EINSEITIGE WAHRNEHMUNG DER PÄDAGOGISCHEN AUFGABE

Szene

Ich gehe in den Computerraum zurück, in welchem sich immer noch sechs Mädchen befinden, die sich alle mit Chatten beschäftigen. Ich stehe zunächst einfach im Raum herum, frage mich, ob es indiskret sei, ihnen einfach über die Schulter zu schauen, entscheide mich dann aber dafür, es einfach zu tun. Ich gehe zunächst zu zwei Mädchen und frage sie, was sie denn da gerade machen: „Wir chatten." „Mit wem denn?" „Ach, einfach nur so, um andere Leute kennen zu lernen." „Und war schon wer Spannendes dabei?" „Nö, heute noch nicht." Sie scheinen beide nicht irritiert zu sein aufgrund meiner Neugier. Eines der Mädchen heißt J., ist 15 und hat sich als „Sexyalbanerin" eingeloggt. Die andere, ihre Schwester, heißt A. und ist 13. Ich frage sie, ob sie denn Albanerinnen sind, was die ältere grinsend verneint. Sie sind Halb-Jugoslawinnen, der Vater Jugoslawe, die Mutter Deutsche ...
Ich gehe wieder zu J. und A., Letztere hat auch ein log-in-Problem und bittet mich um Hilfe. Ich erkläre ihr, dass ich noch nie gechattet habe

II. BILDUNGSGELEGENHEITEN UND BILDUNGSRÄUME

und ihr deshalb leider nicht weiterhelfen könne, worauf sie dann die Mitarbeiterin L. zu sich ruft. Diese schaut auf den Monitor, sieht, dass sich das Mädchen als Sexytürkin einloggen wollte, und meint zu ihr: „Du weißt doch, dass alles, wo irgendwie ‚sex' drin ist, nicht geht, außerdem kannst du noch gar nicht sexy sein, du bist doch noch ein Kind mit deinen 13 Jahren, dazu musst du erstmal erwachsen werden, um sexy sein zu können. Und du bist ja nicht mal eine Türkin. Außerdem ist die Seite nicht o.k., auf der du gerade bist, geh mal auf ne andere." Interessant ist, dass sich J., die ältere, ja schon als Sexyalbanerin eingeloggt hatte, was funktioniert hat. Darauf weist A. die Pädagogin L. auch hin, was diese aber einfach ignoriert, während J. übers ganze Gesicht grinst. Anschließend weist L. die Anwesenden darauf hin, dass die Mädchen beim Chatten auf keinen Fall ihre Handynummern rausgeben dürfen. L. meint zu mir, dass die Mädchen das immer wieder machen, aber das ginge nicht, denn wenn aufgrund des Chattens hier im Haus etwas passiert, wäre der Ärger nicht auszudenken, den sie dann bekommen würde, sie sei hier ja schließlich in der Verantwortung. Weiterhin erklärt sie mir, dass sie ein Schutzprogramm heruntergeladen haben, welches ganz toll sei. Es heißt „parents safe" oder so ähnlich, da könne man dann alle Begriffe eingeben, die verhindern, dass die Jugendlichen auf schlimme Seiten geraten, was natürlich manchmal die erwachsenen Männer ärgert, die manchmal auch die Computer nutzen, wobei mir nicht klar ist, welche Männer sie denn meint.
A. ist nun maulig, dass das nicht so geklappt hat, wie sie sich das gedacht hat und hat keine Lust mehr zum Chatten (KL4, SS).

Interpretation

Es handelt sich um eine ähnliche Art, das Computerangebot einer Einrichtung zu nutzen, wie wir es schon mehrfach gezeigt haben. Die beiden Mädchen (wie auch die anderen Anwesenden) nutzen in diesem Fall den speziellen Mädchentag dazu, per Chat Internetbekanntschaften zu suchen. Der älteren, erfahreneren Fünfzehnjährigen gelingt dies vergleichsweise mühelos. Ihre Präsentation im Netz als „Sexyalbanerin" greift offenbar die Sprache von kommerziellen Kontaktanzeigen aus den einschlägigen Seiten (inzwischen auch der normalen Presse) auf. Wir vermuten nicht, dass sie sich tatsächlich als Prostituierte anzubieten versucht, aber sie spielt mit solchen Phantasien. Ihre jüngere Schwester

hat dagegen erst mal technische Schwierigkeiten. Um diese zu lösen, bittet sie zunächst die Beobachterin um Hilfe. Die Neugier einer ihnen unbekannten Frau scheint die Mädchen nicht zu irritieren, denn beide lassen sich ohne weiteres in ihre Online-Unterhaltung blicken. So ist zu vermuten, dass die beiden Mädchen aus ihrer Sicht nichts zu verbergen haben. Da die Beobachterin nicht weiterhelfen kann, wird die anwesende Mitarbeiterin der Einrichtung zu Rate gezogen.
Diese interpretiert die Situation offenkundig weder als eine, die technische Assistenz erfordert, noch als Bildungsgelegenheit, sondern als eine Herausforderung für den Jugendschutz. Sie maßregelt das Mädchen und weist sie auf scheinbar offensichtliche Unwahrheiten hin: Es stimme weder, dass sie sexy, noch dass sie Türkin sei. Sie macht der Dreizehnjährigen klar, dass alles „wo irgendwie ‚sex' drin ist, nicht geht". Sie gibt damit zu verstehen, dass es sich nicht um eine technische Schwierigkeit, sondern um eine gewollte Sperre handle (diese funktioniert angeblich, wie aus der nachfolgenden Erläuterung für die Beobachterin deutlich wird, mit Hilfe eines „parents safe"-Programms im Computer, das verhindern soll, „dass die Jugendlichen auf schlimme Seiten geraten"). Den Hinweis des Mädchens, dass dies nicht stimmen könne, da sich ihre ältere Schwester ja als „Sexyalbanerin" erfolgreich eingeloggt habe, ignoriert die Mitarbeiterin. Stattdessen weist sie „die Anwesenden" auf die Regel hin, dass sie „auf keinen Fall ihre Handynummern rausgeben dürfen". Den Sinn dieser Regel erläutert sie der Beobachterin: Es gehe um „Männer", in deren Hände die Nummern geraten könnten, und um „nicht auszudenkenden Ärger", der für das Haus entstünde, wenn daraufhin „etwas passierte". Diese Männer daran zu hindern, ihrerseits Kontakte zu knüpfen, scheint ein weiterer Zweck des „parentsafe"-Programms zu sein. Angesichts der Fähigkeit einer Fünfzehnjährigen, das Programm auszutricksen, kann dieser Effekt allerdings bezweifelt werden. Am Ende ist jedenfalls das jüngere Mädchen „maulig" und hat keine Lust mehr zum Chatten.
Wir waren bei unserer Interpretation dieser Szene zunächst über die moralisierenden Formulierungen der Pädagogin irritiert. Wie wirkt es, fragten wir uns, wenn im Rahmen eines Angebotes der Mädchenförderung einem Mädchen im Pubertätsalter, das Phantasien über die eigene Sexualität hat, gesagt wird, sie könne „noch gar nicht sexy sein", müsse „erstmal erwachsen werden"? Sie möchte sich ja in diesem Moment offenbar über ihr Geschlecht definieren. Sie distanziert sich gleichzeitig

ein Stück weit selbst von ihrer eigenen Identität, sofern sie sich als „Türkin" ausgeben möchte, obwohl sie jugoslawischer Abstammung ist. Insofern kann man in diesem Kontext von einer Inszenierung als eine andere Person sprechen. Die Pädagogin spricht dem Mädchen aber in diesem Moment einen solchen Erfahrungs- und Selbstinszenierungsraum strikt ab, nagelt sie darauf fest, dass sie erstens noch kein Geschlechterwesen sei und außerdem keine Türkin. Erkennbar wird hier ein hoch normatives Weiblichkeitsbild, welches es anscheinend verbietet, sich mit der beginnenden Pubertät mit der eigenen Sexualität außerhalb eines spezifisch vorgegebenen Rahmens zu befassen. Für die 13-Jährige entspringt diese Thematisierung jedoch offensichtlich ihrer Lebensrealität. Die Jugendarbeiterin vergibt damit eine Gelegenheit, das Mädchen in ihrer Selbstauffassungsarbeit zu unterstützen, während sie gleichzeitig den Jugendschutz als übergeordnetes Arbeitsprinzip mit ihrem Verhalten durchsetzt. Statt das, was die Heranwachsende von sich aus anbietet, anzunehmen und damit zu arbeiten, reglementiert sie sofort ihre Phantasien. Etwas überspitzt formuliert: Sie degradiert sie zurück auf den Status eines Kleinkindes mit dem Habitus „Pfui, so was tut man nicht!". Der Jugendlichen wird eine aktuell vorhandene eigene Sexualität abgesprochen, welche ihr nach Auffassung der Pädagogin erst im Erwachsenenalter zusteht. Dies muss eine vehemente Kränkung für die Heranwachsende bedeuten, befindet sie sich doch altersgemäß in einer beginnenden Phase voller Ambivalenzen und psychischer und physischer Umbrüche. Statt dieses Thema als Anlass zu einem Gespräch oder der Auseinandersetzung zu nehmen, also pädagogisch zu antworten, wählt die Mitarbeiterin hier den Weg der strikten Intervention, welche die Thematisierung adoleszenter Phantasien nicht zulässt. Im Zentrum dieser Intervention stehen die Moralvorstellungen der Pädagogin und die potentielle Gefährdung der Mädchen durch „schmutzige" Internet-Seiten. Dabei geht es auch um die Wahrung des guten Rufes der Einrichtung und um die Verantwortung der Pädagogin dafür.
Wir halten allerdings den Blick der Pädagogin auf die Gefahrenpotentiale des freien Chattens Jugendlicher keineswegs für völlig abwegig. Jedenfalls bei der älteren Schwester kann man durchaus von einem zumindest phantasierten Spiel mit dem Risiko reden, das zu einer pädagogischen Reaktion herausfordert. Selbst wenn es uns abwegig erscheint, dass diese Fünfzehnjährige sich hier tatsächlich als Prostituierte anzubieten versucht, ist dies doch nicht mit voller Sicherheit auszuschließen,

und ebenso wenig ist auszuschließen, dass sie bei ihrem Spiel mit dem sexuellen Risiko die Kontrolle verliert und real in Zwangslagen geraten kann. Auch der von der Pädagogin befürchtete „Ärger", der dann auf die Einrichtung zukäme, ist wohl sehr realistisch gesehen.
Umso unverständlicher ist allerdings, weshalb die Pädagogin sich um diese ältere Schwester überhaupt nicht kümmert. Sie lässt sie unkommentiert ihren Erfolg beim Einloggen begrinsen – und auch dies scheint uns eine verpasste Bildungsgelegenheit zu sein. Diesem Mädchen kann und will die Pädagogin nicht das Recht auf Sexualität absprechen. Aber sie lässt sie mit ihrem auf Sexualität bezogenen risikohaften Probehandeln ins Leere laufen. Wir gehen davon aus, dass dieses Mädchen sehr wohl den Kitzel der Gefahr bei ihrer Art von Chat sucht, ohne die reale Gefahr wirklich einschätzen zu können – und, dass sie eine Antwort einer Erwachsenen, die sie darin ernst nimmt, erwartet, aber nicht bekommt. Eine Antwort hätte auch die Selbstinszenierung als „Sexyalbanerin" verlangt. Denn einerseits kann man annehmen, dass die Jugendliche damit, wie die kleine Schwester, die es ihr nachmacht, eine ihr fremde Identität annimmt, von der sie sich gleichzeitig abgrenzt. Andererseits müsste die Pädagogin eigentlich wissen, dass für ein Mädchen mit jugoslawischem Familienhintergrund die „Sexyalbanerin" höchst wahrscheinlich keine beliebige andere ist, sondern ein mit sexistischen und rassistischen Phantasien besetztes Klischee über die Schlechtigkeit „der Albaner", das sie aus ihrer Umgebung aufgegriffen hat. Auch dies verlangt nach einer Antwort, die das Mädchen nicht bekommt.
Schließlich scheint uns fraglich, ob die Pädagogin ihrerseits mit ihrem berechtigten Anliegen des Jugendschutzes von den Mädchen ernst genommen werden kann, wenn sie die Einhaltung der entsprechenden Regeln nur dort vehement einfordert, wo sie noch gar nicht real verletzt wurden. Bei der jüngeren Schwester, die von der Pädagogin zurechtgewiesen wird, bestand nur die Absicht dazu, während die Mitarbeiterin das Handeln der älteren, die offenkundig das Vorbild abgibt, „einfach ignoriert". Die 13-jährige Heranwachsende sieht sich somit einer Hierarchisierung auf zwei Ebenen konfrontiert: Einerseits hat die Pädagogin eine große Definitionsmacht. Andererseits wird das Verhalten der älteren Schwester anders bewertet als ihr eigenes – und wird vielleicht gerade dadurch zum beneideten Vorbild. So oder so werden damit die besonderen Chancen der Jugendarbeit verspielt, die in vorigen Kapiteln beschriebene Vermittlungsarbeit zu leisten, zwischen persönlicher Ver-

trauenspartnerschaft und Grenzen zeigender Wahrnehmung der Verantwortung Erwachsener. Kann es da wundern, dass die Jugendliche letztendlich auch die Begeisterung für das Chatten verliert?

10.3 Verpasste Gelegenheit durch Über-Pädagogisierung

Szene

Ein Mädchen, ungefähr zwölf Jahre alt, sitzt am PC im Café und will eine e-mail schreiben. Offenbar macht sie dies zum ersten Mal. M. (ein Mitarbeiter) hatte ihr vorher erklärt, wie das geht. Er hat gestern Nachmittag zusammen mit vier der jüngeren Mädchen eigene Benutzerinnenprofile eingerichtet und ihnen ein e-mail Account angelegt (dies habe ich leider nur am Rande mitbekommen). M. und ich sitzen am Tresen und unterhalten uns ein wenig, das Mädchen kommt zu M. und fragt: „M., was ist ein Anhänger?" Wir gucken uns etwas verdutzt an und M. sagt sichtlich irritiert: „Ja, ein Anhänger, ja, das ist das, was an einer Kette hängt, die trägt ... oder in welchem Kontext meinst du denn das?" Sie zeigt auf den PC und wir drei gehen hin. Sie meinte mit Anhänger den e-mail Anhang, M. klärt dies schnell auf, beide lachen und er erklärt ihr die Funktion des Anhangs. Dies scheint für sie in dem Moment nicht mehr so relevant zu sein und sie schreibt an der e-mail weiter. M. aber erklärt ihr nicht nur die Funktion des Anhangs, sondern beschreibt ihr jetzt noch den genauen Aufbau von Dateien im Allgemeinen. Er erläutert, dass ein Computer die Dateien ja in Kleinstinformationen zerlegt, nämlich in ganz viele „Ja" und „Nein" usw. Dies fängt auch mich an zu langweilen. Obwohl es kindgerecht erklärt ist und selbst ich mit meiner Computerunkenntnis es verstehen kann, hat es nichts mehr mit der Frage zu tun. M. fällt auf, dass das Mädchen nicht mehr zuhört und sagt: „Du hast gefragt und jetzt bitte ich dich auch zuzuhören, damit du es verstehst." Sie guckt ein wenig genervt, nickt alles ab und M. geht nach seiner Erläuterung, nachdem sie zwei Mal gesagt hat, dass sie jetzt Bescheid wisse (KS1, MS).

10. Verpasste Gelegenheiten?

Interpretation

Dem Anschein nach handelt es sich in dieser Szene zunächst um eine viel versprechende Ausgangslage, die in der Jugendarbeit herzustellen keineswegs selbstverständlich ist: Es ist dem Pädagogen M. gelungen, vier Mädchen neu für die Computernutzung zu interessieren, sie mit einem eigenen Zugang zum Netz (den sie offenbar anderswo nicht bekommen) und mit der Einrichtung einer eigenen e-mail Adresse auszustatten. Eins der Mädchen versucht jetzt, diese neue Möglichkeit, aus eigenem Interesse motiviert, für sich zu nutzen. Sie stößt dabei auf etwas ihr Unbekanntes (Anhang) und wendet sich vertrauensvoll an den Experten, der ihr erklären soll, worum es sich handelt. Dabei entsteht ein lustiges sprachliches Missverständnis, das sich in gemeinsamem Lachen auflöst. Idealer kann eine kleine Gelegenheit für die Unterstützung eines selbst bestimmten Lernschrittes eigentlich nicht sein.

Genau diese ideale Gelegenheit, die der Pädagoge M. offenbar erkennt, hat für ihn allerdings leider eine ebenso offenkundige Verführungskraft. Er kann sich nicht damit begnügen, die Frage beantwortet zu haben, sondern er muss die Gelegenheit beim Schopf packen, um noch viel mehr von dem, was ihm zu wissen notwendig erscheint, rüberzubringen. Dem Anschein nach verhält er sich dabei wie ein vorbildlicher Lehrer: Er knüpft an das Interesse des Mädchens an, erklärt das zu Erklärende „kindgerecht", beharrt darauf, dass eine ernsthafte Antwort auf eine ernst genommene Frage ihrerseits ernst genommen werden will; und er kontrolliert schließlich seinen Lernerfolg durch Rückfragen, ob er verstanden wurde.

Sein Pech ist nur, dass das Mädchen sich offenbar ihrerseits beim Schopf gepackt fühlt. Ihre Signale, dass ihr Informationsinteresse befriedigt ist und, dass sie jetzt mit der selbst bestimmten Nutzung des Mediums fortfahren will, werden überhört. Als sie dann unmissverständlich zu erkennen gibt, dass sie nicht mehr zuhört, wird sie von der Autorität des Pädagogen mit dem moralisierenden Argument, schließlich beantworte er nur ihre eigene Frage, in die Rolle der Zuhörerin gezwungen. Schließlich wendet sie, am Ende erfolgreich, eine Strategie an, die sie vermutlich in der Schule gelernt hat. Sie duckt sich gleichsam in die Rolle der braven Schülerin, die zuhört und zum Schluss beteuert, dass sie alles verstanden habe. Sie lässt den pädagogischen Eifer – und damit auch die Bildungsgelegenheit – folgenlos über sich hinwegziehen

II. BILDUNGSGELEGENHEITEN UND BILDUNGSRÄUME

11. Vom Wahrnehmen zum Handeln - und umgekehrt

Wir haben gezeigt, wie wichtig das genaue Beobachten dessen ist, was Jugendliche in der Jugendarbeit tun - gerade auch dann, wenn vordergründig nichts Außergewöhnliches" stattzufinden scheint. Wir fassen zum Schluss pointiert zusammen, worin wir den Nutzen dieses Zugangs für die pädagogische Praxis sehen. "Wahrnehmen können" als grundlegende Kompetenz von Jugendarbeit ist keineswegs als neue Methode der Jugendarbeit Ansatz gedacht. Es stellt nicht neben die bekannten Ansätze einer Jugendarbeit, die etwa "geschlechtsbezogen", "multikulturell", "cliquenorientiert", "sozialraumorientiert" oder "kulturpädagogisch" arbeitet (Deinet/Sturzenhecker 2005, S. 167ff.), ein neuen Konzept. Wie schon in der Einleitung beschrieben, meinen wir, dass diese Ansätze wichtige Beiträge zur Orientierung des Handelns von Fachkräften der Offenen Kinder- und Jugendarbeit leisten. Aber sie verführen dazu, die Fragen "Was sollen wir tun?" und "Wie sollen wir (richtig) handeln?" vorschnell zu stellen.

Unsere ethnographischen Studien machen demgegenüber einerseits darauf aufmerksam, dass zwar viel Energie darauf verwendet wird, jene Konzepte in Form von Projekten (z.B. für interkulturelles Lernen), besonderen räumlichen Settings (z.B. für Jungen oder Mädchen) oder "sinnvollen" Beschäftigungsangeboten umzusetzen. Die zu beobachtenden Erfolge bei den Jugendlichen scheinen jedoch oft den Aufwand nicht wert zu sein. Die beschriebenen Situationen zeigen andererseits, dass Jugendliche in der Offenen Kinder- und Jugendarbeit vieles tun, was der Aufmerksamkeit von Fachkräften entgeht. Gerade die unspektakulären Momente des Jugendhausalltags - wenn also Jugendliche nichts besonderes tun, als herum zu hängen, zu spielen oder zu plaudern - entgleiten ihren Blicken. Wir legten mit unseren Interpretationen dar, weshalb es sich lohnt, auf diese Momente genauer zu achten. Das, was wir also unter "Wahrnehmen können" verstehen, ist weder ein neues Konzept noch eine spezielle Methode, sondern eine professionelle Grundhaltung gegenüber dem eigenen Arbeitsfeld, ähnlich einer kompetenten Achtsamkeit (Wolff 2004). Sie ist als professionelle Haltung kein angeborenes Talent, sondern muss eingeübt und verfeinert werden. Dazu haben wir im Anschluss dieses Kapitels eine Art "Werkzeugkasten" zur Verfügung gestellt.

11.1 Ein neuer "konzeptioneller Sockel":
Die Distanz des ethnographischen Blicks

Lothar Böhnisch und Richard Münchmeier (1987) haben vor zwanzig Jahren zu Recht argumentiert, dass die Jugendarbeit als Grundlage ihrer pädagogischen Konzepte einen "konzeptionellen Sockel, orientiert an den Entwicklungstatsachen des Jugendalters" (vgl. ebd. S. 26) brauche. Im Blick waren dabei die infrastrukturellen Bedingungen, unter denen Jugendliche ihre Lebensentwürfe und Übergänge ins Erwachsenenleben bewältigen müssen und der (begrenzte) Stellenwert, den Offene Kinder- und Jugendarbeit dafür haben kann. Der (soziologische) Blick auf die Lebensverhältnisse ihrer Adressaten sagt der Jugendarbeit nicht, was sie tun kann; und doch ist er für eine realistische Einschätzung ihrer praktischen Chancen unentbehrlich
Während dieses Verständnis von gesellschaftlicher Kontextsensibilität als konzeptioneller Sockel in der Fachdiskussion breit akzeptiert ist, fehlt immer noch ein vergleichbarer Unterbau für die Mikroebene der Jugendarbeit (vgl. Cloos u.a. 2007). Dieser Mangel scheint uns ein Grund für das verbreitete Leiden am Alltag der Offenen Kinder- und Jugendarbeit zu sein. Denn im alltäglichen Umgang mit Jugendlichen erscheinen auch die besten pädagogischen Konzepte, von gelegentlichen Sternstunden abgesehen, eher als Fernziele statt als erlebte Wirklichkeit von Jugendarbeit. Dies wirkt sich insbesondere delegitimierend auf die offenen Freizeitangebote der Kinder- und Jugendarbeit aus. Sie erscheinen dann oft nur noch als bedeutungslose Beschäftigung oder als Wartehäuschen für die eigentlich wichtigen "sinnvollen" Projekte und Gruppenangebote.
Die Schärfung des eigenen Blicks durch die Ethnographie scheint uns für die Weiterentwicklung einer qualifizierten jugendarbeiterischen Profession chancenreich zu sein. Der ethnographische Forschungsansatz lenkt den Blick ausdrücklich auf die Mikroebene der Alltagskultur,

erlaubt und verlangt erst einmal Distanz von den großen Zielen und interessiert sich für die Bedeutung des Tagtäglichen. Ursprünglich für Erforschung fremder Kulturen entwickelt, wird dieser Ansatz nun immer mehr auch für die genauere Wahrnehmung des "Fremden in der Nähe" und für die "Befremdung der eigenen Kultur" (Hirschauer/Amann 1997) genutzt. Uns kommt es aber nicht nur darauf an, diese künstliche Distanz gegenüber einem scheinbar vertrauten Feld als Forschende vorzuführen, sondern sie als notwendiges Element guter praktischer Arbeit zu zeigen.

Während jedoch sowohl wir als Forschende, als auch die pädagogischen Fachkräfte an der Kultivierung ihres Blicks und der Ausgestaltung ihrer teilnehmenden Beobachtung arbeiten müssen, um das Alltägliche und Gewöhnliche immer wieder entdecken zu können, unterscheiden sich beide Rollen doch grundsätzlich in ihrem Auftrag und in ihrer Stellung zum Feld. Fachkräfte müssen im Gegensatz zum Feldforscher eine das eigenen Arbeitsfeld beobachtende Distanz immer wieder herstellen, um ihre pädagogischen Wirkungen auf den Prüfstand zu stellen und gegebenenfalls aktualisieren zu können. Dies ist im Gegensatz zu externen Beobachtern insofern schwieriger, als die Routinisierung der Abläufe einerseits notwendig für die Handlungsfähigkeit der Fachkräfte ist, andererseits aber die beobachtende Distanz erschwert. Pädagoginnen und Pädagogen sind in ihren Berufsrollen immer auch Teil des zu beobachtenden Feldes und stehen dadurch, im Gegensatz zu den externen Forschenden, auch unter Handlungsdruck. Fachkräfte müssen sowohl situativ, rückblickend und im Blick auf längerfristige Perspektiven in den Arbeitsbeziehungen angemessen handeln, auch wenn sie mit den Blickwechseln arbeiten. Dagegen sind die Arbeitsbündnisse der Forschenden, da sie sich nur zeitlich begrenzt im Feld aufhalten, kürzer und auf wissenschaftliches Erkenntnisinteresse bezogen (vgl. Schulz 2007). Der ethnographische Blick von Fachkräften ist also eine reflexive Kompetenz, die allerdings nicht mit ihrem beruflichen Handwerkszeug gleichzusetzen ist. Sie ermöglicht eher ein situationsbezogenes Wissen darüber, wie Handwerkszeug angemessen und sensibel zu gebrauchen ist.

Die von uns vorgeschlagene zurückhaltende und beobachtende Haltung als eine reflexive Professionalität erzeugte auch Missverständnisse: Offenbar wurde von manchen unsere Hinweise so verstanden, als wollten wir die aus den bisherigen Konzepten der Offenen Kinder- und Jugendarbeit entwickelten pädagogischen Angebote zugunsten eines neuen

11. Vom Wahrnehmen zum Handeln - und umgekehrt

Konzepts des Beobachtens und Nur-Noch-Reagierens - als eine Art höheren Nichtstuns - zurückweisen. Natürlich würde ein solcher "Situationsansatz" in der Alltagspraxis der Offenen Kinder- und Jugendarbeit dramatische Konsequenzen mit sich bringen, da Kinder und Jugendliche mangels attraktiver Angebote vermutlich fern bleiben würden. Angebote aller Art, von attraktiven Räumen, Spielgelegenheiten, Projekten, materieller Versorgung, Beteiligungs- und Mitgestaltungschancen bei all dem, bis hin zum Angebot persönlicher Präsenz und Ansprechbarkeit von Pädagoginnen (Cloos u.a. 2007, S. 125ff.), sind und bleiben das Interventionsrepertoire der Offenen Kinder- und Jugendarbeit. Aber sie sind, für sich betrachtet, "Vorhalteleistungen" (vgl. ebd. S. 17f.). Erst der Prozess, den wir als "Wahrnehmen können" beschreiben, verzahnt die von uns eingangs beschriebenen pädagogischen Interventionen und die pädagogischen Antworten mit dem, was Jugendliche ihrerseits inszenieren. Erst daraus entstehen Chancen, die über das irgendwie miteinander zurecht kommen hinausführen. Darin liegt unseres Erachtens die praktische Bedeutung des ethnographischen Zugangs als "konzeptioneller Sockel" für die Offene Kinder- und Jugendarbeit.

11.2. Was heißt also "Wahrnehmen können" als professionelle Kompetenz?

Wahrnehmen können ist die Kompetenz zu einer Art doppelter Beobachtung: Fachkräfte der Kinder- und Jugendarbeit sollten sowohl genauer beobachten können, was Jugendliche in ihren Einrichtungen tun. Zugleich sollten sie aber auch ihre eigene Praxis im Umgang damit beobachten können. Diese Fremd- und Selbstbeobachtungen sollten insbesondere dort stattfinden, wo die Situation schwierig ist: Dann, wenn es um irritierende Erfahrungen geht, die nicht mehr in Erklärungsmuster des Alltagsverstehens eingeordnet werden können. Gerade in diesen Momenten des Involviert- und zugleich Gefordert-Seins sollten Fachkräfte fähig sein, gleichsam einen Schritt zurück treten und die Situation mit einer Art von "künstlicher Dummheit" (Hitzler 1986), wie die Ethnographen sagen, wahrnehmen - ähnlich, als würden sie einen Film anschauen, in dem sie selber mitspielen, ohne ihn in Gänze verstehen zu können.

Der ethnographische Blick, den wir vorschlagen, nimmt gleichfalls die Seite der eigenen emotionalen Verstrickungen wahr. Er registriert, dass Kinder und Jugendlichen gemeinsame Situationen mit Fachkräften der Offenen Kinder- und Jugendarbeit erstens anders als diese wahrnehmen, und zweitens gewöhnlich etwas anderes darin erleben. Dies ist am häufigsten dann der Fall, wenn die Situationen den Fachkräften als schwierig erscheint - aber nicht nur dann. Drittens aber wird dieser Blick in dem Maße zum praktischen Handeln, wie er zugleich befähigt, die eigenen Anliegen und persönlichen Empfindungen nicht nur wahrzunehmen, sondern sie auf angemessene und taktvolle Weise mit ins Spiel zu bringen. Wie das balanciert werden kann, ist schwer zu beschreiben. Wir versuchen es mit Hilfe einer Momentaufnahme aus einem Jugendtreff:

Szene

Einzelne Jungs sitzen an den Bistrotischen und wirken so, als würden sie nur darauf warten, bis das Café zumacht oder bis ihre Freunde bereit wären zu gehen. Kurz nach halb zehn kommt ein Mädchen zu Sarah (P) an die Theke und sagt: 'Du, mir ist langweilig.' Worauf Sarah meint: 'Du, mir auch.' (aus: Cloos u.a. 2007, S. 144)

Interpretation

Professionelle Sensibilität, so will uns scheinen, zeigt die Pädagogin Sarah in dieser kleinen Szene am Ende ihres Arbeitstages zunächst darin, dass sie die vieldeutige und wohl etwas hinterlistige Ansprache des Mädchens mit "Du, mir ist langweilig" in ihrer Vieldeutigkeit wahrnehmen kann. Sie könnte bedeuten: "Warum sorgst Du nicht dafür, dass hier was los ist? dafür wirst Du doch bezahlt!" oder: "Warum kümmerst Du dich nicht mehr um mich?" Oder: "Hast du vielleicht nach Dienstschluss noch Zeit für mich, oder jetzt gleich?" Oder: "Ich zeige Dir mal, was ich so grade empfinde, das wollt ihr doch gern, ihr Pädagoginnen, dass wir das sagen" etc.

Diese und andere Bedeutungen kann man wahrnehmen oder auch übersehen und übergehen. Das liegt nahe. Denn schließlich ist es eine Falle, die das Mädchen hier in aller Unschuld stellt: Antwortet die Pädagogin Sarah auf eine dieser Aufforderungen in Wahrnehmung ihrer Rolle, dann gerät sie in Rechtfertigungszwänge; geht sie auf das "Beziehungsangebot" ein, dann gerät sie in undurchsichtige Komplizenschaft. Sarahs salomonische Antwort "Du, mir auch!" macht daraus eine Chance. Sie zeigt, dass die Pädagogin nicht nur all diese Untertöne, sondern auch die eigenen Empfindungen, die sie auslösen, wie auch die möglichen Verstrickungen, die daraus folgen können, sensibel wahrzunehmen vermag. Und sie zeigt einen selbstbewussten und trocken humorvollen Umgang damit. Die Antwort hat ebenso viele Bedeutungsfacetten, wie die Herausforderung des Mädchens: Sarah weist die darin enthaltenen Zumutungen nicht zurück, sie stellt bejahend eigene Empfindungen neben die der Jugendlichen. Aber sie geht nicht in die Falle, sondern eröffnet den Horizont für einen Dialog: Wenn beiden "langweilig" ist, wer ist dann dafür verantwortlich? Wenn Wünsche nach Anerkennung zu äußern wichtig ist, wer kann diese ehrlich geben? Wenn Gemeinschaft von Erwachsenen mit Jugendlichen ohne falsche Kumpanei Kern von Jugendarbeit ist, wie wird sie möglich? Die Pädagogin Sarah gibt mit ihrer kurzen Replik keine Antworten auf solche Fragen, sondern lädt das Mädchen ein, sie ihrerseits zu stellen - ohne zu pädagogisieren (z.B.: "Dafür bist du selbst verantwortlich" oder: "Lass uns darüber reden"). Sie zeigt sich vielmehr als Person und vermittelt damit gleichzeitig, was der Kern alles pädagogischen Handelns ist: Aufforderung zur Selbsttätigkeit. Dies geschieht aber nicht explizit reflektierend und durch Metakommunikation, sondern prozesshaft-performativ in einer dichten Szene.

Ob daraus eine neue Ebene der Verständigung entstehen kann, hängt nicht von der Pädagogin allein ab und ist nur im Kontext längerer Zusammenarbeit zu erkennen. Erkennbar ist aber, dass Sarahs "kompetente Achtsamkeit" (Wolff 2004) weit mehr ist, als beobachten und reflektieren zu können. Sie zeigt professionelles Handeln in Aktion.

11.3 Fazit

Wir haben aus unseren Forschungen den Eindruck, dass diese Fähigkeit zur Selbstwahrnehmung in Bezogenheit auf Jugendliche ein zentrales Merkmal gelingender Jugendarbeit ist. Sie ist jedoch keineswegs selbstverständlich. Diesem "Anders als ich- aber in Beziehung zu mir" auf die Spur zu kommen ist der Kern jener wahrnehmenden Grundhaltung. Sie liefert kein Rezept, was zu tun sei und ersetzt kein pädagogisches Repertoire oder Ideen für Angebote. Aber sie ist auch keine bloße Voraussetzung, der das pädagogische Handeln dann erst folgt. Sie ist der lebendige Kern dieses Handelns selbst.

Andererseits ist festzuhalten: Angebote der Offenen Kinder- und Jugendarbeit und ihr alltägliches Ge- oder Misslingen sind - als pädagogische Veranstaltungen, wie als jugendkulturelle "Spielwiese" - nie identisch mit den lebensweltlichen Konfliktzonen, in denen Kinder und Jugendliche jeweils involviert sind. Sie schaffen auch keine Lösungen für sie (etwa für Schulversagen, Konflikte im Elternhaus oder Risikoverhalten). Man kann sie aber als symbolische Reinszenierungen solcher persönlicher und gesellschaftlicher Konflikte und ihrer Lösungsversuche interpretieren. Dies gilt sowohl für das, was Jugendliche, spielerisch oder aggressiv oder leidend, explizit oder beiläufig in der Arena Jugendarbeit (Cloos u.a. 2007, S. 125ff.) inszenieren, als auch für die "Re-Aktive Präsenz der Pädagogen vor Ort" (Wigger 2007, S. 51ff.). Und es gilt erst recht für die Wechselwirkungen zwischen beidem. Wahrnehmen können heißt hier, in der Beteiligung Distanz zu gewinnen und damit Chancen der emotionalen und vielleicht auch der reflexiven Verarbeitung zu eröffnen: Aber nicht dadurch, dass sich die Pädagogen auf das stürzen, was Jugendliche tun, um daran eigene Themen anzuknüpfen, sondern eher spielerisch, ohne gleich jene Konflikte pädagogisierend zum Thema zu machen. Das ist auch meist nicht nötig, denn sie sind immer schon im Raum.

Kinder und Jugendarbeit ist Ort von Aufführungen, deren gesellschaftliche Bedeutung eher symbolisch ist, die aber, durch- und aufgeführt von den beteiligten Akteuren wie den Zuschauern, sehr wohl reale Wirkungen haben können (vgl. Cloos u.a. 2007 und Rose/Schulz 2007). Dabei sind natürlich nicht immer die pädagogischen Fachkräfte regieführend, auch wenn sie es manchmal denken, sondern ebenso sehr die Jugendlichen. Heranwachsende werden vor allem dann zu Hauptakteuren des Felds, wenn sie nicht die von den Pädagogen gelieferten Vorlagen aufführen wollen, sondern diese lieber umschreiben, modifizieren oder eigene Stücke aufführen. Manchmal sind diese Arten der Aufführungen für Zusehende kaum durchschaubar, da sich permanent das Drehbuch ändert (vgl. Rose/Schulz 2007). Pädagogischen Fachkräften in einer "guten" Offenen Kinder- und Jugendarbeit gelingt es, trotz dieser Komplexität mitzuspielen. Weder grenzen sie die anderen Skripte und Regisseure aus, noch animieren sie die Heranwachsenden nur dafür, dort mitzumachen, was ihnen selbst wichtig ist.

Pädagogische Praxis muss immer, gerade wenn sie ihre Arbeit als Beitrag zur informellen Bildung versteht, sowohl die scheinbar destruktiven, als auch konstruktiven Kräfte dieser Aufführungen mit berücksichtigen: Dies bedeutet, dass Jugendarbeit das, was Jugendliche tun, wenn sie stören - sei es durch Passivität, Nicht-Mitmachen, Aggressivität oder selbst gefährdendes Risikoverhalten - nicht einfach nur als Niederschlag der Konfliktquellen, denen die Jugendlichen ausgesetzt sind, verstehen darf. Sie muss gleichzeitig die konstruktiven und produktiven Spielelemente wahrnehmen können, die mit den soziokulturellen Praxen der Jugendlichen verwoben sind. Nur im Spannungsfeld zwischen beidem, nicht aber in den Versuchen einer direkten Bearbeitung jener Konfliktquellen liegen die Handlungsmöglichkeiten von Jugendarbeit. Dies gilt im Übrigen genau so für den umgekehrten positiven Fall der erfreulichen Verhaltensweisen von Kindern und Jugendlichen: Auch sie dürfen nicht vorschnell als Ressourcen, Lernschritte oder gar Bildungserfolge vereinnahmt werden, sondern müssen zugleich in ihrem spielerischen Charakter wahrgenommen und belassen werden.

.

III. Anhang: Anregungen für genaueres Beobachten in der Jugendarbeit

WORUM SOLL ES GEHEN?

Ausbau und Schärfung der Wahrnehmungskompetenzen und Reflexionsfähigkeit

WER KANN DIE FOLGENDEN SCHRITTE ANWENDEN?

Alle Mitarbeiterinnen und Mitarbeiter, welche mit Jugendlichen zusammenarbeiten

Aus den Gesprächen und Interviews mit Mitarbeiterinnen haben wir oft den Hinweis mitgenommen, dass die Aufforderung zu genauer und reflexiver Beobachtung „theoretisch" gut klinge, aber nicht genau klar sei, wie diese Art der Beobachtung praktisch ermöglicht und im Team diskutiert werden kann. Wir wollen deshalb im Folgenden Anregungen für eine strukturierte Beobachtung von Kindern und Jugendlichen in der Form von Fragestellungen anbieten. Sie sollen den Pädagoginnen unter unseren Lesern Werkzeuge für ihre Arbeit an die Hand geben, die sie nutzen, umbauen und weiter entwickeln können. Wir möchten dazu anregen, anhand dieses kleinen Beobachtungs- und Wahrnehmungstrainings den ethnographischen Blick zu üben, der zunächst unabhängig davon ist, was die Einzelnen jeweils als bildungsrelevante Situationen in ihrer Arbeit definieren.

Unsere Erfahrung ist, dass gerade die zu schnelle Fixierung auf mögliches Handeln (wie „Was sind bei uns informelle Bildungsgelegenheiten?", „Was müssen wir tun, um sie besser zu nutzen?", „Was haben wir dafür bisher versäumt?" usf.) eher kontraproduktiv ist. Dies vergrößert eher die blinden Flecken und steigert den Druck auf ohnehin überlastete Pädagogen. Ethnographischer Blick heißt deshalb zunächst, sich wenigstens ab und zu in eine Haltung distanzierter Beobachtung zu versetzen, den Dingen gleichsam von außen zuzuschauen, ohne dass der Blick sofort von den eigenen Aufgaben und Absichten gesteuert ist.

Paradoxerweise hat genaues Beobachten mit einer Dezentrierung des Blicks zu tun: Eine unbefangene Neugier auf das, was Jugendliche tun, wie sie in den Räumen der Einrichtung auftreten, sich bewegen, was sie machen, auch wenn es scheinbar altbekannt und ganz banal ist. Von den Zen-Meistern in der japanischen Kunst des Bogenschießens wird der Satz überliefert: „Man muss sein Ziel vergessen, um es treffen zu können". Ein Stück einer solchen Haltung scheint uns für erfolgreiche Jugendarbeit unentbehrlich. Denn die Ziele sind jedes Mal anders und in keiner Weise standardisierbar: Die Verbandsjugendarbeit hat andere Möglichkeiten als die kommunale; Jugendarbeit in großstädtischen Randgebieten hat andere als die in ländlichen Gemeinden usw.; und bei jedem einzelnen Jugendlichen und in jedem Augenblick kann es um etwas anderes gehen. Eben dies aber konstituiert zugleich das Gemeinsame: Die besondere Notwendigkeit von wacher Präsenz und wahrnehmender Begleitung als pädagogischer Grundhaltung.

Wir wollen damit keine neue Methode, keinen neuen „Ansatz" für die Praxis der Jugendarbeit anbieten, auch keine „How-to-do-Methode" für die Förderung informeller Bildung. Uns geht es eher um eine allgemeine Grundlage professionellen Könnens, die für alle Methoden und Ansätze der Jugendarbeit wichtig ist, diese aber keineswegs ersetzt. Wir haben deshalb schon in der Einleitung (Kapitel 2) betont, dass wir keine Ratschläge geben, wie man die Entwicklung und Selbstbildung Jugendlicher fördern kann, sondern „nur", wie man Gelegenheiten dazu, insbesondere „kleine" Gelegenheiten, besser wahrnehmen kann. Dies ist der Grund, weshalb wir folgende *Anregungen für genaues Beobachten* und nicht *Training der Förderung informeller Bildung* nennen. Zu Letzterem ist es nur eine Vorstufe. Aber sie könnte nach unserer Meinung dazu beitragen, dass die vielen Konzepte und Ideen für eine gute Jugendarbeit – an denen es ja nicht fehlt – größere Erfolgschancen bekommen. Zum praktischen Gebrauch der Anregungen ist noch Folgendes zu sagen: Wir haben sie in zwei Teile gegliedert, die wir 1. Basics und 2. Toolbox oder Werkzeugkasten nennen. Der Erste schlägt für das Wahrnehmungstraining eine Abfolge von vier Schritten oder Stufen vor. Wir benennen dafür Bedingungen, Materialien, Zeitaufwand und empfehlen eine Vorgehensweise. Aber selbstverständlich können die Schritte auch einzeln erprobt und die Orientierungsfragen auf andere Weise genutzt werden. Natürlich sind die Orientierungsfragen nicht mehr als offene Listen, die zu neuen, eigenen Fragen anregen sollen. Dies gilt erst recht für den anschließenden Werkzeugkasten. Er bietet Anregungen für die Nutzung von Hilfsmitteln der Reflexion und Verarbeitung von Beobachtungen. Er soll die Selbsteinschätzung der eigenen Arbeit unterstützen. Aber die besten Hilfsmittel sind immer die, welche für den je eigenen Gebrauch handlich gemacht und in eine professionelle Routine eingebaut werden.

1. Basics der Beobachtung

1. Schritt: Beobachtung von Situationen

Versuchen Sie, Situationen genau zu beobachten, die für Ihren Alltag in der Jugendarbeit typisch sind, auch wenn sie unbedeutend erscheinen.

Ziel:	Detaillierte Beobachtung von Alltagssituationen
Fähigkeit:	Sich auf Situationen einlassen können
Bedingung:	Einnehmen eines beobachtenden Standpunktes
Materialien:	Wachsame Augen, gegebenenfalls Videokamera
Zeitlicher Aufwand:	Ungefähr 10 bis 20 Minuten, pro Mitarbeiter wöchentlich ein Mal

Wie gehe ich vor?

- Nach Möglichkeit ein vorübergehendes Zurückziehen aus dem Alltagsbetrieb.
- Einnehmen eines Standortes, von welchem ich möglichst viel vom Geschehen im Jugendtreff mitbekomme, aber nicht direkt involviert bin.
- Situation zunächst auf mich wirken lassen, ohne etwas Bestimmtes zu fixieren.
- Fixierung einer bestimmten Situation, die mir auffällt (alternativ, wenn Sie schon Übung im Beobachten haben: Die Wahrnehmung schweifen lassen, bis der Blick von selbst an etwas hängen bleibt).
- Versuchen, diese Situation möglichst detailliert (zunächst im Kopf) festzuhalten.
- Vermeiden, in dieser Phase eigene Wertungen und Interpretationen mit einzubringen.

- Anschließendes schriftliches Festhalten der Beobachtung, möglichst direkt im Anschluss, damit nichts verloren geht.

Für fortgeschrittene Beobachter, wenn Sie als aktiv Handelnde gleichzeitig beobachten wollen: Versuchen Sie, auch hier gleichsam mit einem Auge die Situation aus innerer Distanz zu beobachten und sich dabei an den folgenden Fragen zu orientieren.

> An welchen Fragen kann ich mich während der Beobachtung orientieren?
> - Wo findet die Situation statt?
> - Wie sieht sie räumlich aus?
> - Zu welchem Zeitpunkt findet sie statt?
> - Gibt es einen beschreibbaren Zeitablauf?
> - Welche Jugendlichen sind an der Situation beteiligt?
> - Was sagen die Jugendlichen?
> - Was tun die Jugendlichen?
> - Sind Pädagogen mit dabei?
> - Was tun und sagen eventuell anwesende Pädagogen?
> - Spiele ich selbst eine Rolle dabei?
> - Gibt es andere Faktoren, die auffallen (zum Beispiel Musiklautstärke, Raumtemperatur etc.)?
> … etc.

Welche Fragen kommen mir beim Lesen dieser Fragen zusätzlich in den Sinn?

Welche Ideen und Gedanken habe ich spontan dazu?

1. BASICS DER BEOBACHTUNG

2. SCHRITT: BESCHREIBUNG VON SITUATIONEN

Versuchen Sie, diese Situationen möglichst genau und ohne Wertung aus eigener Sicht zu beschreiben.

Ziel:	Eine möglichst neutrale Beschreibung der beobachteten Situation
Fähigkeit:	Vorläufiges Zurückstellen eigener (pädagogischer) Interpretationsmuster
Bedingung:	Rückzugsmöglichkeit für die Dokumentation der Beobachtung
Materialien:	Notizblock, Stift oder Computer
Zeitlicher Aufwand:	15 bis 30 Minuten für anschließende Notierung der Beobachtung

Wie gehe ich vor?

- Zurückziehen an einen möglichst ungestörten Ort, nach Möglichkeit direkt im Anschluss an die beobachtete Situation.
- Wenn dies aufgrund des Alltagsbetriebes nicht machbar ist, zumindest das Beobachtete in Stichpunkten festhalten.
- Detailliertes Beschreiben der Situation, auch Festhalten kleiner, scheinbar unbedeutender Details.
- Möglichst Verzicht auf wertende Aussagen.
- Überprüfung der Dokumentation auf unabsichtliche Interpretationen und Wertungen.

Falls es sich um eine Situation mit eigener Beteiligung handelt:

- Versuchen so zu beschreiben, als ob es sich bei der eigenen Person um eine andere handelte.
- Auf nicht-wertende Beschreibungen ganz besonders achten.

An welchen Fragen kann ich mich während der Beschreibung orientieren?
- Was habe ich tatsächlich beobachten können?
- Wie ist die Situation räumlich und zeitlich beschreibbar?
- Was fiel mir auf?
- Worum ging es in der Situation?
- Worum ging es den beteiligten Jugendlichen?
- Welche Verhaltensweisen von Pädagoginnen spielten gegebenenfalls eine Rolle?
- Hatte die Situation eine „Dramaturgie": Anfang, Entwicklung, Höhepunkt?

… etc.

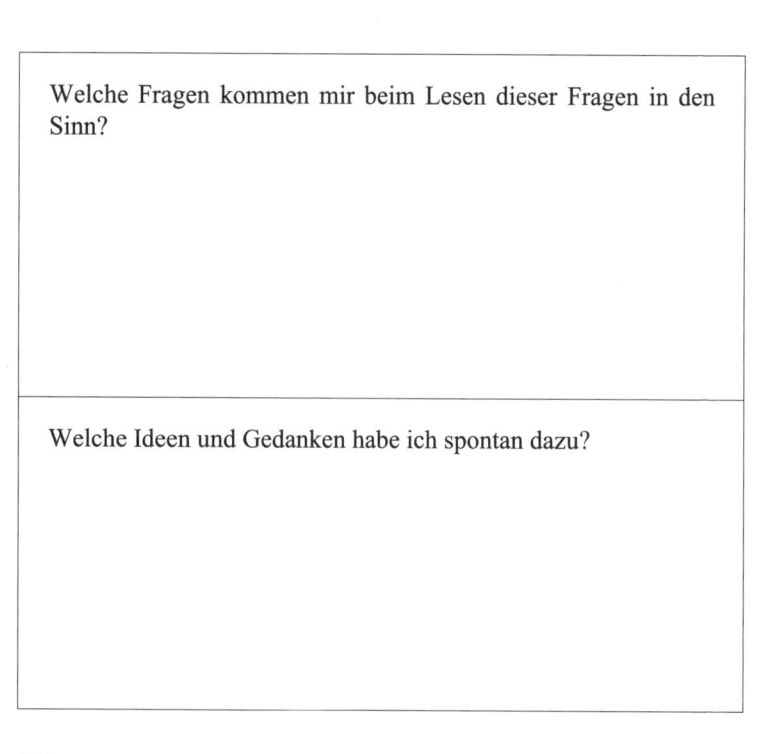

Welche Fragen kommen mir beim Lesen dieser Fragen in den Sinn?

Welche Ideen und Gedanken habe ich spontan dazu?

1. Basics der Beobachtung

3. Schritt: Hineinversetzen in die beteiligten Jugendlichen

Versuchen Sie, die Situation aus der Sicht der beteiligten Jugendlichen zu beschreiben.

Ziel:	Perspektivenübernahme, um die Bedeutung für die Jugendlichen zu erfassen
Fähigkeit:	Empathie und Zurückstellen eigener Interpretationen und Wertungen
Bedingungen:	Entspannte Situation, kein besonderer Zeitaufwand, bei Gelegenheit

Wie gehe ich vor?
- Sich vorstellen, ein Jugendlicher in der beobachteten Situation zu sein.
- Beschreiben, wie dieser Jugendliche vermutlich die Situation gesehen hat.
- Notieren der Vermutungen darüber, wie der/die Jugendliche die Situation und sich selbst darin wahrnimmt.

An welchen Fragen kann ich mich hier orientieren?
- Was wäre mir an dieser Situation wichtig gewesen, wenn ich ein Jugendlicher wäre?
- Welche Gefühle hätte ich gehabt?
- Habe ich selber als Jugendlicher einmal so eine Situation erlebt?
- Hätten mich die eventuell anwesenden Mitarbeiterinnen genervt?
- Hätte mir ihre Unterstützung etwas bedeutet?
- Ist es eine Situation, in der ich als Jugendlicher befürchten könnte, das Gesicht zu verlieren?
- … etc.

Welche Fragen kommen mir beim Lesen dieser Fragen in den Sinn?

Welche Ideen und Gedanken habe ich spontan dazu?

1. BASICS DER BEOBACHTUNG

4. SCHRITT: INDIVIDUELLE REFLEXION DER SITUATION

Versuchen Sie zu identifizieren, welche Handlungsmöglichkeiten und/oder Selbstreflexionsmöglichkeiten sich ergeben.

Ziel:	Herausfinden, was an der Situation für einen selbst irritierend oder wichtig ist
Fähigkeit:	Hinterfragen der eigenen Beobachtung
Bedingung:	Ein freier Kopf und ruhiger Moment im Alltagsgeschäft

Wie gehe ich vor?

- Abchecken der eigenen Gefühlslage.
- Zulassen und Notieren eigener Wahrnehmungen, ohne sie zu werten.
- Diese mit vermuteten Wahrnehmungsweisen anderer Beteiligter vergleichen.
- Assoziative Verknüpfungen herstellen: Was fällt mir noch dazu ein?

An welchen Fragen kann ich mich bei der Reflexion orientieren?
- Warum ist mir gerade diese Situation aufgefallen?
- Hat mich etwas irritiert?
- Welche Gefühle habe ich bei der Beobachtung gehabt?
- Erinnert mich die Situation an eine schon erlebte?
- Hätte ich am liebsten eingegriffen und wenn ja, warum?
- Hätte ich anstelle der eventuell beteiligten Mitarbeiterin anders gehandelt?
- Wer versucht in der Situation, „das Gesicht zu wahren"?
- Wünschte ich mir, es würde solche Situationen öfter an meinem Arbeitsplatz geben?
- Habe ich das Gefühl, hier wurde eine Chance vertan?

- Hat die beobachtete Situation für mich irgendetwas mit Bildung zu tun?
... etc.

Welche Fragen kommen mir beim Lesen dieser Fragen in den Sinn?

Welche Ideen und Gedanken habe ich spontan dazu?

2. Werkzeugkasten/Toolbox für die Reflexion

FRAGEN FÜR DIE SELBSTREFLEXION EINZELNER

Aufwärmfragen:
- Fällt es mir leicht, einfach nur da zu sitzen und zu beobachten?
- Ist der Platz für das gelassene Beobachten geeignet und bequem?
- Kann ich die notwendige Distanz zum Geschehen wahren, während ich beobachte?
- Habe ich das Einverständnis meiner Kolleginnen?

Fragen zur Selbstreflexion:
- Lasse ich mich leicht von anderen Situationen oder Anliegen der Jugendlichen ablenken?
- Kann ich beschreiben, warum ich ausgerechnet diese Situation gewählt habe?
- Welche Situationen kann ich neutral beschreiben und welche nicht?
- Kann ich auch dann noch beschreiben, was passiert ist, wenn ich selber in die Situation involviert bin?
- Fällt es mir schwer, meine Beobachtungen von meinen Situationsdeutungen zu trennen?
- Komme ich in die Versuchung, mich einzumischen?
- Kann ich meine eigenen Gefühle beschreiben?
- Habe ich bestimmte Sorgen oder Ängste, wenn ich in der Beobachterposition bin?
- Fällt es mir schwer, mich in die Situation der beteiligten Jugendlichen hineinzuversetzen?
- Kann ich erkennen, welche Themen die Jugendlichen mit in die Situation gebracht haben?
- Kann ich eine Bildungsrelevanz der Situation erkennen?

- Habe ich das Bedürfnis, mich mit meinen Kollegen fachlich auszutauschen?

... etc.

2. WERKZEUGKASTEN/TOOLBOX FÜR DIE REFLEXION

FRAGEN FÜR DIE TEAMREFLEXION

Aufwärmfrage:

- Was haben die einzelnen Teammitglieder in der letzten Woche erlebt? Vorschlag: Erzählen Sie sich gegenseitig eine kurze, eher erheiternde und eine irritierende Szene aus der letzten Arbeitswoche.

Fragen zur Teamreflexion:

- Wie können wir die Arbeit so einteilen, dass wir eine regelmäßige Beobachtung durchhalten können?
- Welche Jugendlichen interessieren uns besonders, und warum?
- Gibt es Jugendliche, die uns langweilen; kennen wir die Gründe?
- Gibt es Jugendliche, denen wir aus dem Weg gehen?
- Welche Hindernisse könnte es bei uns geben, Bildungsgelegenheiten wahrzunehmen?
- Was sind für uns Schlüsselereignisse?
- Über welche Prioritäten der Förderung informeller Bildung sind wir uns einig?
- Gibt es Ziele informeller Bildung, über die wir uns nicht einig sind?
- Welche informellen Regeln im Umgang mit Jugendlichen gibt es, an die wir uns alle halten?
- Kennen wir die informellen Regeln, die unter unseren Jugendlichen gelten?
- Welche überprüfbaren Maßnahmen können wir zur Verbesserung unserer Beobachtungskultur vereinbaren?

... etc.

III. ANHANG

REFLEXIONSFRAGEN ZUR SELBSTBESCHREIBUNG DER PÄDAGOGISCHEN ARBEIT

1. Wie nehmen wir unser Umfeld wahr?

- Welche unterschiedlichen Freizeitbedürfnisse haben Kinder und Jugendliche in unserem Einzugsgebiet?
- Welche Art von Nutzungsräumen brauchen diese Kinder und Jugendlichen?
- Wie können wir ein geschätztes Angebot zur Befriedigung der Bedürfnisse anbieten?
- Sprechen wir sämtliche Bildungsschichten als potentielle Besucherinnen an?
- Wie weit ist das Einzugsgebiet unserer Besucher, wie sieht es genau aus?
- Welchen Eindruck macht unsere Einrichtung im Rahmen ihrer Umgebung?
- Haben wir Sorge, dass etwas dem „guten Ruf" unserer Einrichtung schaden könnte?
- Gibt es externe Personen oder Institutionen, die einen Einfluss darauf haben, was bei uns im Haus geschieht?
- Was wissen wir über die Lebensumstände der Jugendlichen, die unsere Einrichtung besuchen?
- Haben wir Kontakte zu den Eltern, Lehrern etc. unserer Besucher?

… etc.

2. Wie nehmen wir unsere Räume wahr?

- Wie würden wir den Stil und „Geist des Hauses" beschreiben?
- Was davon prägen die jugendlichen Besucher?
- Wo halten sich die Jugendlichen in unseren Räumen gerne auf und warum?

2. Werkzeugkasten/Toolbox für die Reflexion

- Wo halten wir Mitarbeiterinnen uns meistens auf?
- Wo sind informelle Begegnungszonen von Mitarbeitern und Besuchern?
- Sind unsere Räumlichkeiten so flexibel, dass sie auf (längerfristige) Bedarfsstrukturen der Jugendlichen ausgerichtet sind und verändert werden können?
- Welche Regeln bestimmen die Raumnutzung?
- Wie lässt sich die Mitgestaltung der Räume durch die Jugendlichen beschreiben, welche Spielräume gibt es dafür?
- Was sind für uns harte Grenzen der Raumnutzung? Was ist verhandelbar?
- Was war schon immer da, aber keiner kennt die genaue Funktion?

… etc.

3. Wie nehmen wir unsere spezifischen Förderangebote wahr?

- Welche Angebote haben wir, die Kindern und Jugendlichen auf spielerische Weise ungewohnte Herausforderungen und Chancen für die Erfahrung von Können und Kompetenz vermitteln?
- Welche Spielräume haben die Kinder und Jugendlichen, die Art der Nutzung der Angebote selbst zu wählen?
- Gibt es in unserer Einrichtung eine typische Dramaturgie der Konflikte?
- Oder der „Highligts"?
- Wie sieht es bei uns aus, wenn Konflikte eskalieren?
- Haben wir Angebote und Strategien, um eine entwicklungsfördernde Verarbeitung von Dissens (Streitkultur) zu ermöglichen?
- Welche Gelegenheiten schaffen wir für Jugendliche, sich Akzeptanz und Anerkennung für ihre Aktivitäten im öffentlichen Nahraum (Gemeinde, Stadtteil) zu verdienen?

- Greifen wir Chancen der Partizipation (Vertretung eigener Interessen) durch Eigeninitiative der Jugendlichen auf?
- Über welche Strategien zur Belohnung ehrenamtlichen Engagements verfügen wir?

... etc.

4. Wie nehmen wir die geschlechterbezogenen Aspekte unserer Arbeit wahr?

- Wie sind die Anteile von Jungen und Mädchen in unserer Besucherstruktur?
- Kennen wir die Gründe für diese Besucherstruktur?
- Welche mädchenspezifischen und jungenspezifischen Arten der Nutzung unserer Einrichtung sind zu beobachten?
- Wie verhalten sich diese zu unseren geschlechterspezifischen Angeboten?
- Wie sieht die Arbeitsteilung zwischen männlichen und weiblichen Mitarbeitern aus?
- Welche formalen und informellen Regeln gelten bei uns bezüglich der Teilnahmechancen von Mädchen und Jungen an unseren Angeboten im gemischtgeschlechtlichen Alltag?
- Ist eine „Geschlechtergerechtigkeit" zu beobachten beziehungsweise in welchen Aspekten gibt es sie nicht?
- Kennen wir die Gründe für geschlechterbedingte Benachteiligungen und Ungleichheiten?
- Gibt es bei uns Tabus, welche die geschlechterbezogenen Aspekte unserer Arbeit betreffen?
- Haben die Jugendlichen bei uns den Raum, sich selbst in ihrer werdenden geschlechtlichen Identität zu präsentieren und sich selbst zu inszenieren?
- Gibt es „Auftrittsbühnen"?

- Gibt es innerhalb unserer Jugendeinrichtung Rückzugsmöglichkeiten für die Jugendlichen?

... etc.

5. Wie nehmen wir die interkulturellen Aspekte unserer Arbeit wahr?

- Welche ethnischen Zugehörigkeiten und Hintergründe sind in unserem Besucherprofil vertreten?
- Wie verhält sich das Profil der Einrichtung gegenüber der Verteilung im Einzugsgebiet?
- Welche Kontakte haben wir zu den ethnischen Gruppen im Umfeld?
- Wie bringen die Jugendlichen ihre ethnische/kulturelle Zugehörigkeit ein?
- Welche Chancen und welche Grenzen gibt es, diese Zugehörigkeit im Rahmen unseres Angebotes zu inszenieren?
- Gibt es typische Konflikte?
- Welche formellen und informellen Regeln gelten?
- Sind wir mit diesen Regeln zufrieden?

... etc.

III. ANHANG

KRITERIENLISTE ZUR SELBSTBESCHREIBUNG
DER QUALIFIKATIONEN DES TEAMS

Wir ...

- sind in der Lage, individuelle Belastungen und Stresssituationen jugendlicher Nutzer zu erkennen und Entlastungen anzubieten.
- sind in der Lage, individuelle Belastungen und Stresssituationen auch bei uns selbst und unseren Kollegen zu erkennen.
- bleiben nicht in abstrakter Rollenerfüllung stecken, sondern bringen uns in unserer Persönlichkeit mit „Ecken und Kanten" ein.
- stellen Anforderungen an uns selbst, wie zum Beispiel kritische Selbstreflexion, Kongruenz, Emphatie, Vorbildfunktion, Sensibilität.
- haben im Team genügend Vertrauen untereinander, um uns darin gegenseitig unterstützen oder auch kritisieren zu können.
- verfügen über ein professionelles Handwerkszeug und klar definierte Kompetenzen.
- kennen und respektieren gegenseitig unsere Stärken und Schwächen.
- kennen die schulische Situation der Kinder und Jugendlichen, die zu uns kommen.
- kooperieren mit den Schulen unseres Einzugsbereichs, öffnen unsere Einrichtung für kooperative Angebote.
- verfügen über lokale „Netzwerkkompetenzen" und sind in der Lage, als Mediatoren bei Konflikten zwischen Jugendlichen und mit für ihre Lebenssituation relevanten Instanzen (zum Beispiel Schule, Baugesellschaft, Polizei) zu vermitteln.
- sind willens und in der Lage, uns selber sowohl in fachlicher als auch in persönlicher Hinsicht weiterzubilden.

2. Werkzeugkasten/Toolbox für die Reflexion

Einrichtungstagebuch

Das Team vereinbart, ein Tagebuch zu führen, in das zu jeder Öffnungszeit eine Eintragung gemacht wird. Zeitaufwand pro Öffnungszeit: fünf bis zehn Minuten.
Die Tagebucheintragungen sollten in jeder Teamsitzung routinemäßig zu einem kurzen Tagesordnungspunkt werden.
Höchstens drei Rubriken zum Beispiel:

- besondere Vorkommnisse,
- spontane Einschätzungen,
- gegebenenfalls Tagesordnungspunkte-Vorschläge für das Team.

Als Variante kann auch der Beobachtungsbogen für Einzelsituationen (siehe unten) verwendet werden.

Pädagogisches Protokollbuch (ergänzend oder alternativ zum Einrichtungstagebuch)

Bei den Dienstbesprechungen wird ein pädagogisches Protokollbuch geführt (gegebenenfalls neben dem „offiziellen" Sitzungsprotokoll). Es sollte notiert werden:

- Für die pädagogische Arbeit relevante Beobachtungen und Ereignisse,
- Namen der Mitarbeiter, die den Beobachtungen weiter nachgehen sollen,
- Termin der Sitzung, auf der darüber nochmals berichtet werden soll.

III. ANHANG

WECHSELN DER PERSPEKTIVEN: FRAGEN ZUR BLICKVERFREMDUNG

Wählen Sie eine Situation aus Ihrer Arbeit, die Sie beschäftigt, und zwar entweder, weil sie besonders schwierig ist oder weil sie interessant und chancenreich erscheint. Versuchen Sie folgende Fragen zu beantworten:

- Was müsste geschehen, dass die Situation Ihnen völlig aus der Hand gleitet?
- Was würde sich an der Situation ändern, wenn die beteiligten Jungen Mädchen beziehungsweise die beteiligten Mädchen Jungen wären?
- Was würden Sie über diese Situation Ihrem Vorgesetzten erzählen, und was würden Sie weg lassen?
- Was würde sich an der Situation ändern, wenn die Beteiligten zwei Jahre älter/jünger wären?
- Wie würde die Situation aussehen, wenn es sich um eine Filmsequenz handelte?
- Oder eine „Doku-Soap"?
- Wie könnte ein „Happy End" aussehen?
- Wie könnte ein „tragisches Ende" aussehen?

2. Werkzeugkasten/Toolbox für die Reflexion

Vorschläge für verfremdete Beobachtungssituationen

Ob und welche von den folgenden Anregungen Sie ernst nehmen wollen, entscheiden Sie selbst!

(1) Besorgen Sie für das Team und sich rosafarbene Brillen und tragen Sie die Brillen einen ganzen Öffnungstag lang.

(2) Installieren Sie eine Videokamera in einem Bereich, wo sich die meisten Jugendlichen aufhalten beziehungsweise etwas tun. Die Videokamera schließen Sie direkt an einen Fernseher an, der in einem anderen Raum steht. Stellen Sie dort eine gemütliche Wohnzimmeratmosphäre her, füllen Sie Schälchen mit Knabbergebäck und sehen Sie fern.

(3) Stellen Sie einen Stuhl auf einen Tisch oder den Tresen, setzen Sie sich darauf und besehen sich das Tagesgeschehen von oben.

(4) Besorgen Sie sich einen Karton, der so groß ist, dass Sie oder ein anderes Teammitglied in dem Karton Platz haben/hat. Schneiden Sie kleine Gucklöcher hinein, platzieren Sie den Karton an einem Ort, wo später vermutlich viel Betrieb sein wird, und setzen Sie sich oder ein anderes Teammitglied vor der Öffnung des Hauses hinein.

(5) Drehen Sie mit Jugendlichen einen Videofilm über die Einrichtung. Alternativ: Geben Sie den Jugendlichen eine Einwegkamera und lassen Sie die Jugendlichen aus ihrer Perspektive die Einrichtung und den Alltag fotografieren.

... etc.

> Eigene Ideen für Verfremdungen

III. ANHANG

BEOBACHTUNGSBOGEN FÜR EINZELSITUATIONEN

(Es gibt unzählige Methoden um Beobachtungen zu notieren. Hier noch eine ganz einfache:)

Ich nehme wahr, dass …
Mir fällt auf, dass …
Mir fällt dazu ein …

Herr K. fährt Auto

Herr K. hatte gelernt Auto zu fahren, fuhr aber zunächst noch nicht sehr gut. „Ich habe erst gerade gelernt, ein Auto zu fahren", entschuldigte er sich. „Man muss aber zwei fahren können, nämlich auch noch das Auto vor dem eigenen. Nur wenn man beobachtet, welches die Fahrverhältnisse für das Auto sind, das vor einem fährt und seine Hindernisse beurteilt, weiß man, wie man in Bezug auf dieses Auto verfahren muss".

Berthold Brecht: Geschichten von Herrn Keuner

(in: Gesammelte Werke, Band 12, Suhrkamp, Frankfurt a.M. 1967)

Literatur

Aly, Götz (1977): „Wofür wirst du eigentlich bezahlt?" Rotbuch, Berlin
Baake, Dieter (1999): Jugend und Jugendkulturen. Darstellung und Deutung. 3., überarbeitete Auflage. Juventa, Weinheim und München
Bernfeld, Siegfried (1921): Kinderheim Baumgarten – Bericht über einen ernsthaften Versuch mit neuer Erziehung. In: Bernfeld, Sämtliche Werke 11, Beltz, Weinheim 1996, S. 8-154
Bernfeld, Siegfried (1931): Trieb und Tradition im Jugendalter. Frankfurt/M.: päd extra (reprint) 1978
Bimschas, Bärbel/Schröder, Achim (2003): Beziehungen in der Jugendarbeit. Untersuchung zum reflektierten Handeln in Profession und Ehrenamt. Leske + Budrich, Opladen
Bitzan, Maria (2003): Geschlechtsbezogene Bildung in der Kinder- und Jugendarbeit. In: Lindner/Thole/Weber, a.a.O., S. 139-152
Bitzan, Maria/Daigler, Claudia (2001): Eigensinn und Einmischung. Einführung in Grundlagen und Perspektiven parteilicher Mädchenarbeit. Juventa, Weinheim und München
BMFSFJ (2002): Gender Mainstreaming (GM) in der Kinder- und Jugendhilfe. Diskussionspapier (unveröffentlicht)
Böhnisch, Lothar/Münchmeier, Richard (1987): Wozu Jugendarbeit? Juventa, Weinheim und München
Böhnisch, Lothar/Münchmeier, Richard (1990): Pädagogik des Jugendraums. Zur Begründung und Praxis einer sozialräumlichen Jugendpädagogik. Juventa, Weinheim und München
Böhnisch, Lothar (1998): Grundbegriffe einer Jugendarbeit als „Lebensort". In: Böhnisch, Lothar/Rudolph, Martin/Wolf, Barbara (Hrsg.): Jugendarbeit als Lebensort. Juventa, Weinheim und München, S. 155-168
Bogner, Alexander/Littig, Beate/Menz, Wolfgang (Hrsg.) (2002): Das Experteninterview. Theorie, Methode, Anwendung. Leske + Budrich, Opladen
Bogner, Alexander/Menz, Wolfgang (2002): Das theoriegenerierende Experteninterview. Erkenntnisinteresse, Wissensformen, Interaktion. In: Bogner/Littig/Menz, a.a.O., S. 33-70
Bosse, Hans (2000): Aufgaben und Fallen geschlechtsspezifischer Pädagogik mit männlichen Jugendlichen. In: King/Müller, a.a.O., S. 59-74
Brenner, Gerd/Hafeneger, Benno (Hrsg.) (1996): Pädagogik mit Jugendlichen. Bildungsansprüche, Wertevermittlung und Individualisierung. Juventa, Weinheim und München
Bundesjugendkuratorium (Hrsg.) (2001): Streitschrift „Zukunftsfähigkeit sichern! Für eine neues Verhältnis von Bildung und Jugendhilfe." BMJFFG, Bonn und Berlin

Cloos, Peter, Köngeter, Stefan, Müller, Burkhard, Thole,Werner (2007): Die Pädagogik der Kinder- und Jugendarbeit. Wiesbaden 2007

Deinet, Ulrich (2004): Raumaneignung als Bildungspraxis in der Offenen Jugendarbeit. In: Sturzenhecker/Lindner, a.a.O., S. 111-130

Deinet, Ulrich, Sturzenhecker, Benedikt (Hrsg,) (2005) : Handbuch offene Kinder- und Jugendarbeit. 3. völlig überarb. und erw. Aufl. Wiesbaden.

Diehl, Sarah (Hrsg.) (2004): Brüste kriegen. Verbrecher Verlag, Berlin

Ferchhoff, Wilfried/Sander, Uwe/Vollbrecht, Ralf (Hrsg.) (1995): Jugendkulturen – Faszination und Ambivalenz. Einblicke in jugendliche Lebenswelten. Juventa, Weinheim und München

Friebertshäuser, Barbara (1997): Feldforschung und teilnehmende Beobachtung. In: Friebertshäuser, Barbara/Prengel, Annedore (Hrsg.): Handbuch Qualitativer Forschungsmethoden in der Erziehungswissenschaft. Juventa, Weinheim und München, S. 503-534

Garfinkel, Harold (1973): Das Alltagswissen über soziale und innerhalb sozialer Strukturen. In: Arbeitsgruppe Bielefelder Soziologen (Hrsg.): Alltagswissen, Interaktion und gesellschaftliche Wirklichkeit 1. Symbolischer Interaktionismus und Ethnomethodologie. Rowohlt, Reinbek bei Hamburg

Giesecke, Herrmann (1964): Versuch 4. In: Müller, C.W. u.a.: Was ist Jugendarbeit? Vier Versuche zu einer Theorie. 6. Aufl. 1972. Juventa, München, S. 119-176

Giesecke, Herrmann (1996): Das „Ende der Erziehung". Ende oder Anfang pädagogischer Professionalisierung. In: Combe, Arno/Helsper, Werner (Hrsg.): Pädagogische Professionalität. Suhrkamp, Frankfurt/M., S. 391-403

Goffman, Erwing (1977): Rahmen-Analyse. Ein Versuch über die Organisation von Alltagserfahrungen. Suhrkamp, Frankfurt a.M.

Graff, Ulrike (2004): Selbstbestimmung als Bildungsziel: In: Sturzenhecker/ Lindner, a.a.O., S. 131-148

Gugutzer, Robert (2002): Leib, Körper und Identität. Eine phänomenologisch-soziologische Untersuchung zur personalen Identität. VS Verlag für Sozialwissenschaften, Wiesbaden

Hafeneger, Benno (1999): Nachdenken über eine pädagogisch begründete Theorie der Jugendarbeit. In: deutsche jugend 47. Jg, S. 330-339

Hahn, Kornelia/Meuser, Michael (Hrsg.) (2002): Körperrepräsentationen. Die Ordnung des Sozialen und der Körper. UVK, Konstanz

Hartnuß, Birger/Maykus, Stephan (Hrsg.) (2004): Handbuch Kooperation von Jugendhilfe und Schule. Deutscher Verein, Frankfurt a.M.

Hirschauer, Stefan/Amann, Klaus (Hrsg.) (1997): Die Befremdung der eigenen Kultur. Suhrkamp, Frankfurt a.M.

Hitzler, Ronald (1986): Die Attitüde der künstlichen Dummheit; in: Sozialwissenschaftliche Informationen (SOWI), H. 3, S. 53-59

Hitzler, Ronald (2002): Der Körper als Gegenstand der Gestaltung. Über physische Konsequenzen der Bastelexistenz. In: Hahn/Meuser a.a.O., S. 71-85

Honneth, Axel (1992): Kampf um Anerkennung. Suhrkamp, Frankfurt a.M.

Hornstein, Walter (2004): Bildungsaufgaben der Kinder- und Jugendarbeit auf der Grundlage jugendlicher Entwicklungsaufgaben. In: Sturzenhecker/Lindner, a.a.O., S. 15-34

Hurrelmann, Klaus/Rosewitz, Wolf (1985): Lebensphase Jugend. Juventa, Weinheim und München

Janecke, Christian (2004): Performance und Bild/Performance als Bild. In: Janecke, Christian (Hrsg.): Performance und Bild. Performance als Bild. Philo Verlagsgesellschaft, Berlin, S. 11-113

Jappe, Elisabeth (1993): Performance – Ritual – Prozeß. Prestel, München und New York

Jugendwerk der Deutschen Shell (Hrsg.) (1997): Jugend '97: Zukunftsperspektiven, gesellschaftliches Engagement, politische Orientierungen. Leske + Budrich, Opladen

Klees, Renate/Marburger, Helga/Schumacher, Michaela (1989): Mädchenarbeit. Praxishandbuch für die Mädchenarbeit. Juventa, Weinheim und München

King, Vera (2000): Geschlecht und Adoleszenz im Sozialen Wandel. Jugendarbeit im Brennpunkt gesellschaftlicher und individueller Veränderungen. In: King, Vera/Müller, Burkhard (Hrsg.): Adoleszenz und pädagogische Praxis. Lambertus, Freiburg i.B., S. 37-58

King, Vera (2004): Pädagogische Generativität: Nähe, Distanz und Ambivalenz. Vortragsmanuskript der DGFE Tagung: Nähe und Distanz: Strukturen der Professionalität in sozialen und pädagogischen Arbeitsfeldern. Berlin 4.-6.11.2004

King, Vera/Müller, Burkhard (2000): Adoleszenzforschung und pädagogische Praxis. Zur systematischen Reflexion von sozialen Rahmenbedingungen und Beziehungskonflikten in der Jugendarbeit. In: King, Vera/ Müller, Burkhard (Hrsg.): Adoleszenz und pädagogische Praxis. Lambertus, Freiburg i.B., S. 9-36

Körner, Jürgen (1992): Auf dem Weg zu einer Psychoanalytischen Pädagogik. In: Trescher, Hans-Georg u.a. (Hrsg.): Jahrbuch für psychoanalytische Pädagogik 4. Grünewald Verlag, Mainz. S. 66-84

Küster, Ernst-Uwe (2003): Fremdheit und Anerkennung. Ethnographie eines Jugendhauses. Beltz Votum, Weinheim

Laevers, Ferre (1998): Early Childhood Education: Where Life Takes Shape. In: International journal of Educational Research, 29.Jg., Heft 1, S. 69-86

Laewen, Hans Joachim/Andres, Beate (Hrsg.) (2002): Forscher, Konstrukteure, Künstler. Luchterhand, Neuwied, Kriftel

Lessing, Helmut (1986): Sympathie mit der Unreife. In: Lessing, Helmut u.a.: Lebenszeichen der Jugend. Juventa, Weinheim und München, S. 9-44

Liebau, Eckart (2002): Jugendhilfe, Bildung, Teilhabe. Bildung als Teilhabefähigkeit. In: Münchmeier/Otto/Rabe-Kleberg, a.a.O., S. 19-31
Lindemann, Gesa (1992): Die leiblich-affektive Konstruktion des Geschlechts. Für eine Mikrosoziologie des Geschlechts unter der Haut. Zeitschrift für Soziologie, Jg. 21, Heft 5, S. 330-346
Lindner, Werner (Hrsg.) (2000): Ethnographische Methoden in der Jugendarbeit. Leske + Budrich, Opladen
Lindner, Werner (2004): „Ich lerne zu leben" – zur Evaluation von Bildungswirkungen in der kulturellen Kinder- und Jugendarbeit. In: Sturzenhecker/Lindner, a.a.O., S. 243-260
Lindner, Werner/Thole, Werner/Weber, Jochen (2003): Kinder- und Jugendarbeit als Bildungsprojekt. Leske + Budrich, Opladen
Luhmann, Niklas (1995): Das Kind als Medium der Erziehung. In: Luhmann, N.: Soziologische Aufklärung 6: Die Soziologie und der Mensch.: Westdeutscher Verlag, Opladen, S. 204-228
Müller, Burkhard (1993): Warum versteckt die Jugendarbeit ihren Bildungsanspruch. In: deutsche Jugend, 41. Jg., S. 310-319
Müller, Burkhard (1996): Jugendliche brauchen Erwachsene. In: Brenner/Hafeneger, a.a.O., S. 22-29
Müller, Burkhard (2000): Jugendarbeit als intergenerationaler Bezug. In: King/Müller, a.a.O., S. 119-142
Müller, Burkhard (2002): Anerkennung als Kernkompetenz in der Jugendarbeit. In: Hafeneger, Benno/Henkenborg, Peter/Scherr, Albert (Hrsg.): Pädagogik der Anerkennung. Wochenschauverlag, Schwalbach, S. 236-248
Müller, Burkhard (2004): Weniger Jugendhilfe und mehr Schule? – Oder ist Bildung mehr als Schule? Z. f. Soz. Päd. 2. Jg., S. 66-77
Müller, Burkhard/Rosenow, Roland/Wagner, Mathias (1994): Dorfjugend Ost – Dorfjugend West. Lambertus, Freiburg i.B.
Münchmeier, Richard/Otto, Hans Uwe/Rabe-Kleberg, Ursula (Hrsg.) (2002): Bildung und Lebenskompetenz. Leske + Budrich, Opladen
Münkler, Herfried/Ladwig, Bernd (Hrsg.) (1997): Furcht und Faszination. Facetten der Fremdheit. Akademie Verlag, Berlin
Projektgruppe WANJA (2000): Handbuch zum Wirksamkeitsdialog in der Offenen Kinder- und Jugendarbeit. Votum, Münster
Rauschenbach, Thomas u.a. (Hrsg.) (2004): Konzeptionelle Grundlagen für einen Nationalen Bildungsbericht – Non-formale und informelle Bildung im Kindes- und Jugendalter. BMBF, Berlin
Reichwein, Susanne/Freund, Thomas (1992): Karrieren, Action, Lebenshilfe. Leske + Budrich, Opladen
Röhrig, Nicole/Sturzenhecker, Benedikt (2004): Bildungsprozesse an einem Un-Ort – Offene Jugendarbeit mit marginalisierten Jugendlichen im „KLO-Projekt". In: Sturzenhecker/Lindner, a.a.O., S. 181-198

Rose, Lotte (2002): Gender. Zur Bedeutung der Kategorie Geschlecht in der Jugendarbeit. In: Rauschenbach, Thomas/Düx, Wiebken/Züchner, Ivo (Hrsg.): Jugendarbeit im Aufbruch. Votum, Münster, S. 83-108

Rose, Lotte / Schulz, Marc (2007): Gender-Inszenierungen. Jugendliche im pädagogischen Alltag. Ulrike Helmer Verlag Königstein/Taunus

Rose, Lotte (2003): Gender Mainstreaming in der Kinder- und Jugendarbeit. Beltz, Weinheim, Basel, Berlin

Scherr, Albert (1997): Subjektorientierte Jugendarbeit. Juventa, Weinheim und München

Schmidt, Susanne (2004): Förderung informeller Bildungsprozesse in der Offenen Jugendarbeit unter besonderer Berücksichtigung geschlechtsspezifischer Aspekte – Eine empirische Studie. Diplomarbeit, Universität Hildesheim, Institut für Sozial- und Organisationspädagogik

Schramm, Helmar (1990): Theatralität und Öffentlichkeit. Vorstudien zur Begriffsgeschichte von „Theater". In: Barck, Karlheinz/Fortuis, Martin/Thierse, Wolfgang (Hrsg.): Ästhetische Grundbegriffe. Studien zum historischen Wörterbuch. Akadmie Verlag Berlin, 202-242

Schröder, Achim (1991): Jugendgruppe und Kulturwandel. Brandes und Apsel, Frankfurt/M.

Schröder, Achim (1999): „Beziehungsarbeit" mit Jugendlichen – emanzipatorische Vorstellungen zur Gestaltung der Intersubjektivität. In: deutsche jugend, 47. Jg., S. 340-348 und 385-390

Schröder, Achim (2004): Sich bilden am anderen. Professionelle Beziehungen in der Jugendarbeit. In: Hörster, Reinhard/Küster, Ernst-Uwe/Wolff, Stephan (Hrsg.): Orte der Verständigung. Beiträge zum sozialpädagogischen Argumentieren. Lambertus, Freiburg, S. 231-244

Schröder, Achim/Leonhard, Ulrike (1998): Jugendkulturen und Adoleszenz. Verstehende Zugänge zu Jugendlichen in ihren Szenen. Luchterhand, Kriftel

Schulz, Marc/Lohmann, Britta (2005): Wechseln Windeln Sichtweisen? Irritation als Bildungsanstoß in Playing Arts und Jugendarbeit. In: Riemer, Christoph/Sturzenhecker, Benedikt (Hrsg.): Playing Arts. Impulse ästhetischer Bildung für die Jugendarbeit. Juventa, Weinheim und München

Schulz, Marc (2007): Zugänge zur Evaluation in der Offenen Jugendarbeit. In: Lindner, Werner (Hg.): Jugendarbeit wirkt. VS Verlag Wiesbaden

Sennet, Richard (1983): Verfall und Ende des öffentlichen Lebens. Die Tyrannei der Intimität. Fischer, Frankfurt a.M.

v. Spiegel, Hiltrud (2000): Jugendarbeit mit Erfolg. Votum, Münster

Sting, Stephan (2004): Aneignungsprozesse im Kontext von Peergroup-Geselligkeit. In: Deinet, Ulrich/Reutlinger, Christian (Hrsg.): „Aneignung" als Bildungskonzept der Sozialpädagogik. VS Verlag für Sozialwissenschaften, Wiesbaden, S. 139-147

Sting, Stephan/Sturzenhecker, Benedikt (2005): Bildung in der Offenen Kinder- und Jugendarbeit. In: Deinet, Ulrich/Sturzenhecker, Benedikt (Hrsg.): Handbuch Offene Kinder- und Jugendarbeit. 3., völlig überarbeitete und erweiterte Auflage. VS Verlag für Sozialwissenschaften/GWV Fachverlage GmbH, Wiesbaden

Sting, Stephan/Stockmann, Sebastian (2004): Von der Suchtprävention zur drogenbezogenen Bildung. In: Sturzenhecker/Lindner, a.a.O., S. 215-224

Strauss, Anselm/Corbin, Juliet (1996): Grounded Theory: Grundlagen Qualitativer Sozialforschung. Psychologie Verlags Union, Weinheim

Sturzenhecker, Benedikt (2002): Bildung. Wiederentdeckung einer Grundkategorie der Jugendarbeit. In: Rauschenbach, Thomas/Düx, Wiebken/Züchner, Ivo (Hrsg.) Jugendarbeit im Aufbruch. Votum, Münster. S.19-59

Sturzenhecker, Benedikt/Lindner, Werner (Hrsg.) (2004): Bildung in der Kinder- und Jugendarbeit. Juventa, Weinheim und München

Thole, Werner/Cloos, Peter/Küster, Ernst-Uwe (2004): Sozialpädagogische Ethnografie. Unwägbarkeiten einer Forschung „in eigener Sache". In: Hörster, Reinhard/Küster, Ernst-Uwe/Wolff, Stephan (Hrsg.): Orte der Verständigung. Beiträge zum sozialpädagogischen Argumentieren. Lambertus, Freiburg i.Br., S. 51-59

Waldenfels, Bernhard (1997): Phänomenologie des Eigenen und des Fremden. In: Münkler/Ladwig, a.a.O., 65-84

Wigger, Annegret (2007): Was tun SozialpädagogInnen und was glauben sie, was sie tun? 2. Auflage. Opladen

Willems, Herbert (1998): Inszenierungsgesellschaft? Zum Theater als Modell, zur Theatralität von Praxis. In: Willems, Herbert/Jurga, Martin (Hrsg.): Inszenierungsgesellschaft. Ein einführendes Handbuch. VS Verlag für Sozialwissenschaften, Opladen/Wiesbaden

Willems, Herbert (2003): Zur Soziologie sozialer Anlässe: Struktur, Performativität und Identitätsrelevanz von Events. In: Fischer-Lichte, Erika u.a. (Hrsg.) (2003): Performativität und Ereignis. Francke, Tübingen und Basel, S. 83-98

Winnicott, Donald W. (1984): Das Jugendalter. Der mühsame Weg durch die Stagnation. In: Winnicott, D.W.: Familie und individuelle Entwicklung. Fischer, Frankfurt a.M., S. 116-139

Wolff, Stephan (2004): Kompetente Achtsamkeit. In: Neue Praxis. Zeitschrift für Sozialarbeit, Sozialpädagogik und Sozialpolitik 5/2004. Luchterhand, Neuwied, S. 487-491

Die Autorin und Autoren

Dr. Burkhard Müller, Jg. 1939, seit 1983 Professor für Sozialpädagogik an der Universität Hildesheim. Autor von „Sozialpädagogisches Können" und zahlreichen theoretischen und empirischen Arbeiten zur Jugendarbeit.

Susanne Schmidt, Jg. 1973, Diplompädagogin, studentische/wissenschaftliche Mitarbeiterin des Projekts „Evaluation von Bildungsprozessen". Mitarbeiterin in der offenen Jugendarbeit. Schwerpunkte: Jugendarbeit und Bildung, Gender und Mädchenarbeit.

Marc Schulz, Jg. 1974, Diplompädagoge, wissenschaftlicher Mitarbeiter des Projekts „Evaluation von Bildungsprozessen". Co-Autor von „Gender-Inszenierungen. Jugendliche im pädagogischen Alltage" (zus. mit Lotte Rose). Ehemaliger Mitarbeiter in der Offenen Jugendarbeit und Jugendbildungsreferent. Schwerpunkte: Jugendarbeit und Bildung, Ästhetik und Gender.

Unsere Kontaktadresse: informellebildung@web.de